カントの函

Kant

米澤有恒・著

萌書房

まえがき

『カントの函』とタイトルを付けた本書は、カントの美学思想の成立と影響に関する、私の哲学史的な論稿一〇篇を集めたものである。それらの論稿はほぼ三〇年にわたって書き続けられ、専門誌や「科研」の報告書、大学の紀要に発表された。遅々たる歩みの三〇年であるが、少しずつ私のカント理解の内容も変わる。ために本書を上梓するにあたり、旧稿に修正、加筆、補遺が余儀なくなって、内容の点で旧稿といささか変移が生じた箇所があること、その一方で、十分の整理がいき届かずに、幾つかの論文間で重複が残ってしまったことに、あらかじめ御寛恕願っておきたい。所収の論稿一〇篇、執筆の年代順に配列されている訳ではないけれども、内容的には哲学史的になっている。任意の論文から適宜抜き読みをして下さって結構なのだが、哲学史的には、最初から順次読み進んで下さるのがよいだろう。

ところで哲学的美学の徒の私は、当然《美学》の立場からカントを考察すべきだろうが、私にはずっと素朴な疑問があって、そうはできなかった。一体、カントは彼の『判断力批判』以降の《美学 Ästhetik》の展開をどのように予想していたのだろうか。思う通りの進展だったのか、それとも思いもよらぬものだったのか。もちろん、知ることはできない。だからこそ、一層気掛かりである。というのも、厳密には「カント美学」なるものは存在しないのである。カントの思想に忠実なら、"Ästhetik" の語を決して《美学》と訳すことはできない。この語は、『純粋理性批判』の中で規定され、そしてそこで意味を持つだけである。"ästhetisch" の語も、「美的」と訳すことはできない。とすれば、いわゆる美学的な立場で『判断力批判』を理解することは、もっぱらカント以降の視点からそれを見ることになるように思われる。その見方で、十分にこの書物の「正鵠を射る」ことができるのか。遺漏なく哲学史的な文脈に置くことができるのか。「美学」への思い入れや期待が、内容を解釈し過ぎることになりはしないか。私にはそれを質すことが先決的問題になった。

周知の通り《美学 aesthetica》は、ライプニッツ＝ヴォルフ派の哲学者、バウムガルテンの造語で、哲学史的には新しい言葉である。だがカントは、バウムガルテンの用語法を容易に肯定できなかった。この新造語が単なるネオロギスムスではなく、哲学史的な背景を持っていたからである。もとよりバウムガルテンは、それを踏まえて造語した。だがむしろカントは、この背景に鑑みて、バウムガルテンに賛同できなかった。そこにライプニッツ＝ヴォルフ派の哲学と《批判主義》の哲学との差異が、判然と表れていたのである。私は、カントが賛同できない理由、二つの哲学的定位の異同を哲学史的に納得したかった。

思い返せば、カントとの出会いは四〇年余の昔になる。何の予備知識もなく教養課程から美学科に進んで、文字通り「何をすべきか」も分からなかった私に、一緒に美学へ進んだ誰かが、「カントの『判断力批判』という書物がある。美学の人間は皆、これを読んでいるらしい」、と聞き込んできた。今いわせて貰えば、どうもこの話自体が訝しかった。悪戯心のある先輩が、新入生に吹き掛けたブラフだったのかもしれない。とにかく我々、美学の新入生の何人かで、「じゃあ、『判断力批判』の読書会を開こう」ということになった。安直に決めたものだが、これが無謀というも愚かな暴挙であった。原書と翻訳とを並べてカントと向かい合ってみて、最初の一頁、否、最初の一語からもう何のことだか、さっぱり訳が分からない。原語と訳語の照合さえままならぬ、という為体《ていたらく》であった。それでも、何度かは「会」を持ったように思う。そしてやっと、どうやら我々はとんでもない思い違いをしているらしい、と気が付いたのである。『判断力批判』、これは新入生の分際が立ち向かえる相手ではなかった。もちろん、読書会は空中分解した。カントの『判断力批判』も、私の脳中で粉々になってしまった。元々知識の体をなしていなかった上に、無謀と無知が、カントの堅牢な思想を脈絡もない思考の断片にしてしまったのである。それを再び思想の体裁に組み立てる機会があるとも思わず、得体のしれないカントの思索は、我が脳中の「開かずの間」に封印されるべきものとなった。こうして私はカントと疎遠になった。

カントに再び出会ったのは、何年かの後——その間に、例の大学紛争があった——ハイデッガーをテーマに修士論文を書き始めたときに、である。ハイデッガーの思想が、カント哲学の基礎付けと解釈を基本的なモティーフにしていることが分かってきた。ハイデッガーの論文を書くには、どうしてもカントを呼び戻さざるをえない。封印を解かざるをえなくなったのである。改めて、原書と翻訳を前に、カントに向き合った。ハイデッガーとの関係から当然であったが、今度私の開いた書物は、『判断力批判』ではなく『純粋理性批判』であった。以前にカントの本を開いたことがある、という記憶は、何の役にも立たなかった。入門書にも概説書にも頼らず、私はカントとハイデッガーを突き合わせながら、カントの中へハイデッガーの中へ、入っていったのである。何故、入門書や手引書に頼らなかったのか。その頃、深い仔細があってそうした訳ではない。何が適切か、何が必要かを知らなかっただけのことだ。参考にしようもなかったのであり、それが有り体である。

少し知恵が付いてから振り返ると、ハイデッガーのカント解釈と理解はユニークなもので、通説となっているカントとは別のカント像を際立たせるものであった。だから通常のカント像に立脚した概説書では、却ってハイデッガーのカント理解を分かり難くしてしまう。当時そんなことを知る由もなかったが、ハイデッガーに倣う私は、不知不識にハイデッガー的なカント理解に引き込まれていたのかもしれない。ハイデッガー以外のカント解釈を、読めなくなっていたのかもしれない。爾来、私のカントはハイデッガーとともにある。思えば、自然科学の、ではなく精神科学、人文科学に中立無比の入門書、手引書はありえない。どんなに優れた入門書、手引書でも、それらはそれぞれに、一つの立場から臨まれた解釈書なのである。

さてハイデッガーのカント解釈、それはキリスト教神学を括弧に入れて、カント思想をギリシャ哲学、就中《なかんずく》、アリストテレスと繋げて解読しようというものだった。アリストテレスの『形而上学』――正確には『自然学拾遺』というべきだろう――に戻って、西欧哲学を「基礎付け直す」、あるいは人間中心の思想の基礎付けを企てる、それがカントの《批判主義》の立場だ、とハイデッガーは見立てたのである。キリスト教神学を括弧に入れてカントを見る、今風の言葉を使うと、ハイデッガーによるカントへの大胆な「デコンストラクション deconstruction」ともいうべきものであった。しかし考えてみれば、「コペルニクス的転回」を掲げたカントの《批判主義》、これは西欧哲学の伝統――プラトンに始まりヘーゲルで完結する「形而上学」の系譜――へのデコンストラクションではなかったか。まだ中世神学的な思索傾向を払拭できなかった――あるいは、しようとしなかった――ライプニッツ＝ヴォルフらの思索への根底的な批判である。優れた哲学史家ボイムラーにしたがえば、十七～十八世紀、まさに西欧哲学は、神学から人間学への「転換期 Wendungspunkt」を迎えていた。ボイムラーは、『判断力批判』を、この時代を象徴する書物と見なしたのである。

とまれ右のような次第で、私のカントの読み方は、多くの美学の徒とは逆になったように思う。私の読書は『純粋理性批判』から『判断力批判』へ進んだ。ハイデッガーにしたがったので、この進みは存在論や認識論、いわば哲学の伝統的な問題意識に導かれ、支えられてのものになった。勢い、哲学の歴史と伝統の中でのカント哲学の位置と意味を質すことが、私のカント理解の中心的なモティーフになる。『判断力批判』も、そのような文脈で読むことになったのである。どうしても、この書物を美学プロパーの立場で読むことはできなかった。だから美学的関心、美学的問題意識が私のカント理解を督励することもなかった。もっとも所収の論文において、折節、私はいわゆる美学的、ないし美学史的な論点からカントに言及している。それは、《美学》がカント思想にどのように関わり、どのように意味付け理解したかを確かめるためのものだった。その意味でこの美学的言及は、カントに対する私の基本的な位置取りに違背することはない。

お気付きのように、本書では「ギリシャの実在論」から「エティカからアエステティカへ」至るまでの、千数百年の思想——西欧哲学史のきわめて重要な部分——が、閑却されている。キリスト教神学の成立から完成、古典期から中世を経て近代へ至る西欧思想の枢要な部分が、すっかりオミットされている。ただ、そこへの直接的専門的な論述はなされていないけれども、幾つかの論文で、カントの「コペルニクス的転回——中世から近代への思想的転回——」を理解するに必要な知識は提供できた、と思っている。カントを理解する上で肝要なのは、彼の下で、中世的神学的概念がどのように近代的人間学的概念へと換骨奪胎されたか、を知ることである。それを私はハイデッガーに倣い、上述のボイムラーから学んだ。彼らの哲学史的な洞察は、まことに犀利で透徹したものだった。私の論述は、彼らに負っている。

ギリシャでは、「信頼 πίστις」の語は「説得する πείθω」という言葉から生じた。その昔、ギリシャの「知恵者たち σοφιστής」は、自説を納得させるために論理や弁論術を研磨して、聞き手の説得にこれ努めた。この努力が「信頼」を生み、互いの間に真理を確立させた。信頼に基づく「真理」の確立、プラトンに倣えば、これが「哲学すること φιλοσοφέω」の始まりである。哲学は信頼から始まる。ボイムラー、ハイデッガー、信頼すべき思想家たちに出遭えたことが、私の仕合わせであった。彼らのお陰で、私はカントの跡を辿ることができるのである。

米澤 有恒

二〇〇九年七月十七日

カントの函＊目次

カントの函

第一章　ギリシャの実在論

はじめに

本章の目的は次のことである。パルメニデスの有名な文言「思惟 νοεῖν と存在 εἶναι は同一 αὐτός であるから……（云々）」（DK28, B2）で始まる存在の思惟、アリストテレスによって《第一哲学 πρώτη φιλόσοφια》と命名された思索が、西欧思想の展開の中でどのように変貌したか、ハイデッガーの言葉を借りて、どのように「非ギリシャ化」の方向に発展したかを、若干の例に即して顧みることである。実際、西欧哲学の進みとともに、ギリシャ的な思索は徐々に換骨奪胎されていくが、その一方で近代以降も、アリストテレス主義とでもいうようなものとなって、自然科学的な精神の中に生き続けている。

それはともかく、本章の仕事は哲学史的な知識の整理整頓である。その作業のうちに、何故ギリシャには「想像力 imaginatio」や「構想力 Einbildungskraft」を意味する適切な言葉がなかったのかが仄見えてくる。適切な言葉がない、それはギリシャ人の世界経験のしからしめる所だった。ハイデッガーによると、ギリシャ人は自分たちの

「経験・エンペイリア ἐμπειρία：エン・ペイラ ἐν πεῖρα」に名前を付けたという。語義の通り、或ることを「何度も試して πειράζω」、ようやくそのことに慣れ親しみ、名前を付けて自分のものにすることができる。ギリシャ人にとって「経験」とは、そういう意味だった。アリストテレスが『形而上学』の冒頭で、簡潔に述べている通りである。

1

パルメニデスの断簡は実に寓意的である。彼は太陽に仕える乙女たちに誘われて知識の門をくぐり、正義の女神ディケーが管轄する分かれ道、昼と夜、「真理 ἀλήθεια」と「誤謬 ἁμαρτία」への分かれ道までやってくる。そして女神に慫慂されて昼の道、正しい道を選ぶ。この道を取って進む、それこそが真理への「方途 μέθοδος」であった。昼と夜との分岐点といういい方は象徴的であった。後の哲学の進展に鑑みて、それを「存在 Sein」と「仮象 Schein」への分かれ道、といい換えてもよいだろう。真理への道を進むうちに、夜の闇に包み隠されていたもの、夜の帳が覆っていたものの姿が徐《おもむろ》に顕《あらわ》になってくる。

「真理」を「隠されていないこと」と呼び習わすギリシャ人にとって、「隈なく見えていること」が望ましい。夜の道は「見掛けのもの φάντασμα」への道、「真理らしいもの εἰκός」への道、「惑わし ἀπάτη」の道なのだが、その道をパルメニデスは“ἔθος πολύπειρον”(DK28, B7)「しばしば、通られてきた習いの道」という。昼と夜との分かれ道、そこは朝ぼらけというか黄昏というか、いずれにしても薄明で物事がはっきりとは見えない。真偽、正邪定かならぬ状態にある。

もっとも、かかる状態における「知」の有り様――「感覚 αἴσθησις」が捉えた認識の水準――の独自的意義を認めたのが、《美学 aesthetica》の名付け親、バウムガルテンであった。十八世紀半ばのことになる。

それはそれとして、分かれ道の比喩で、パルメニデスは人間の知識や認識の水準を示唆したのである。知が事柄の「見掛け」に関するだけでは、その真偽の程を弁別できない。この水準での知に関しては、「事柄 πράγμα」そのものではなく、むしろ事柄を言述する仕方、「弁論 ῥητορική」が幅を利かすのである。弁論による「説得 πείθω」で事の真偽が定まるのなら、「真の知 σοφία」と「知的策略 σόφισμα」の類を区別するまでもないだろう。だから分かれ道あたりの知の水準では、ソフィストが主導権を握っている。大抵の人間は分かれ道まではやってくるが、ソフィストの弁論に乗せられ、そこで安心して引き返すか、夜の道の方へ迷い込む。“ἔθος πολύπειρον”、習いの道とは、この意味であった。

パルメニデスが女神に呼ばれて分かれ道まで来たのは、人間に正しい知識を伝えるために、なのである。正しい知識の伝達、すなわち「正義 δίκη」を行うことに他ならない。「ディカイオス δίκαιος」は、狭い意味では「道徳的に正しい moralisch recht」の謂いだが、「ディケー δίκη」は広く、事柄の真偽、法や掟の正邪、行為の善悪を弁別することを包括していた。近代的意味でいえば、実践的、理論的のいずれの領域をも支配する言葉だった。そのことは、例えばプラトンの標榜する《理想国家》を思えば、明らかだろう。認識の真理が探求される国は、法の正義が尊重される国、要するに「理性 νοῦς」の君臨する国なのである。現実の国と理想の国との懸隔、そのゆえにパルメニデスは正義の女神に召喚された。ちょうど詩人たちが、ムーサイに召命されたように。この意味で、パルメニデスは「神々に嘉された者 θεοφιλής」と認められる。神々に召喚されない者は「ソフィスト」、単なる知恵者のままに留まらざるをえない。もとより、パルメニデスもソクラテスも、最初はソフィスト、知恵者であった。

ソフィストの知を決定付けるのは弁論の巧みさ、事柄の巧妙な「取り扱い」である。彼らの知は、ロゴスによるそれである必要はない。「思いなし δόξα」で十分である。思いなし、「ドクサ：visum」。ドクサは“δοκέω: mihi videtur”に由来する。ドクサはしょせん「私には、こう見えている」というだけのことで、そのような各自的な見え方は、せいぜい、物の「見掛け」に過ぎない。「見掛け」をあたかも唯一的な「見え方」、真理のように言述して相手を「説き伏せる πείθω」、それがソフィストの弁論である。とはいえ、弁論が真偽の決定権を持つのだから、卓越したソフィストのゴルギアスは、誇らしく「弁論は偉大な力を持っている」(DK. B11) と豪語したものだった。

弁論がソフィストに必須の技術だったことは分かるが、ソクラテスからすれば、ソフィストの仕事は「正と不正の正しい知識を授けることではなく、ただ、信じ込ませるだけ」(『ゴルギアス』455A) である。信じ込ませるだけなら、わざわざ、昼の道へ踏み出すまでもなく、夜の道の方が一層欺き易いのではないか。昼の道と夜の道、どちらの道を選ぶか、この「選択 αἵρεσις」——この語は後に「宗教的異端 heresy」を意味することになる——によって、「形相派」と「感覚派」とも呼ぶべき哲学的学派が分かれる。真の実在に迫るのは「形相的」にか「感覚的」にか。古代ギリシャに発したこれらの考え方は、二千年の余を経て、ポストモダンの時代にまた哲学的な話題になる。ともあれ「昼への道」を慫慂されたパルメニデス、自ら進んで昼の道を取るソクラテス、彼らは「本当の知者」、神のような知者でありたいと希《ねが》う、その意味で一介の知恵者ではなく、「愛知者 φιλόσοφος」だった。

「思いなし」のいかがわしさを告発するには、事柄を昼の明るさの下で見なければならない。「有りのまま ἀλήθεια」を「熟視する διανοέομαι」のである。

「有りのまま」が見えてくると、「私にはこう見えている」というだけでは通らないし、さすがのソフィストたちの弁論も説得力を失うだろう。冒頭に引いたパルメニデスの言葉、「思惟と存在は同一……」はこのような文脈の中にある。彼の文言では、存在は思惟に隈なく開かれている、といわれているのである。「思惟 νόησις」の語は、そもそも「見る νόεω」に発している。昼と夜の分岐点の比喩は、「考える」と「見る」を同じく“νόησις”の語で理解するギリシャ人だからこそ、実に適切であった。ご存知の通り、「理性 νοῦς」も「知性 διανοία」も「ノエー

シス νόησις」から派生した。存在は見ることに開かれているからである。"διανοέομαι"、ラテン語で「沈思黙考 meditari」と訳されるこの語は、事柄の全体をよく見渡すことを意味した。

知性の訳語であるラテン語の"intellectus"は"inter lego"「物を手許へ取り集めること」が原義である。取り集めるのは、眼目のものをよく見て選び出すためである。この原義のゆえに、"intellectus"は「ロゴス λόγος」の訳語でもありうる。蓋《けだ》しラテン語の"lego"はギリシャ語の"λέγω"に由来する。"λέγω"には「話す」という意味の他に、「見て弁別する」、「筋道をつける」、「順序にしたがって並べる」といった意味がある。大体、話すこと自体、事の次第を順序付けて陳述することであって、支離滅裂の戯言ではない。だからロゴスには、混沌を秩序に、あるいは混乱と思しきものに規則性を見出す、という意味がある。秩序や規則性を見出すには、それが見えてくるまで事柄を見続ける必要がある。見ることへの拘りが、ギリシャ人に「視覚 ὄψις」を特別に重要な感覚——それに対し、一般に「感覚 αἴσθησις」といえば「触覚 ἁφή」だろう——と考えさせた。思うに、ギリシャの澄明な大気と眩しい太陽が殊に「見ること」に好適だったのだろう。

ついでにいうと、パルメニデスと同時期の人ヘラクレイトスにとっても、ロゴスは、物事が「どのようにあるか ὅκως ἔχει」を見極めた上で、それを「語ること φράζω」であった。(DK22, B1) ロゴスによるかよらぬか、それはギリシャ人の「知」にとって決定的だった。プラトンの「ロゴスには存在の真理が示されている」(『パイドン』90D)という言葉は、パルメニデス、ヘラクレイトスの思索と同じ文脈にあったのである。

ちなみにギリシャにおいて、「視覚」と「聴覚 ἀκοή」は感覚の代表と考えられ、それらの感覚は、しばしば、宇宙の本質にも通じているとされたのである。ピュタゴラス派の「調和 ἁρμονία」の考えは、その典型である。だが優れた感覚である視覚や聴覚でも真の「実在 οὐσία」には至りえない、と考えたプラトンはいわゆる《イデア論》を提起して、「形相派」と「感覚派」、形相の友と感覚主義者との真理論争に決着を付けたのだった。

ところで近代の言葉でいえば、パルメニデスもヘラクレイトスも、そしてもちろんソクラテスもプラトンも、徹底した「実在論者 realist」だった。彼らにとって、「存在」はそれ自身で「有るがゆえにある」ということ、思惟は、その「有るがゆえにある」ものを「有るがまま」にじっと見ること、ロゴスは見たままをその通りに陳述することであった。一方、先述のように、「思いなし」は「私の見方」を語ることで、私の見方は見るたびに違うから、それでは主観的な判断の類を披瀝しているに過ぎない。だからこそ、巧みな弁論術が必要なのである。当然、それでは真理の陳述、存在の「有るがまま」の陳述とはいえないのである。

実在論にあっては、事物は須《すべから》く「有るがゆえにある」のであって、それ以外のどのような理由付けも、しょせん「思いなし δόξα」でしかない。したがって、自分は存在の「有りのまま」を「見たままに語っている」ということ自体、畢竟、一つの「思いなし」に過ぎないのではないか、というようなソフィスティケートされた疑念は、全然、ギリシャ人の素直な実在意識に兆してくることはなかった。その手の「ソフィスティケーション sophistication」が、ソクラテスの「ロゴス」の舌鋒の前ではいかに無力だったことか。「理性が君臨すべきである」とするソクラテスの確信、それは見られるべき対象、思惟されるべき実在への絶対的な信頼と一体をなすものだったのである。

右のようなソフィスティケーションが、西欧においてそれなりにもっともらしく聞こえるようになるのは、十九世紀も後半になってからのことだろう。そして第一次大戦のもたらした精神的荒廃——端的にいえばロゴス、理性の虚弱化——の下、ソフィスティケーションが一つの思潮の気配さえ漂わすようになった。ロゴスと“σοφία”の繋がりが弛んでしまったのである。この社会的アトモスフェールの中で、実存哲学が始まり、カミユやカフカの文学作品が生まれた。

余談は措いて、ロゴスに対するドクサ、ソフィストたちの「知」と「弁論」は元来、政治や外交のための術策であり技術でもあった。語られる内容の真偽、正邪はときに二義的でも構わなかったのである。説得し納得させた方に、「勝てば官軍」――まさに英語の諺が教えている、“Might is right”――ともいうべき「正義」の名誉は付いてくるのである。ドクサにパラドクサで応じて続く延々たる評定へ持ち込むこと、それこそ、ソフィストたちの「自家薬籠中のもの」ともいうべき練達の技術であった。しかし内容を問わない弁論に、徹底的に内容に拘る弁論の説得を期待しても、無理な相談だった。ゴルギアスやヒッピアスのように高名なソフィストたちが、若いソクラテスの執拗で一途な追及に音を上げ、自らの言説に足を掬われたのである。

2

さて、件《くだん》の言葉を遺すに至ったパルメニデスの思索の道、思惟によって存在へ至る道を、アリストテレスは「真理について哲学すること」と捉えた。哲学は事柄の「真理について知ること ἐπιστήμη」だから、パルメニデスとアリストテレスの考えを一本に繋ぐと、哲学は「存在の真理について知ること」を意味する。パルメニデスのいうように、存在の真理は「見ること νόησις」に開かれている。哲学は「存在」に対して、何の奇策を弄することも要らないのである。存在者に何の特権を与える必要もなければ、或る存在者を取り出して、それを範例的に考察する必要もない。その種の方策は、ハイデッガーの言葉（*Holzwege* 所収の“der Ursprung des Kunstwerkes”にある）を借りると、却って人間の方から存在者に「概念の不意討ち Überfall des Begriffs」を喰らわすことになり、存在者を「覆い隠すこと λάνθανω」になりかねない。ひたすら、存在者の「有ること」だけに注目する、そしてそれで必要にして十分である。

ただし今いったことの意味を、「有るもの was ist」の「何 was であるか」に向けて考察するのではなく、「有ることdaß ist」の「ことdaß」へ向けて考察すると理解するなら、それは既にギリシャ的ではない。アリストテレスの「存在者を存在者として考察する」という、哲学の基本的な姿勢を崩している。“ens”と“esse”を分けるのは「存在論的区別 differentia ontologica」というべく、ギリシャにはかかる区別はなかった。「存在者 τὸ ὄν」の語は、ラテン語では“ens”とも“esse”とも訳すことができた。存在者をただ「有るもの」として考察する、この考察はすべての哲学的知の「最初のもの πρῶτος」である。かくてアリストテレスは存在の考察を、《第一哲学》に位置付けた。

ご存知の通り、存在の考察を記したアリストテレスの書物の順序は、存在者全体としての「自然 φύσις」の考察、『自然学』の「あと μέτα」になった。「メタ・フュシカ」の意味は「自然学補遺」といった程のものだが、そこでの考察を「第一哲学」と規定したために、彼のした存在の考察が、後の時代の哲学に決定的な影響を及ぼすことになった。第一哲学は存在者全体を基礎付けるものの学、「第一のもの princeps」、「第一原因 causa prima」もしくは「究極原因 causa ulutima」を探求する学に変わってしまったのである。アリストテレス的な実在論を元にする「形而上学 τὰ μετάφυσικα」ではなく、キリスト教の観念論的な「形而上学 metaphysica」へ、である。一般に形而上学が「存在論 ontologia」とも呼ばれるようになった——“ontosophia”と呼ばれたこともある——のは、ずっと下がって、十七世紀半ばからのことになる。

とまれ、アリストテレスの定義付けとともに、存在の哲学的思索は始まった。しかしアリストテレスに始まる「存在の考察=形而上学」は、西欧思想の展開の中で中心課題を大きくずらすことになり、元へ戻る、きちんと軌道修正が図られるには、カントを俟たねばならなかったのである。

今見たように、第一哲学である形而上学が進展に連れて図らずもまるで二様の形態——「特殊形而上学 metaphysica specialis」と「一般形而上学 metaphysica generalis」——がありうるかのような、いささか奇妙な外観を呈することになった。前者は、プラトンに始まりヘーゲルによって完成されたと目される、「形而上学的実体論」ともいうべき観念論的形而上学、《存在神学 onto-theologia》の類である。後者は、アリストテレスに始まり、二千年を経てカントによって復権する実在論的形而上学である。哲学史的には、後者は前者の学問的基礎付け、あるいは《批判 Kritik》と理解されることになり、事実、そう遇されてきた。

カントの《批判主義》の立場、形而上学批判の立場はアリストテレス主義の再興の努力として、N・ハルトマンはそれを「批判的存在論 kritische Ontologie」と呼び、ハイデッガーは形而上学の「新たな基礎付け neue Begründung」と評価した。もちろん、二様と見える形而上学は互いに他と判然と区別できるようなものではなく、むしろ大いに交叉し合っていた。

カントとヘーゲルを対照させてみれば分かることだが、例えばヘーゲルの「絶対者の形而上学」、「観念論 Idealismus」の体系は次のようであるから、壮麗でかつ法外な「思弁 speculatio」――フランスのポストモダンの思想家リオタールなら、皮肉を込めて「大法螺噺 le grande récit」という所だろうか――であることを免れ、而《しこう》して「実在論 Realismus」の体系でもありうる。すなわちヘーゲルの思想は、「絶対者」が実在的に顕現して成就した自己の事蹟の全体を、自ら総括し通覧したものなのである。ヘーゲルの体系は、絶対者が提示する「事蹟総覧 Enzyklopädie」であって、それは他ならぬ、絶対者の実在論的体系であった。カントの「批判」は「理念 Idee」を理性の絶対的な「要請 postulatum」とし、しかも人間経験への「統制的原理 principium regulativum」として究明するのだが、理念は本性的に「実在的 reell」ではありえない。あくまでも、観念的な要請に留まるのである。したがって、たとい批判主義的にもせよ、カントの思索を「統制的原理」の観念論的形而上学といえなくもない。

このように両者の間を画然とできないのも道理、そもそも、ギリシャ人の思索において、実在的―観念的の区別はほとんど意味がなかった。ギリシャ人は素朴ともいうべき実在論者だった。もとより、彼らの無知のせいでも思考の未熟さのせいでもなく、それは彼らに生得のものだったのである。彼らのこの「生なり」の「素朴さ Naivität」はしかし、シラーが古典主義者のゲーテを羨望する所以のもの――本書、第八章参照――だったし、浪漫主義者が、求めて叶わぬ自分たちの「過去」として、追慕して止まぬものであった。浪漫主義者にとって惜しむべきは、ギリシャ的な「実践哲学」、徹底した実在論に立脚する実践哲学を、もうどうしても復興させることはできないことだった。時代が変わってしまったのである。

一度観念論の洗礼を受けると、思想的に実在論に戻ることは容易ではない。実践哲学を持てない思想、観念論の立場から実践哲学を標榜する他ない思想は、どれほど切実なものであっても、概して壮大な夢想になりがちである。そしてそこに、何ともいえない「悲愴感 pathetisch」が漂う。

ここで視点を換えてみる。確かにプラトンはイデアを論じた。それも、諸々の事物の「範型 παράδειγμα」もしくは「原型 ἀρχέτυπον」の意味で。だからプラトンに一種の観念論の存することは明らかである。プラトンのイデア論は存在者の「本質 οὐσία」に関する思想と理解されているし、ソクラテスの「問答」を場にして、プラトンがイデアの本質論を開陳している、とするのが普通の見方でもある。例えば藤沢の「現象界の形而上学的根拠としてのイデア界における、事態そのものについて考察している」（『ソピステース』〈プラトン全集3〉の氏の詳細な釈義四一八頁）とする、イデア論への総括には、誰しも異存のない所だろう。ハイデッガーはそこを的確に指摘している。プラトンは「イデア」の語に二重の意味を持たせたのである、と。事物が感覚的な眼に提示する「見え方 Aussehen」の謂いと、眼では見えない事物の「本質 Wesen」の謂いとの。要するに、「感覚的 sinnlich」と「超感覚的 übersinnlich」という、事物の二つの水準をイデアの一語で把捉した、というのである。

だがギリシャ人の世界経験に留まると、「イデア論」を「本質論」、アリストテレスのいい方（『形而上学』M、1）を借りて、「何か不変の、そして永遠的な実体の類」が存在するか否かの議論は、今日考えられている程に容易なことではなかった。何を究極的な実在と考えるかに関して、「感覚可能なものがそうだ」、否「感覚を超えたものこそがそうだ」という、例の《感覚派》と《形相派》との間の論争は、プラトンによって「巨人族と神々との戦い γιγαντομαχία」に準《なぞら》えられたくらいの、哲学的な大問題だった。キリスト教神学を経由した近代以降の人間は、ギリシャ人が想像もつかないくらいに、超越的実体を巡る議論に慣れてしまっているのである。

一体、イデアの特徴を惟《おもんみ》るに、「色も形もない」イデアを「知覚する αἰσθάνομαι」ことはできないし、知覚できないものを反復的に試すこともできない。つまり、ギリシャ的意味で、経験することができないのである。経験不可能なものを、事物の本質と主張するのなら、この論争は直ぐさま窮地に陥るだろう。経験できない以上、イデアを「本質」と呼ぼうと「見掛け」と呼ぼうと大差なく、「イデア」の論争に決着の付きようがない。畢竟、この論争は巧みな弁論を以て、相手を説得し果《おお》せることで収束するよりないのではないか。弁論で説得するだけなら、上述の通り、ロゴスによる「論証 ἀπόδειξις」ではない。プラトンの立場は次のもののはずだった、弁論による真の「説得」か「瞞着」か、それを決定するのは「どう弁論したか」ではなく「何を弁論したか」、弁論の当否を決めるのは内容である、とする。このようにソフィストの議論の仕方を厳しく批判したプラトンが、ソフィストと同じ誤りを犯して、自己矛盾に陥るとは思えない。プラトンの「イデア論」には、何か曰くがありそうである。

そこでギリシャ人の世界経験に鑑みて、プラトンのイデア論を、形而上学的実体の理論というより、ひとまず見事な「ミュートス μῦθος」、作り噺でしかも議論の内容を分かり易くするための「譬え噺 allegory」、と考えてみたらどうだろうか。アレゴリー、文字通り、語られたのとは別のことをいうのである。著作の多くの箇所で、プラトンはソクラテスに婉曲的論法や間接的な伝聞を用いて、議論の核心をつかせている。作り噺や譬え噺の導入は唐突でも何でもなく、プラトンの得意とする修辞上のテクニックだったのである。このテクニックに関して、ギリシャ語の“νόησις”の二重の意味を忘れてはならない。「見ること」の二重の意味は“εἴδω”の語にも、窺われる。「エイ

ドー εἴδω」は「見ること」と「知ること」を意味するのである。このように、"Sehen"、"Denken"、"Wissen"の語義的な類縁性が、プラトンをして、「イデア」に二重の意味を持たせることを可能にしたのではないか。感覚的に「見られた物」と思惟によって「知られたもの」とを「イデア」の一語で把捉し、この一語で、形而下の世界と形而上の世界、現象界とその形而上学的な根拠を媒介する、かかる哲学史上の思想的な大トリック——ヘーゲルさえも「三舎を避ける」だろう——は、ギリシャ人の世界経験と少しも矛盾するものではなかったはずである。形而上学的な基礎付けを必要とする思想は、既にして一種の観念論であって、実在論ではないだろう。ギリシャ人の思想には、形而上学的な基礎付けも裏付けも必要なかった。

　イデア、いってみれば「形なき形」、「色なき色」である。色も形もないからもとより肉眼では見えない。その上、見たら眼が潰れるらしいのである（『パイドン』99D-E）。具体的には、イデアは「太陽」をイメージして構想されたのかもしれない。太陽の「光 φάος」こそ、万象を「眼に見えるようにする φάνταζω」所以のものである。太陽のお陰で万象が「現象する φαίνω」と考えれば、太陽は見えることの「始まり ἀρχή」、原因である。「感覚的視覚象 φάντασμα」としての「形 ἰδέα」、つまり物事の結果だけを知って得心するのではなく、原因にも目を向けよ、「洞窟の囚人」の譬えが教えるように、何故見えるのか、という物事の始まりにまで「思い＝見ること νόησις」を届かすように、とプラトンは説いたのである。「見ることの貫徹 διανοέομαι」によって、表面的な存在理解に安んじることなく、一段と深い存在理解、物事の「有りのまま ἀλήθεια」に到達することができる、とプラトンは見事な譬え噺を、ソクラテスに語らせたのではなかったのか。

　「実体 οὐσία」の語は「存在 εἶναι」の語の変化形である。実体性という「存在」に固有のこと、「有るがゆえにある」という「存在」の固有性が見えてくるまで見続ける、それが哲学的思索、知的「探求 ἱστορία」というものだ、これがプラトンの確信だったに違いない。繰り返すと、「実在」としてのイデアを「思惟の対象」として、生成界の事物である「感覚の対象」から区別し、よって以て哲学者の存在意義を強調する。換言すれば、「見ること」が感覚レヴェルに留まるかぎり、哲学的思索、イデアの神的な輝きを「魂で想起する努力」は始まらない、とプラトンは考えたのではなかったか。このことは後述する。

イデア論を「ミュートス」に見立てては、いかさまプラトンに失礼だし、哲学史的には、余りに乱暴に過ぎるだろう。だが少なくとも、プラトンは方法的な自己矛盾に陥らなくて済む。プラトンはミュートスの卓越した「作家 ποιητής」であった。詩を捨てたプラトンの「愛知 φιλόσοφια」の精神は、ミュートスを語らないことである。しかし哲学的思索の中に、比喩や譬え噺としてミュートスを鏤《ちりば》めることは、決して彼の愛知の精神に違背するものではなかった。

3

さて、アリストテレスはこんな風に自戒している、曰く「我々はエイドスが存在することを色々な仕方で論証しているが、その何れも本当らしくない」（『形而上学』Α、9）。彼の『形而上学』M巻は全編これ、ほとんどエイドス的存在を巡る哲学的議論と、彼の立場からするそれらへの批判に費やされている。アリストテレスの自戒に関して、思索的方法論の問題として承知しておくべきことがある。

《洞窟の囚人》の譬えに端的に看取できるように、プラトンはイデアの議論に、「弁証法 διαλεκτική」、否定を媒介にして議論の目的を達成する、という論法を採用している。だがアリストテレスは「弁証法的な論証」を、概してソフィスト的な「説得の仕方」と解し、幾分か「詭弁的 sophistisch」な論法と考えていた（『分析論前書』第I巻第一章）。その意味で、弁証法的論証は、必ずしも「明証的 apodiktisch」な論理とは認められなかったのである。

否定を媒介にして絶対的に肯定的なものに至る「弁証法 Dialektik」、これは後にヘーゲルのものとなって完成する――本書、第九章参照――が、プラトンの弁証法的論証はヘーゲルのそれの絶対性を持つことはできない。そもそも、ギリシャに「絶対」の観念がなかったからである。だからギリシャ的な思索において、否定的媒介を採用するとき、一つの肯定に対し多様な否定を認めてもよい訳である。多様な否定がありうるにも拘らず、その中の一つを選んでそれを「絶対的」と見なしてみても、この「選択」は決して論理的とはいえない。ましてその方向へ論理を誘導するのでは、むしろ弁論によるトリック、あるいは「謀《はかりごと》 List」の類であって、ロゴスの「論理」とはいい難いだろう。アリストテレスにとって、弁証法的論証は「蓋然性を含んだ論証 διαλεκτικάι πρότασεις」以上のものではなかった。プラトンが思想の最も重要な所で弁証法的論証を用いていることを、徹底した論理主義者アリストテレスは、なかなか承服できなかったのだろう。

プラトンとヘーゲルの間での“διαλεκτική”の用語法の差異を割り引くとして、アリストテレスの自戒が、アリストテレスは実在論者でプラトンは観念論者だ、などということをいささかも示唆するものではない。「イデアは実在する」とプラトンが考えたとしたら、オリュンポスの神々は実在する、と信じているのと同程度の水準でのことである。ギリシャ人たちが神々の実在を信じていたように、プラトンは神々の実在を信じていたのである。そしてアリストテレスも。もとより、神々を信じることを「迷信的」だ、とか「非論理的」だなどと考える必要はない。つい先頃まで、世界のすべての所で、神々の実在を信じることが須《すべから》く人間の生存を規定していたのである。その際、一神教は合理的だが多神教は非合理であるといった考え方は、それこそ非合理の極みであった。カントを俟つまでもなく、信仰と論理は同一水準にはないのである。

それはともかく、ギリシャには「人間は万物の尺度」というプロタゴラスがいれば、「神々に較べれば、人間は猿に等しい」（DK22, B79）というヘラクレイトスがいた。そしてプラトンにいわせれば、「神々こそ万物の尺度」

（例えば『法律』716C）なのである。ゆえに、人間は「神々の真似」をしなければならないし、それが「愛知」だ、とプラトンは力説したのである。「形相派」とは、神々の真似をする者のことである。

プラトンのミュートスは語る。神々を信じ敬う人間の「魂 ψυχή」は、ゆくりなくも神々に率いられて「イデアの世界」を臨み見ることになる、と。いかさま神々となら、イデアを見ることもできるだろう。不死なる神々は「永遠なるもの ἀΐδιος」、不生不滅たるイデアと同じ存在水準にあるからである。だが神々と一緒にいられるものは、もちろん、人間ではない。イデアを瞥見したのは人間ではなく、あくまでも「体 σῶμα」――この語は、元来「死体」の意味である。「肉体」を意味する語は“δέμας”だったが、哲学用語にはならなかった。ラテン語が「生体」という語を持たなかったからである――に宿る前の「魂」なのである。神々は人間に近づくことも離れることも自由自在だが、人間はそうはいかない。神々の訪れや誘いを、祈りつつ待つ他はない。したがって人間にできることは、未だ人間ならぬ境涯で一瞥したイデアの記憶を喚起すること、「想起すること ἀνάμνησις」である。真摯にイデアを想起し、神々の真似をする、それが愛知の実践であった。

とはいえ、こんな法外な断が「作り噺 μῦθος」でなくて何であろうか。人間として経験できないもののことを論じ合ってみても、ギリシャ人にとって、それは「暇潰し διαγωγή」がよい所である。アリストテレスの自戒は、イデアを論じることで、思索が「思いなし」や「作り噺」に堕してしまうことのないように、そのことを自らにいい聞かせたのだろう。彼が弁証法的論証を「思いなしによる論証 ἀπόδειξις ἔξ ἔνδοξον」と断じた所以である。一つの「思いなし δόξα」には、無数の「それに対する思いなし παράδοξα」が可能だし、そこにソフィストの「弁論」の面目が躍る理由もある。しかし一つの「ロゴス λόγος」に「対するロゴス」、“παραλογισμός”はしょせん「誤謬推論」でしかない。その種のものは、最初から哲学的な話題に供するまでもない。アリストテレスの自戒は、決してプラトンへの批判でも何でもなかった。

したがって当然のことだけれども、プラトンが定立した「原型」、あるいは「範例」としての「イデア」を、アリストテレスが殊更に実在論の方へ引き戻した、そして存在者の「四構成因 στοιχεία」の一つである「形相因」、アリストテレス的な「エイドス εἶδος」にしてしまった、要するに内容を形式に変えてしまった、と考えることは全く正しくない。両者にとって、イデアは一貫して「見られた形」なのである。いずれも、見かけの「形」に囚われず、かつて魂が瞥見した「イデア」が見えてくるまで見続けることを、哲学的思索と考えていた。見掛けの形を反省しつつ、「見続ける」という思惟を通じて初めて、人間の知は「可変的現象的なもの φαινόμενον」の水準を脱け出して、「形なき形」という数学的ともいうべき「本質的なもの νοούμενον」に届く、とされたのである。さもあろう、アリストテレスにおいて「何か不変のそして永遠的な実体の類」と見なしてよいのは、数学的なもの、「数」や「図形」の観念である（『形而上学』M、1―3章）。これらの観念は、人間の知覚経験の根底にある不変的＝普遍的なもの、と認められていたのである。

　アリストテレスの考えを敷衍すると、こうだろう、イデアとは何度見直しても変わることのない事物の「形」、位置や場所によって姿を変える事物の「見掛け φάντασμα」ではなく、事物の「有りのままの姿」、事物の「真理 ἀλήθεια」なのだ、と。とすれば、プラトンの「イデア論」を、ミュートスの体裁で以て「イデア」の語の拡大解釈を試みたものと理解しても、プラトンに不当ではあるまい。加うるに、彼の拡大解釈はためにする付会ではなく、ギリシャ的なものの考え方とも、ぴったりと平仄が合っているのである。プラトンのミュートスが根も葉もない与太噺でない証拠に、アリストテレスはプラトンの思想を、地道に反省的に基礎付けることができた。さながら、二人は理論物理学者と実験物理学者の関係という風であった。

　思うにソクラテスの弟子となったプラトンはかつての自分、詩人に具わっていた能力を、巧みに思想の展開の中に注ぎ込んだのではなかったか。蓋し、ギリシャにおける詩人の役割、それは「比喩」を駆使して聴衆を別の世界へ「連れて行くこと μεταφορά」だった。イデアの語の拡大解釈によって、プラトンは見事にソクラテスの対話の相手を、日常的な知の水準から学問的な水準へ導いたのである。『ソピステース』（249B-C）でいわれているように、永遠的で持続的なあり方を保持しているもの、「イデア的なもの ideal」の存在を認めないかぎり、「知性 διάνοια」の出る幕はない。人間の知をこの水準に至らせること、学的探求へ誘うことこそ、「愛知者」となったプラトンの責務だったのである。そのために詩人の「比喩の才」は強力な武器だった。

4

ギリシャ人は端的に実在論者だった。思惟と存在は同一、と考えるパルメニデスは、見えるものしか認めなかった訳である。それは見えるもの、実在だけが揺るぎないものだったからである。思惟、それが肉眼ではなく「心眼＝魂」で見続ける営みであるとしても。一体、対象の消失や空無化を予想するときには、思惟は文字通り空虚なことでしかない。対象が見えなくなってしまうからである。

万象は移ろっていて恒常的なものは何もない、というヘラクレイトスにとっても、実在という基盤は揺るぎない。万象の興亡を河の流れに準《なぞら》え、この不断の変化、様変わりを看じて「我々は存在するものであり、しないものでもある」（DK22, B49）と少し衒学的に語るヘラクレイトスに、サルトル流の「存在と非存在の弁証法」――彼の主著『存在と無』のテーマがこれであった――の類を認めるのは、明らかに善意の誤解である。ペシミスティックな世界観を認めること――例えば、ショーペンハウエルのしたように――も、多分、正しくない。実在論者は存在を変易常なきことと考えても、およそ非存在、無を考えることはない。「生成 γένεσις」と「消滅 φθορά」の不断の交替といいながら、外見的に同じものとして存在しないというだけのことである。詳細に見れば同じ人間の表情が、日々の健康状態を反映して毎日違っているのと同じである。もとより生成消滅するのだから、個別的に存在者が非存在に転じるという喪失の悲痛は、実在論者の胸をつく。だがこの悲傷のゆえに、恒常不変のものだけが真に存在する、と考えるようになるとしたら、それは恐らくギリシャ的な考え方からの飛躍である。

このような飛躍的な考え方は勢い、絶対者、完全なるものを構想するように促すだろう。否、むしろそういうものを構想せざるをえないとき、存在における「完全―不完全」、「恒常的―可変的」といった区別が不可避的になる。曰く、変化は不完全なものにこそ固有である、何故なら、不完全なものは完全を目指すのだから。また曰く、完全なものは変化しない。完全なものの変化は堕落、崩壊に過ぎないが、完全なものが自ら堕落する訳はないのだから……。こういういわば観念論的な思索は、ハイデッガーのいう西欧思想の「非ギリシャ化」の中で、彫琢されていったのである。

ギリシャには、キリスト教的意味での「完全 perfectio」、「原因 causa」、「絶対 absolutus」という観念はなかった。「変化 ἀλλοίωσις」を目的への途上、「始め ἀρχή」と「終わり τέλος」との「中間 μέσος」と、アリストテレスは捉える。というのもギリシャでは、「完全 ἐντελής」とは「目的を達している τέλος ἔχειν」という意味なのである。「目的に達した τέλειος」以上、差し当たり、それ以上の変化、「別のものになる ἀλλοιόω」必要はない。変化とは生成過程における中間状態なのである。アリストテレスは「完全」をも、一つの「状態 ἕξις」と理解して、その状態を「終点に至っている ἐντελέχεια」、エンテレケイアと呼んだ。しかし“ἀρχή”と“causa”は同じ意味ではないし、“τέλος”は“finis”と同じではない。

エンテレケイアは「活動状態 ἐνέργεια」ではないし、活動を惹起するための「力 δύναμις」も働いてはいない。この状態は、一応、「エネルゲイア―デュナミス ἐνέργεια-δύναμις」という生成の構図から外れている。だからアリストテレスはこの平衡状態に、わざわざ、エンテレケイアの名を付けたのだろう。けれどもギリシャ人である彼は、当然、次のようには考えない。すなわち、エンテレケイアという平衡状態、安定状態に至ったものは、生成の水準を超越していて不動の究極的な状態にある、などとは。

彼の運動論は、『自然学』第四巻（第一―三章）に見ることができる。球を投げ上げるという例で、彼の説く所を敷衍してみる。球の「運動 κίνησις」は、その頂点に至って一瞬「停止する ἠρεμία」。上昇と下降という相反的な運動の拮抗点において、球の上昇運動は完全状態になる。だが上昇運動の完全状態、終点到達はそのまま、下降運動の始まりになる。このように、終わりは始まり、「結果」が「原因」なのである。変化は「始まり」と「終わり」の絶えざる交替、両者の「中間状態にある μεταξύ」。万象、悉皆《しっかい》かくの如くである。不断の交替の中にあって、留まることはない。まさにヘラクレイトスのいう通り。完全なものは変化を超越している、といった考え方はギリシャにはなかった。「完全なるもの」は可変的な万象を超える、と考えるのは、全く非ギリシャ的な思考であった。

プラトンにとって、完全と目されるイデアでさえ、決して一つではなかった。プラトンにおいて「一 ἕν」と「多 πολύς」の議論は、一つの「イデア」とその多数の「似像 εἰκός」、あるいは、一つイデアとそれの「分有 μέθεξις」の諸相に関してなされたのでる。

諸々のイデアのイデア、究極のイデア、「唯一者 τό ἕν」の考えは、哲学史的には恐らく三世紀以降、プロティノスあたりから、真剣な哲学的議論の話柄になったものと思われる。プロティノスの《一者の哲学 henologia》は、究極的な存在者である「一者」の《形而上学》と、万象の《存在論》からなっていた。一者から「流出 ἐκρέω, emanatio」した存在者全体は「位置 χώρα」、換言すれば一者からの「距離 διάστημα」によって、自から「階層 Hierarchie」をなすというものであった。形而上学と存在論の融合、これは非ギリシャ的で、ハイデッガーが後の形而上学の方向、《存在神学 onto-theologia》と呼んだ方向への先駆的思索だったのである。

万象はその「存在」において、否応なく等級を持つことになる。一者から遠いか近いか、これが存在者にとって決定的である。存在者はその「存在」において、決して「平等 ἴσος, aequus」ではないのである。この不平等は、流出したかぎりの万象に、例外なく妥当する。存在者は常にその「位置 locus」によって、或る特殊的な存在者であり、したがって“esse”と“ens”は同じことではなくなる。“ens”であることの意味は“esse”によって、要するに「位置」によって定まることになるのである。一者と流出したものとの関係は原因と結果の関係になり、しかも、この関係は一方的で、ギリシャにおけるように相互的ではない。一者は「第一原因」、「究極因」である。もとよりそれは「一つ unum」でなければならない。他のすべての存在者は、この「一者に帰される uni-versus」。万象の「流出 emanatio」は、あたかもプラトンのいうイデアの「分有」の裏返しのような具合なのだが、プロティノスの場合、プラトンのいう種々のイデアは一者から流出しなければならないのである。

プロティノスの思想の中には、明瞭に、存在論的区別の必要性が兆している。「第一原因」において、“esse”と“ens”が同位格なので、一者だけは存在論的区別を超越しうるが、万象の存在は須《すべから》く「一者のお陰 gratia unii」、唯一的存在者の存在の「分有 participium」ということになる。このように、存在論的区別は原因と結果の区別、いわゆる「因果律 principium causalitatis」と同義になる。「一者」と流出した「万象」との関係は、容易に《創造主—被造物》の関係へ敷衍可能である。実際の所はよく知らないが、プロティノスの思想がキリスト教神学を構築する上で、どれほど好適であったことか。彼が、キリスト教神学の基礎を据えた人の一人と目されても、「宜《むべ》なるかな」であった。

ここで《存在の類比 analogia entis》の問題にも、是非とも、一言あってしかるべきだろう。この問題は、ギリシャの実在論とキリスト教神学とが容易に相容れないものであることを示す、まさに典型的なものであった。神と被造物という風に、存在論的に截然と分かたれたものを、再び存在の「類比 ἀναλογία」で媒介しようとする神学的努力は、プラトンとアリストテレスに頼って、キリスト教に固有の問題の解決を図るものだったのである。しかし事は簡単ではなかった。

神と被造物との間に何らかの「類似性 ὁμοίωσις, similitudo」がなければ、人間は「神意」を解することができないだろう。神意が伝達されなければ、もとより信仰は成立するべくもない。そこで被造物に、神からの何らかの「分け前 μοῖρα, proportio」を認めねばならない。神性の「分有 μέθεξις, participium」という訳である。神と被造物とを、神性の「分け前」の割合、つまり「比例 ἀναλογία, proportio」によって一纏めに媒介しようとするのだが、そもそも、神と被造物との間には、「類比」を許さない絶対的な種差がある。両者の間は、端的にいって、実在的に「非連続」なのである。「存在の類比」の考え方は、一方で神の観念的超絶性を認め、他方で神性の実在的分有、神性の実在的な連続性、而して一種の「汎神論」——スピノザを思え——を認めねばならぬ、という深刻な矛盾となって、神学を「アポリア ἀπορία」へ導いた。

神は第一原因なので、被造物は「無から創造 creatio ex nihilo」されねばならない。あらかじめ「素材 materia」に当たるものが存在するなら、神は第一原因ではないのである。だから神と被造物の間の「類比」は「無 nihil」を媒介にする他はない。通常、「無の媒介」といえば、媒介できないという「否定」を意味するだろう。ところが神の《天地創造》にかぎって、無の媒介は否定ではなく「絶対的肯定」なのである。

無が絶対的肯定、絶対有であること、それが神の「全能性 omnipotentia」の証であるし、被造物の方から見れば「奇蹟 miraculum」なのである。「創造」、それは「十字架 crucifixio」と並ぶ神の「本質 essentia」、すなわち「愛 caritas」の表れである。「否定」を「絶対的肯定」として媒介できるのは、本来、否定によって何も変わることのないもの、同一なるもの、恒常的なるもの、要するに存在論的区別を超越したものだけである。かかる超越者は、自らの超越性を否定しても、何も変わることはないし別のものにはならない。神の《受肉・十字架・復活 incarnatio-crucifixio-ressurectio》は、その各相において、否定を媒介にしながら自分に戻るのである。否、《三位一体 trinitas》の教義が説く通り、どの「位相 persona」も常に神自身なのだから、自己否定はそのまま自己肯定に他ならない。位相の変化は上昇でも堕落でもない。それどころか、絶対者の変化は自己犠牲、「聖を行うこと sacrificium」であり最高の善意、至高の愛の自己顕示なのである。この「愛」は時空を超越する神が、わざわざ、時間的になり（incarnatio-crucifixio）、そして再び時間を超える（crucifixio-ressurectio）という仕方で成就される。この愛を、神は被造物への「奇蹟」として示すのである。奇蹟が成就されないことには、時空的存在である被造物に、神が超越者であること知る術はない。愛の奇蹟によって、神の自己同一性は単なる形式的なものではなく実在性と力とを併せ持った、「ベクトル的」ともいうべき同一性であることが分かる。否定を媒介にするこの同一性を、ヘーゲルとともに、否定は恐るべき「威力 Macht」と認めるべきだろう。

しかし唯一的超越者以外のもの、被造物の「否定」は肯定に至ることはなく、果てしない「否定の繰り返し」に過ぎないのである。否定の繰り返しを、ヘーゲルは「月並みな意味での無限 die schlechte Unendlichkeit」と断じて、神の自己否定の「本当の意味での無限 die wahre Unendlichkeit」と峻別した。

神の存在と被造物の存在を「比例」で媒介しようとする企ては、却って神学を窮地に陥れる。「存在の類比 analogia entis」の考え方は、神と被造物との「連続・非連続」という「二律背反 antinomia」を際立たせてしまうからである。この考え方には、否定即肯定という神の存在論的本質——それは、神々の「不死性 ἀθανασία」というギリシャ的な神観に由来する——を、類比的にせよ、被造物にまで拡張しようとする所に根本的な無理があった。

この問題の解決は近代まで持ち越された。デカルトでもまだ根本的な解決は困難で、ようやくカント、彼の「知 Wissen」と「信 Glauben」の区別、「概念 Begriff」と「理念 Idee」の超越論的な区別によって、形式的な解決を見た。「存在の類比」は知の問題としては解決不可能である、として。ちなみに、ヘーゲルはカントの区別を、再び

「絶対的なもの das Absolute」の同一性へと「止揚 Aufheben」してしまった。《同一性の哲学 Identitätsphilosophie》と呼ばれる所以である。同一性の哲学であればこそ、弁証法、否定的媒介の論理が思索の絶対的方法でありえたのである。

だが翻って思うに、事がこれ程面倒になった理由は、「分有」も「類比」もギリシャ人の世界経験に即した考え方で、全然キリスト教的ではなかったことにあるのではないのか。「存在の類比 analogia entis」は、「存在」の点で「平等 ἴσος, aequus」なもの同士の間で、その存在に関して適用できる。存在の点で等質的・連続的であるものの間に適用できるだけなのである。不平等、非連続のものの間に適用してみても、この適用自体が何を意味するのか、よく分からない。アリストテレスの形相的思索は、恰好の方法の如くに、キリスト教神学の「道具 ὄργανον」に供された。“ἐντελέχεια”や“ἀναλογία”の概念は、神の超越性の論理化のキーワードになった。しかしこの思索的道具はギリシャの実在論――存在者を存在に関して、「同種的 ὁμογενής」、「連続的 συνεχής」と考える――の中で生まれ、そして彫琢されたものだった。ギリシャ的な世界観を把握するに好適であっても、キリスト教的形而上学に適切なものとはいえない。かかる道具を用いざるをえなかったから、神学は方法論的錯誤の憂き目を見、ときに難渋することになった。キリスト教は適切な思索の方法を持っていなかったので、ギリシャ的な思索の形式を借用する他はなかったのである。

5

上述の通り、ギリシャ人は自分の経験に名前を付けた。彼らの言葉は、彼らの経験そのものだった。そしておよそ経験は、語の最も広い意味で「存在の経験 Seinserfahrung」だから、ハイデッガーのいうように、言葉は「存在の家 das Haus des Seins」なのである。ギリシャ人は、自分たちの存在経験を言葉の中に匿い、言葉として保存した。

言葉が存在を保存する、このことは、神々が詩人を召し出して言葉を授けて以来、ずっとそうだった。詩人の言葉は何よりまず、神々の事蹟、祖先たちの事蹟を保存、伝達するのである。詩人はいわば神々からの「伝令使 κήρυξ」で、召命されて神々から人間たちへの「伝令」する、ヘルダーリン風にいえば、神々や祖先の「勲 Leistungen」を告げ知らせる。人間は伝令を聞いて、神々に学ぶ。言葉の中に蓄えられた祖先たちの「経験」を、自分たちのものにしようと努めるのである。これがギリシャ人にとって「学び μάθησις」の始まりだった。詩人の周りに、人々が集まった道理である。

言葉と経験の結び付きの一例を挙げてみる。「自然 φύσις」の語は“φύω”、「自から、かくの如くになる」という意味である。実在するものは須《すべから》く、「自から生成し消滅を繰り返す」。不断の交替である。自からなる交替を、ギリシャ人は「自然」と名付けた。自然は何から生まれたのでも、何によって作られたのでもない。決して「作られたもの naturata」としての「自然 natura」ではない。“φύσις”には、それが「現にある」という以上に原因も理由も、要するに“causa”を索《もと》めることはできないし、その必要もない。自然を不断の「生成・消滅」という相で見れば、自然こそ「生きている βιόω」。「自分で動いているもの αὐτόματος」である。不断に動くものの根底にある変化しないもの、恒常的なもの——とはいっても、超越的な作用因の類ではないけれども——、その意味で「普遍的 καθολικός」であるものを見よ、というのがプラトンの「イデア主義 idealism」——決して「観念論」と同義ではない——であることは上述の通りである。

自然を「自から生成する」とする自然観は、一見、後のキリスト教世界における、スピノザの《能産的自然 natura naturans》の汎神論に似ている。けれども、能産的自然は一なる神の「神性 deitas」が「遍在する omnipraesens」ことなので、"φύσις"とはまるで違う。動くものである"φύσις"は「生 ζωή」の徴《しるし》であるから、それは「聖 ἱερός」である。逆に、不変、不動は「死 θάνατος」の徴で、「穢《けが》れ μίασμα」である。静止したままのもの、もはや変化を必要としないものは「死者 νεκρός」なのである。神々の真似をすべき人間、不死に与らんとする人間が、死をいかにおぞましく感じ恐れるか、この「ミアスマ μίασμα」の語が教えてくれる。

死の穢れが神々に無縁なのは自明のことだが、穢れ、それは人間から神聖さが奪われたという意味なのである。「変化」が生と聖の徴であるから、ゼウスのいささか不埒とも見える所業の意味がよく分かる。ゼウスは様々に変身して女性たちと交わり子孫を増やす。相手は神々であれ、人間であれ、全く選ぶ所がない。不死なる神が、人間のように子孫を残す必要はないように思えるかもしれない。しかし、それがギリシャの神々なのである。神話が民族の祖先の事績を反映しているとすれば、ゼウスの奔放さは、祖先たちの他民族征服の記憶を留めているのかもしれない。とまれ自在に変身し多様な姿を取って現れるこの神は、永遠の生の実像であり存在の徴だった。ギリシャでは、神々の不死性は縦横に天空を駆け巡る姿で、高らかに謳い上げられた。

多様な姿に変身して奔放に生を謳歌するゼウスの向こうに、ギリシャ人は「理念的ゼウス zeus universalis」の如き抽象的神性を願望することはなかったし、その必要もなかった。もちろん、ギリシャ人は「神性 θεότης」や「聖 ἱερός」の観念を持っていたが、それらは観念的に「一」に集約されるべき「普遍的神性 divinitas universalis」である必要はなかったのである。神々はいつも人間の身近に現に坐《おわ》して、畏怖すべき存在なのだが、ときに人間に絡んできて神々の世界の事件に巻き込み、一方的に「幸運 τύχη」や「災厄 ἀτυχία」をもたらす。そのようないたって気紛れな存在でもあった。ギリシャの神々は、創造主でもなければ、救済者でも福音者でもなかったからである。

「行為 πρᾶξις」の民であるギリシャ人が、幸福や不幸に運とか籤《くじ》の意味を持つ「テュケー τύχη」の語を充てているのは興味深い。幸福も一種の「分け前」であり、それ自体が「運命 μοῖρα」だったのだろう。彼らに「人事を尽くして天命を待つ」という考え方は、多分、希薄だった。人事を尽くすことと、幸運不運は別のことだったのである。人間が人間として相応しく振舞い、自分の境遇を見事に全うして往生を遂げることと幸運を授かることとは、自から別のことなのである。

貴族に生まれるのは幸運だろうし、しかも恙《つつが》無い一生を過ごせれば幸福かもしれない。しかし貴族には、貴族として社会的に果たすべき責務がある。戦場に臨んで死を恐れずに行為し、人々のために立派に死ぬことである。死ぬべき機会を与えられないままに死ぬ貴族は、よし平安の生涯だったとしても、いささか自分の不運を託《かこ》たねばならない。自らの「幸運」、貴族に生まれたという「分け前」を誇らしくする機会がなかったのである。

「死すべきもの」としての存在を、不滅の「名声 τιμή」や「評判 εὐδοξία」に変えて永遠の生を得る、それが不死の神々を真似るべき人間の、最高の勲であった。一市民のソクラテスは「愛知」に殉じたがゆえに、その生を称賛され、「カロカガトス καλοκαγαθός」として不滅の人となった。神々のみならず、万象は「有るがゆえにある」。「有るがゆえにある」という単純明快な真理の前には、人間の賢《さか》しらな「思いなし δόξα」の類は何の威力もなく霧消してしまうだろう。神に学ぶ、自然に学ぶ、それは「有るがゆえにある」という摂理を知ることなのであった。唐突のようだが、古典主義者のゲーテ、北海の暗く重たい海を見慣れていた彼が、初めて地中海の多様な生物を見たとき、思わず「有るものは、かくの如きか wie seiend, wie wahr」と讃嘆したという。ゲーテの驚きは、しかしギリシャ人には日常的な感覚だったのである。

ギリシャ人の世界観、人間観はギリシャ悲劇の根底にある。人間は、否応なく「ピュシス φύσις」の定めにしたがっている。定めのもたらすものが、個人としての人間にとって、誇らしい勝利であれ屈辱的な敗北であれ、それに従容としてしたがわねばならないのである。この大前提の下で、ピュシスの定めと人間的な「決めごと

νόμος」とが、人間をいかんともし難い矛盾や相克に陥れる。人間としての責めを果たすことと人間の定められた運命とは、しばしば、齟齬を来すこともある。このことが多くのギリシャ悲劇の重要な主題になっている。つまり悲劇は「運命の悲劇」なのである。というより、悲劇は「運命的 schicksalsvoll」というよりないのであった。ギリシャ悲劇の構図を思うとき、どうしてもヘーゲルの『歴史哲学』のキーワード、あの「理性の謀 List der Vernunft」を考えてしまう。もちろん、ヘーゲルは人間の存在を「悲劇的」と見ている訳ではない。大体、キリスト教世界、絶対者＝救済者が世界を統べているとき、悲劇の起こるはずもない。

　悲劇論は別の話題として、実在論者だから、ギリシャ人が「創造」という言葉を持っていなかったことも理解できる。すべてが現にあり、自からなる秩序に則って生成と消滅を繰り返している。そこに何を付け足すことも、引くことも要らない。キリスト教の神におけるのとは別の意味で、これもまた絶対有の充実に他ならない。ギリシャにおける「作り手 ποιητής」、例えばゼウスの息子で「火と工芸の神」であるヘパイストスは、決して「創造者」ではない。せいぜい、「工人 δημιουργός」がよい所である。工人は雛型を元にして、それに似た形を再現するのである。雛型は既にあるので、工人の制作は雛型の模倣であるか、自分の作ったものの改良といういささかの「作り替え」か、のいずれかである。工人、デーミウルゴス、これがレオナルドに代表されるルネッサンス的 “homo faber” のモデルになったのだろう。レオナルドが創造者のはずはなかった。

　そもそも、無いものを作ることはできない。雛型、文字通り、「見本 δεῖγμα」と「比較しつつ παρά」、見本に忠実に形を作る、それが「制作 fabricatio」なのである。工人は見本を見つつ考え、考えつつ見る。その意味で、この「見本」は準拠すべき「範例 παράδειγμα」である。そして工人はこの範例へ向けて、“νόησις” を実践するのである。それは正確に写すためでもあり、改良すべき所を改良するためにでもある。改良や作り替えは「創造」ではないが、しかし人間のする大いなる「創意工夫 μηχανή」である。工夫しながら、見本を見て真似る、それが工人の「仕事 ἔργον」である。この「仕事」のための「思考 νόησις」と「技術 τέχνη」を持っていなければならない。工人は「技術の人 τεχνίτης」なのである。したがって、真の意味での工人は、アリストテレスのいう「原理を弁えて制作する人 ἀρχιτέκτων」、仕事の「始まり ἀρχή」を知って作業に着手できる人なのである。さもないと、工人は制作の全工程の一部に携わるだけで、自分の仕事の何であるかを知らないままである。「見る眼＝考える力」を持った人間だけがイデア、範例的な形を「見る＝思う」ことができる。だから創意工夫が可能なのである。

創造という観念がないのだから、創造と結び付く意味での「想像 imaginatio」、後のドイツ人が“Einbildungskraft”や“Phantasie”の語で捉えようとした観念も、ギリシャにはなかった。これらの観念は、ライプニッツ、ヴォルフらが《理性類同物 analogon rationis》として注目した独特の人間的能力から敷衍したもので、いってしまえば、近代的な人間観とともに成立した観念であった。実際、ギリシャにおいて、「想像作用」が哲学的問題になることはなかった。想像は「記憶 μνήμη」の一種、あるいは変形と見なされていたのである。アリストテレスからも分かる通り（『修辞学』I、第二章）、想像という心的機能を、彼らは現実の「知覚 αἴσθησις」の“Nachwirkung”「後まで残る働き」、もしくは知覚の再生と考えていた。これまでにない新しいものを生み出す力を持つ、とは考えなかったのである。

だからといって、ギリシャ人が徹底的に現実に縛られて索莫と生きていた、などと誰も思いはしない。彼らは「記憶」の中から、幾つもの「神話 μῦθος」を作り出した。そこには、想像力の所産としか思えないものが登場する。怪物たちや恐ろしい「キマイラ χίμαιρα」、愛らしくも邪気に満ちた「ニンフ νύμφη」たち、悲しみを込めて木霊を返すばかりの「エコー ἠχώ」、美声で妖しく船人を誘う「セーレーン σειρήν」、そして美しくも悲しい《変身譚 metamorphosis》の数々……、と実に枚挙に暇がないくらいである。まさに想像作用が生み出したに違いないのだが、ギリシャ人は「想像」という言葉を持たなかった。

ドイツ人が「創造力」の意味に用いた“Phantasie”の語の元は“φαντασία”で、上述の通りこれは「光 φάος」に由来する。ギリシャでは、想像的イメージといえども、畢竟、光によって見える世界の再生なのである。“φαντασία”が“vis imaginativa”の謂いとなり、一般に不在のものを表象すること、「不在のものの現前 re-praesentatio absentis」という哲学的意味を持つようになるのは、スコラ哲学の思索の中でであった。恐らく、キリスト教神学がそのような考え方を要請したのである。神の実在を信じるかぎり、復活の後に「昇天 ascensio」してもう人身でなくなった神の姿を、信徒たちが何とか目の当たりにしたいと念じても、不思議なことではない。信徒の求める神は人身であった神、記憶の中に生きている神、つまりイエスの「似姿 imago」である。けれどもこの似姿は、決して単なる「偶像」や幻像、“simulacrum”の類ではなかった。信徒たちの衷心からの祈念に応えて「顕現」した神、「受肉」したイエスに他ならないのである。像となった神は現前した神であった。“imaginatio”は「信仰 credo」と祈りの表れだったろう。ちなみに、「偶像 Idol」はギリシャ語の「似像 εἴδωλον」に発する。

“φαντασία”や“imaginatio”の語が詩的な産出力の意味に拡大されて、人間的な「創造力 vis creativa」の意味にまで拡張されるのは、十九世紀前後のことである。「想像」という本来再現的な働きが、全く新しいものを生み出す力、人間の創造性と結び付くのは近代になってからである。多分、《天才概念》などの影響である。

ギリシャ人たちが作り出した怪物や妖精たちは、具体的な世界経験の“Nachwirkung”に、この経験に纏わる様々な教訓的な意味や寓意的意味を付与して、あらためて経験を「視覚化 φαντάζω」するとき、実在的なものと同等の存在資格を持つことになる。例えば、卓越した乗馬術を誇示する異民族との接触経験から、文字通り人馬一体のケンタウロスが形象化されたのである。想像や創作を人間に特有のものと考える、もちろん、ギリシャ人もそうだった。だが彼らはこれらの作用に、無から有を生むかの如き可能性を期待などしなかった。そのような可能性を、彼らは考えもしなかった。人間は人間であるし、人間の水準を超えるようなものはまさにそのような存在、神々や英雄たちだった。これらの存在者は、人間と次元の違う所にいたのではない。ギリシャ神話に登場する「英雄 ἥρως」は総じて、神々と人間の間に生まれた「半人半神 demi-god」だった。地続きにいればこそ、神々は人間の女たちとの間に英雄を設けたし、英雄たちは多くの文字通り超人的な冒険譚を遺した。また自惚れて自分たちに挑んでくる人間どもを、容赦なく断罪して花や虫に変えてしまった。それが変身譚となって、分を弁えない人間への訓導となる。

　哲学史家タタルキェヴィッツによると、「ギリシャ人は数えられるもの、規則に適ったもの、それ自身で秩序や尺度を持つものだけを理解可能と考えた。理解可能なものだけがロゴスに相応しい……。……規則に適わぬものは……彼らにとって混沌 χάος であり、訳の分からないものだったのである」（*Geschichte der Ästhetik*, 1, S. 111）。これがギリシャ人の合理主義だった。ギリシャ人には、人間の分際で神々の存在を否定する、あるいは神々に比肩できるかに思い込む方が余程、非合理的なことだった。ロゴス的に説明できる、すなわち合理的に説明できるかぎり、神々や英雄はもとよりキマイラでさえ、ちゃんと実在したのである。それがたとえもう夙《はや》くに神話化されてしまった往にし時代、往にし世界の中にではあっても。プラトンがイデアを、さながら実在のようにリアルに語った理由も、このような文脈の中でなら理解できる。イデア論は哲学的な譬え噺、壮麗な哲学的神話だった。イデア論は、神話が持つのと同じ水準のリアリティを持っていたのである。

　しかし或る時期を境に――ソクラテスの登場は決定的だった――「作り噺 μῦθος」と「論理 λόγος」との混淆は排されるようになる。といっても、"μῦθος"が否定された訳ではない。アリストテレスも見物に出かけたという、当時の「悲劇コンクール」の隆盛を思えば明らかである。ミュートスとロゴスの区別、要は、ミュートスとロゴスのそれぞれに、しかるべき場所と役割が割り当てられたのである。以降、ミュートスは実在を論じるという役割を、全面的にロゴスに譲ったのである。ミュートスはそれ自体を純粋に楽しまれるべき対象、「作られたもの

ποίημα」としての詩や演劇になり、あるいはロゴスの展開を分かり易くするための「譬え」に使われることになる。プラトンの「イデア論」のミュートスは「譬え話」であったし、ソクラテスには、弁論の格好の補助手段でありえたのである。

結びに代えて

最後にもうひとつ、ギリシャの実在論に関して言及しておくべきことがある。アリストテレスによって“τὸ ἀρχὴν αἰτεῖσθαι”（『分析論前書』Ⅱ、第一六章）と呼ばれた問題、いわゆる「論点先取りの誤謬 petitio principii」である。繰り返してきたように、実在論にとって存在者は「有るがゆえにある」ので、これ以上のどんな理由付けも、畢竟、無限の《循環論証》になるか《無限退行》になるかのいずれかである。それを教えるのが“petitio principii”なのである。

これは「イデア」を例にしてプラトンが注目したことでもあったが、アリストテレスによると、およそ「学び μάθησις」において「学ばれるもの μάθημα」に関して、次のことが前提されている。「知的探求 ζήτησις」に先立って、探求されるべきものが存在すること、そして「そのものは然々である」ということまでもが認められていなければならない、というのである。探求されるべきものが、探求に先立って、既にその特性に関して無条件的に定まっている……、それなら別に探求するまでもないではないか。確かに「論理矛盾 ἀντίφασις」のように思われる。明らかな誤謬のようにも見える。だがこの矛盾、この誤謬を認めないと、人間の知の経験が経験になりえない。プラトンもアリストテレスもそういうのである。

「無からの始まり」は超越神にだけ可能なのである。人間にとって、「既にあるもの Anwesendes」の導き、ハイデッガーのいう「存在からの目配せ Wink des Seins」がなければ、いい換えると、探求されるべきものへの「先行的な知」といったものがなければ、「探求」が一体何を目指しているのか、それさえ分からないではないか。人間は知らないから知ろうとするのだけれども、知っているからこそ知ることができるのである。"petitio principii"は決定論や運命論の如き世界観の類ではなく、人間の知に本質的な問題なのである。

知的探求において"petitio principii"を排除することも克服することもできない。要するに、知的探求は「未知との遭遇」ではなく、既知のものの「発見・確認」なのである。アルキメデスが「見つけた」と叫んだのは、そのことであった。この事情を、プラトンは巧みにイデアの「想起 ἀνάμνησις」の観念で説明していたのである。論点先取りの誤謬は不可避的だとしても、人間はこの誤謬から「誤謬推論 Paralogisumus」に陥らないように、そして「正しい推理 λογισμός」を展開しなくてはならない。正しい推理は、いつも"petitio principii"の枠を踏み越えることはない。枠を越えたらたちまち推理が推理、論理が論理でなくなってしまうのである。一例を挙げてみる。ギリシャに「原因」の観念がなかったことは上述の通りだが、ともあれ我々が存在の原因を探求するとき、当の原因が原因であることを最初から前提してしまっている。前提の容認を、いかな論理も論理化することができない。蓋し、原因の探求は原因の原因、さらにその原因……という風に、《無限進行》して留まる所がないか、あるいは存在の原因か、原因の存在かという、例の「鶏が先か、卵が先か」の《無限循環》に嵌り込むかのいずれかで、このディレンマを人間的論理は「止揚 Aufheben」できないのである。

実在論からすれば、存在の原因を探求してもしなくても、思想の不備や未熟さを露呈することにはならない。存在の原因の探求は原因の存在の探求と同一不二なので、かかる探求は"esse est esse"、"causa est causa"というトートロジーに金縛りになって、身動きが取れないのである。こういう次第なので、存在の原因を探求する「形而上学的思弁 speculatio metaphysica」――"speculatio"の語も、実は「見ること speculari」から派生しているのだが——よりも「存在者を存在者として見る」、つまり“νόησις”や“θεωρία”に徹する方が有意義な哲学的仕事、愛知の営みだ、と考えられたのである。この仕事がアリストテレスの「形而上学」であった。ギリシャの形而上学は「超越的実体 substans transcendens」のない形而上学、しかしこの形而上学はそれ自体では、決して「存在‐神学 onto-theologia」といったものへ展開することはない思想だったのである。

“petitio principii”の問題はカントにおいて再び重要な問題、すなわち理性推理と悟性推理の超越論的差異の問題となって、批判主義的考察の俎上に上されることになる。そのことが教えるのは、この問題が人間的知に本質的なもので、神には関係のないものだということであった。

註

DK、これは Diels/Kranz : *Fragmente der Vorsokratiker* のことでBは各思想家の断簡を集めた部分を指す。
プラトンからの引用は〈プラトン全集〉（岩波書店）に負う。
アリストテレスからの引用は〈アリストテレス全集〉（岩波書店）に負う。

第二章　「エティカとアエステティカ」

はじめに

カント以前の《美学》のことを考えてみたい。とはいっても『美学』はカントの三つの『批判』――『純粋理性批判』（A版・一七八一、B版一七八八）、『実践理性批判』（一七八八）、『判断力批判』（一七九〇）――のほんの少し前に、バウムガルテンが数年（一七五〇―五八）を要して起草したものであった。カント以前の美学、纏まったものとしては、バウムガルテンのこの学的な努力を措いて他にない訳である。したがって以下に試みられるのは、一言でいって、いわゆる《コペルニクス的転回》を閲する前の哲学的世界、カントが『純粋理性批判』の随所で手厳しい哲学的な批正を容赦しなかった、あの哲学的世界を顧みることである。但し、その当時の文化史的精神史的な背景には立ち入らない。それに関しては、優れた哲学史家だったボイムラーの委細を尽くした研究がある。

しかしどうも、以下の作業は、今さらながらに哲学の廃鉱を掘り返すようなものなのかもしれない。その上、廃鉱の中に新しい鉱脈が見込めるというものでもない。だがこの作業が「カント美学」の哲学史的な位置と意味とを判然とさせてくれる、多分それは間違いないだろう。「趣味 Geschmack」や「美 Schönheit」の事態を巡って、カントは「目的を伴わない合目的性 Zweckmäßigkeit ohne Zweck」、「主観的普遍妥当性 subjektive Allgemeingültigkeit」……などと、哲学史に照らせば明らかに「形容矛盾」と思しい語法を用いざるをえなかった。カントのこういった語法をどう納得するか、後に、特に《美学》が「芸術哲学」——カントは知る由もなかった——になってから、斯学を志すものを悩ませることになる。

十八世紀前半、哲学、形而上学はなおまだ神学的だった。そのゆえに哲学は必ずしも時代の精神性と呼応できず、停滞気味であった。カントの《批判哲学》は哲学そのものをこの形而上学から、換言すれば、「神学」と「人間学」の混同状態という哲学の現実から、解放することを意図していたのである。

そもそも、神学を人間の学へ繰り替える企てとして近代哲学は始まった、といって過言ではないだろう。デカルトを以て嚆矢とするが、デカルトは例の哲学的な「アポリア ἀπορία」を遺した。次いで神学が人間学に援用されるとき、まず十七世紀に、神学は「倫理学 ethica」へと変容した。そして十八世紀の前半に初めて、この倫理学の啓蒙主義的実践、すなわちフマニスムスの実現の方途として、「美学 aesthetica」という学の有り方が要請されることになってきたのである。先のボイムラーの卓見にしたがって、一七〇〇年代を「美学の時代」というなら、一六〇〇年代は「倫理学の時代」だったといえようか。ともあれ形容矛盾と映るカントの用語法は、まさに当時の哲学事情を反映していたのである。

カントの用語法は、神学である形而上学の語彙を美学という人間学へ、要するに「神」の規定を「人間」の規定へ適用するための彼の苦心の結果だった。神の規定を「否定的に」使用することによって、人間を「肯定的に」際立たせようとする。実に回りくどい遣り方だが、哲学的に、カントはそれを回避することはできなかった。この事情は、「否定 negatio」を媒介にする「論証 demonstratio」である「弁証法 dialectica」を《仮象の論理学 Logik des Scheins》として、カントが「理念」、人間にとって最も肯定的であるべきものの演繹に使用せざるをえなかったこと――『純粋理性批判』の重要な仕事だった――からも、十分に窺えるのである――本書、第九章参照――。今日のように新しい事態に次々と新しい語句や概念を拵《こしら》えて対応する、いわばネオロギズムを競うことを異としない時代ならいざ知らず、カントの時代、「趣味批判」を通して新しく人間を論じる場合でも、形而上学的な語彙や概念以外に、思索的な便はなかったのである。

　本章はバウムガルテンの有名な定義、「美は感性的認識に完全性である」という言葉へ西欧形而上学の思想的伝統のパイプを接いだところで、閉じられる。その意味で、本章は広い意味での「美学史」である――本章の内容は拙稿「感性的認識」（『感性論』岩城見一編、晃洋書房、一九九七年、九一―一一九頁）と連繫している――。美学史なので、まずざっと美学の事情を概説しておく。

1　カント前後の「美学」事情

　美学の徒は、美の判定能力である「趣味」の「批判 Kritik」として遂行されたカントによる美学の基礎付け――今日的に見れば、一つの完成というべきなのかもしれないのだが――以降の「美学」の事情について、よく知っている。何故カントが「美学」を「趣味批判」として定立しなければならなかったのかについても、いささか知っている。だがしかし、カントが『純粋理性批判』の「超越論的感性論」の劈頭の註において、わざわざ、そのネーミングにまでクレームをつけざるをえなかった、バウムガルテンの“aesthetica”そのものに関しては、余りにも知らない。“aesthetica”、“Ästhetik”の語は、もっぱら人間の「感覚機能」を分析検討するという哲学的な仕事のために使われるべきで、「美」を論じるための語彙としては相応しくない、これがカントのクレームだった。

実際、バウムガルテンの『美学』がそれ自体として取り上げられて考察の対象になることはほとんどないし、大方の「美学史」の中でも、彼の思想が事細かく紹介される例は少ない。あたかも、「美学」という学の「名付け親」の誉れを忝《かたじけな》くすることで、彼の美学史上の存在意義が尽きてしまったような具合である。バウムガルテンがまともに考察の対象になり難いことに関しては、もちろん、幾つかの理由がある。総じて、時代の思想の宿命だったというべきだろうが、折衷的で思想の本意がいま一つ明快ではなかったからである。とまれ二、三挙げておく。一つ、啓蒙的意識を反映してか、思想が「百科全書的」になり、幾分雑駁である。一つ、実践的人間学への関心からか、理論的な部分と実用的な部分とが混在している。もっともこの点に関していうと、当時の「一般哲学 Populärphilosophie」と呼ばれたもの——この呼称は決して褒め言葉ではなかっただろう——では、諸般にわたって「理論 Theorie」とその「教授法 Didaktik」とが対になっていた。学のこの事情を斟酌しておく必要はあるだろう。しかしバウムガルテン自身のラテン語が「正書法」的には少し崩れてきたために難解になって、文章を正確に読むことが容易ではなかったことも大きな理由ではある。やがて、学問世界の公用語はラテン語から学者の自国語へ変わり始めるが、そのほんの少し前の頃のことである。ラテン語で学問的な叙述をすることが、思索の内容に鑑みて、困難になってきていたのかもしれない。どれも肯綮《こうけい》に当たっているだろう。詰まる所、これらの理由がバウムガルテンの思想を、「カント美学」のネガティヴな先触れにすることに資した。こんな所がバウムガルテンへの、美学史的な常識的見解といって大過ないと思われる。

バウムガルテンによると、「美学の目的は感性的認識そのものの完全性であり……、この完全性が美である」(*aes.* §6)。感覚は「下級 inferior」の認識能力とされている。そしてバウムガルテンは、美はもっぱら感覚の領分に属する、と考えていたのである。

カントはこの定義を不十分と見なさざるをえない。カントからすると、認識能力に上級・下級の区別はなく、種別的な相違があるだけである。美の判定は一種の認識活動ではあるが、認識能力の「自由な遊動 freies Spiel」の「快」である。また、美は完全性とは必ずしも関係はない。否、むしろ関係ない、といいきるべきである。「完全性」というイデアールなものには、常にレアールな意味での「目的 Zweck, finis」の概念が付き纏うが、美の判定に客観的実在的な「目的」の概念は必要ない。合目的性の形式さえ整っていれば、それでよいからである。

カントの《批判主義》の厳密な吟味の俎上に上せられると、バウムガルテンの定義はいささか生彩を失う。とはいえ、バウムガルテンの定義にはなかなか重要なことが含まれていたのである。《啓蒙 Aufklärung》の時代、「人間中心主義 Human-zentrismus」の時代に、中世キリスト教的な神学を範例とした西欧形而上学の伝統が、近代にどのように継承されそして改変を蒙っていくか、そのあたりの事情を、彼の定義に窺うことができるからである。的確にカントがいったように、「美は人間にしか妥当しない」。その意味で、啓蒙の時代の人間にとって、「焦眉の急」ともいうべき美の問題を、バウムガルテンは中世的な哲学の語彙で説明しようとしていたのであった。

カントの「趣味批判」、すなわち彼の「美学」の対象は「美 das Schöne」である。西欧思想史に照らして、きわめて当然のことだった。プラトン以来、美は一貫して形而上学の対象領域に属していた。その意味でも、カントの「美学」は、差し当たりまず、西欧形而上学の筋道の中で受け取られるべきである。そしてその筋道を、カントがいかに大胆に軌道修正したか——ハイデッガーの言葉を借りれば、西欧形而上学の「新たな基礎付け」——を学ぶべきである。

「カント美学」をこの筋道、この系譜の上に置いてみると、ドイツ観念論や浪漫主義の芸術哲学的なポリティークはいかにも恣意的だった。例えば「天才」や「技術」に関するカントの考察、「趣味論」との類推からいわゆる「天才論」、「芸術論」などと呼び習わされる部分を『判断力批判』の文脈から外して、芸術的創造の素晴らしさを称揚するために拡大解釈を厭わなかった、否むしろ、それを試みたのである。カントの「批判」の体系の中では、当該の箇所は「崇高の分析論」も含めて、『判断力批判』の第一部と第二部とを媒介するという枢要の役割を負っていた。『判断力批判』を『第一批判』と『第二批判』を束ねる要ならしめんとしたカントの構想を思えば、『判断力批判』の当該の箇所には、まさに端倪《たんげい》すべからざる体系的意味があった。なかなか、恣意的な解釈のための操作を許すようなものではなかったのである。

この箇所の役割を別の哲学的対概念を用いていえば、「機械論」と「目的論」との仲介である。「目的論 teleologia」、これはヴォルフの哲学で初めて使用された新語ではあったが、目的論的な考え方は暗黙のうちに、西欧哲学の要諦をなしてきた。「目的 τέλος」の考えとそれを元にして、実在論の立場から“τέλειος”——この語が「完全 perfectum」とラテン語訳された——の概念をきちんと整理したのはアリストテレスだったが、「目的」を考量することは人間の哲学的思索とともに始まっていたからである。而《しこう》して少し大袈裟にいうと、『判断力批判』の件の箇所は、アリストテレスの思想のキリスト神学的な解釈を閲しつつ構築された「被造物に係る機械論」と「創造主に係る目的論」、近代以降の「人間学」と中世の「神学」を媒介するものでもあった。カントはこの媒介を「批判的に」人間の側からそのア・プリオリの能力に即して考察した。この批判的考察こそ、哲学の神学からの解放—中世、哲学は「神学の下女 ancilla theologiae」だった—を可能にするはず、これがカントの読み筋であった。神学からの解放、それは機械論の射程と目的論のそれとをきちっと区分することである。カントは自分の読み筋を、「悟性による概念」と「理性による理念」を本質的に区別することで実現させたのである。

形而上学的、もしくは神学的な背景を十分に知悉《ちしつ》した上で、カントの哲学体系の中から上述の部分だけを抽出して「芸術哲学」を拵え上げる。実に強《したた》かな思想的ポリティークだった。確かに恣意的ではあったけれども、むしろ「先見の明」とでもいうべきものがあった。その後の芸術的動向とも相俟って、否もっというなら、時代の精神的動向とも合致して、かのポリティークは「美学」を広い意味での「芸術の理論」へ換骨奪胎してしまった。それ以降の「美学」の有りようを、個々に反復するまでもないだろう。特に、フィードラーのような人が出て、「美学」に失効宣言の類を浴びせてから、「美学」はいよいよますます「芸術の理論」になってしまったのである。美学史だけに限定していえば、ヘーゲルやドイツ観念論の「芸術哲学」も、デッソワールの《一般芸術学 allgemeine Kunstwissenshaft》も、「美学」の「芸術の理論」への学的展開の相貌であった。もっともこの展開は、時代の哲学的傾向を反映したものでもあったのである。

しかし、時代の哲学的思潮や方法に支援されながら、一わたり芸術に関する哲学的意味付け、芸術の理論化がなされてしまうと、「芸術論」は時代の芸術の批評や評論に従事するようになる。ドイツ観念論が標榜した「芸術哲学」も、第二次大戦の前後には使命を終えたように思える。

「美の理論」、「芸術の理論」と二度にわたって変身し、目下、芸術批評に従事している「美学」——もちろん、それが「美学」のすべてである訳はないが——に、その本来の出自である形而上学の伝統を閑却して、自ら「学」としての厳密さを忘失してはいないか、と糺《ただ》すことはできる。「芸術批評」を、十七世紀に遡って始まりの頃の「サロン」での有りようから推すと、それは学問的な論争ではなく一種の論談であり座興だったからである。せっかく、厳密に学たらんとした美学が芸術を扱ったばかりに、再びその種の批評に戻ってよいのか。ただ同じく「批評」といっても、三世紀を経て、明らかに変わったことがある。目下、美学が行う芸術批評には「確たる基準」、“criterium”が見当たらないのである。往時とは逆に、「芸術」の方が「批評」に、パトロネージを与えているといった具合である。勢い、今日の批評や評論は作家紹介や作品解説に甘んじることになる。

その一方で、今日の美学をそうあらしめている事情にも、触れておかねばならない。その事情、それはバウムガルテンが『美学 *aesthetica*』を提起するに至った当時の、学の内外の事情と似ていなくもない。いうなれば当時、哲学的には「ポスト中世」、「ポスト神学」の時代であり、人間の趣味やセンスが注目される時代だった。そして現代は「ポストモダンの時代」である。文化史的に較べると、当時は人間の「啓蒙陶冶 Bildung」に大きな期待がかかったが、今日、その期待への深刻な反省が不可避的になっている。当時、美学は「人間的理性中心主義」――それを"Rationalisierung"といってもよいだろう――のために期待されるべき「新しい学問」だった。昨今、批評となった美学は、多様に展開する芸術的実践の後を追いながら、啓蒙的理性へ、ひいては「理性そのもの」への懐疑――"Ästhetisierung"の傾向といってよかろうか――の先陣を承っているかのようである。

そういえば、これも理性への懐疑の表れと思われるが、最近、文字通りの「感覚論 Sinnlichkeitslehre」としての「美学 aesthetica」が話題になっている。だが察するに、その種の美学はデッソワールの「一般芸術学」に似て、学のスタンスをいささか広く取り過ぎているように思えなくもない。結果、この学の対象領域に入らない人間活動はないかの趣を呈することになると、学問として何をしているのか訳が分からなくなってしまう。およそ、あらゆる人間活動は感覚からしか始まらないからである。それとも「感覚」に、従来の哲学的水準での「感覚論」とは別の意味付けを、しかも「芸術」を手掛かりにして試みるのであろうか。そこの所がどうもよく分からない。

それはともかく、バウムガルテンは『美学』の冒頭で、斯学は「自由学芸 artes liberales」の理論であり「下級の認識論 gnoseologia inferior」だとした後で、こんな風にいっている。下級認識能力が方法的な訓練を受けることなく、ただ実践だけで成長していく、それではその能力が全く陶冶訓育されていない訳だから、かかる下級認識能力の論述は「自然のままの感覚論 aesthetica naturalis」である。この感覚論を助けて完全なものにするために、一つの可能性が加わる。「感覚論 aesthetica」を「制作に資する理論 theoria accedentis artificialis」として活用するという可能性である。啓蒙的精神の面目躍如、「自然」を「人為」によって、"natura"を"ars"を介して、陶冶しようというのである。自然のままの「感覚論」、未開発の「美学」を陶冶された「感覚論」へ育て上げる所以のものが、「制作理論 theoria artificii」としての「感覚論」、アリストテレスの『詩学』のような「美学」なのだ、とバウムガルテンは考えたのである。彼が自らの『美学』に望んだことはこう、それが美の理論書であり制作の手引書であると同時に、人間精神を陶冶する実践的な指南書たりうることだった。このようないい方が許されるなら、バウムガルテンは自著に“aesthetica contemplativa”であるより、むしろ“aesthetica practica”であることを望んだのである。そのことは一六〇〇年代の倫理学が、人間の精神性を鼓舞するものとして、一七〇〇年代には美学に取って代わられねばならなかった学問的事情とも符合する。だが皮肉なことに、「美学」へのバウムガルテンの思いや期待が、彼の『美学 *aesthetica*』の実態を曖昧にしてしまった。つまり、彼の「美学」は折衷的な学問だったのである。しかしカントも時代の美学的な問題意識に、大いに関心を持っていたのである。但し「感覚論」ではなく「趣味」の議論としてではあったが。

カントの哲学的な展望は、『三批判』を通じて、中世神学を近代人間学へ組み替える、今風にいえば、デコンストラクションだった。組み替えのために重要な着眼点、それが「趣味の批判」、「直観的判断の分析」であった。だからこそカントはこの大業を総括する『判断力批判』を眺望に収めて、夙《はや》く『純粋理性批判』において、バウムガルテンの『美学』の構想の「見込み違い verfehrte Hoffnung」を指摘し、その用語法の適不適にまで言及したのだろう。

2 「モナド論」の諸相

バウムガルテンは「ライプニッツ＝ヴォルフ学派」と呼ばれる哲学の系譜に属していた。ネガティヴな意味においてではあるけれども、カントはこの学派の哲学的主張を話題にしている。彼らの主張を批判的な「叩き台」にしてカントは自説を展開した、といってよいかもしれない。次代のヘーゲルは、もう彼らの哲学にほとんど一顧だにしていない。時代の“populär”な、しかしマイナーな思想としか見なされてはいないのである。とまれ『美学』も含めて、バウムガルテンの哲学的問題は、大方、ライプニッツ＝ヴォルフに発している。バウムガルテンの「美学思想」を理解するには、ライプニッツ哲学の基本的な部分を一瞥する必要がありそうである。

　ライプニッツ哲学の骨格を示してくれるのは、例の「モナド論 monadelogie」である。モナド論は、「神」も含めて、存在者全体の「連続の法則 lex continui」によって貫かれている。究極のモナドである「神」から「裸のモナド monade nude」といわれる単に物質的な存在者まで、およそ万象が一様に連続しているとするものである。この考え方は、中世的な存在区分とそれに対応する学の区分とを、モナド的に捉え直して統一するものであった。モナド、この「単純実体 substance simple」の存在論的な連続性が、あたかも函数の連続性の如く、ニュートンとは別の思考に沿って、ライプニッツに《微分・積分法》を創案させたことはよく知られている。

　ちなみに、上述のボイムラーは次にように指摘している。ライプニッツの「モナド論」には、当時台頭しつつあった思想的な関心事、すなわち「個人」や「個別的なもの」、要するに“individuum”への意識が反映されていたし、「モナド論」によって「全体的」と「個別的」、そして「個別的なものそのもの」についての思想が形而上学的思索の中に入ったのである、と。個別的なものへの特別の配慮、確かにそれは近代的意識の表れだったろう。普遍だけを論じるのではなく、普遍が普遍でありうるために、特殊や個別の意味を尊重しなければならない。演繹的思索だけでなく、帰納的思索も同じく重要になってきたのである。

　確かに、「それ自身孤立して存在する」という、ギリシャ語の「モナス μόνας」の語義的意味から考えても、モナド論は個別的なものを論じるには打って付けだった。だがモナド的な考えはライプニッツの独創という訳ではない。むしろ、時宜に適って彼がこの考え方を復活させた、というのが適切だろう。

　およそ、世界を構成する最も根源的なもの、「要素 στοιχεῖον」の探求はギリシャで学問的な厳密さを求め始めた。その要素を端的に「1, μόνας」と把捉したのはピュタゴラスが最初らしい。数、それも「自然数」の1の観念がそれだった。「1」の観念さえあれば、この観念で「全宇宙 κόσμος」を表象できると考えたのである。ピュタゴラス派の「ハルモニア ἁρμονία」の思想は、突き詰めると、「宇宙＝マクロコスモス」の秩序と「1」を基にする「数理的世界＝ミクロコスモス」の秩序とが一致照応するというものである。「1」を要素とするから、この要素からなる最も単純な図形、正方形の対角線の長さが後に「無理数 an irrational number」と呼ばれる厄介な代物であること、それがピュタゴラス派を困惑させたといわれている。簡素単純なものが複雑怪奇なものと表裏一体である、これは容易に説明のつかない難事だったに違いない。

数学的には、「1」の観念を、ユークリッドの「質点 στιγμή」に敷衍することもできる。点は「位置 τόπος」だけあって質量は持たないが、自ら運動する。その三方向の運動を通じていわゆる「ユークリッド空間」、「三次元空間」が表象される。「万有 πάντα」とは、この空間の中で繰り広げられる果てしない「生成と消滅 γένεσις καὶ φθορά」という出来事なのである。

数的な理解とは別に「一なるもの」がデモクリトスの下で、もうそれ以上「分割できないもの ἄτομος」、その意味で、物の最小単位の「原子」と規定されたのは周知のことである。ライプニッツは自らの「モナド」を「自然の本当の原子」といったが、モナドは精神的な質のもので、決して物質的ではない。つまり、モナドは「形而上的実体」という他はないのだが、モナドの「合成物」である「自然」をもっぱら実在論的に規定しようとすると、モナドはデモクリトスの「原子」に相当する、とライプニッツは考えたのだろう。もちろん、「モナドは自然の本当の原子」というライプニッツの譬えの背後に、自然を自然であらしめるのは精神的なものである、という考えがあった。そこがギリシャ思想とキリスト教神学を閲した思想の違いである。

今見たような「自然学派的な」「1」の観念とは別に、「モナス」の観念はプラトンに継承されて形而上学的に発展し、それが後に種々の哲学的な「モナド論」の構想される基礎ともなった。物の実相、「エイドス」はそれ自体としては一個だけだが、いろいろの物質と結び付いて「多」になる、といった考え方がそうである。一つの寝台の「イデア」から、「素材」と職人の「技」とによって、幾つものそして様々の寝台が作られる。この話から、プラトンの「イデア論」を一種の「モナド論」と読むこともできるだろう。思想内容的にももとより、コスモグラフィーとしてもそうである。

神々に率いられて魂がイデアの世界を見に行く、という『パイドロス』のあの壮麗なミュートス。それがライプニッツの構想するモナド的宇宙の直観的イメージにどこかしら似ているように思われるのである。もっとも、洞窟に繋がれた囚人の譬えからも窺われるように、プラトンの描くイデアのイメージは「太陽」のようである。神々しいイデアが幾つも煌き輝く、目の眩む程の光の世界、真実在の世界へと神々は魂を誘った。いかにも、イデアを肉眼、物質的な目で見たら目が潰れる、と形容されている通りなのだろう。それに比して、ライプニッツのモナド世界のイメージは、夜空に瞬く星々のなす星座世界の荘重な静謐さを感じさせる。個々のモナドの輝きには自と明暗の差はあるが、その差が霊妙に作用し合って、我々に天空に広がる様々な星座を連想させるのである。モナドを合成することで「被造物」の世界を創造した神は、この世界、この宇宙を、ちょうど我々の祖先が自ら構想した星座の世界を天空に仰ぎ見たように、宇宙の「外」から見はるかしているのだろうか。宇宙は何と見事に調和的な全体をなしていることか、と感嘆しながら。

モナドのコスモグラフィーはさて措いて、プロティノスは、イデアさえ内に包摂する「一者 ἕν」の形而上学を作り上げた。一者、諸々の「イデア全体のイデア Idee der Ideen」といった趣だが、プロティノスの「一者の哲学 henologia」とでもいうべきものは、しかし「モナド論」とは別のものである。一者、唯一的超絶者だけが存在し、この「一者」から「万有」が流出する。プロティノスにおいて、「流出 ὑπερροή」の結果として万有の存在論的な位階や位置、さらに存在の意味が規定されるのである。つまり、一者からの距離によって、流出した万有が存在階層、一種の「ヒエラルキー Hierarchie」をなしているとされるのである。この点は確かにライプニッツの「モナド論」と似ているけれども、プロティノスの場合、一者が宇宙を構成する実体的な単位なのかというと、どうも今一つ判然とはしない。「一者の哲学」は、ライプニッツの「モナド論」程「合理的 rationalis」ではない。時代からして当然でもあったが、プロティノスの思想は、キリスト教神学的意味での合理主義とは別の——ゆえに「神秘主義的」、もしくは「異教的」で、「新プラトン主義」の先駆と見なされたりする——思想的なスキームとも関係していたのだろう。

中世のキリスト教神学においては、人間を含む宇宙、あるいは世界としての「被造物の全体」を構成すべき「最小単位 minima」が考量されている。この「モナド的なもの」は形而上学的な単位である。それらは実在的というより観念的であって、「単一で決して合成されたものではない solum et non compositum」し、「非物質的で精神的である incorporis et animalis」、と説明されている。中世神学的なこの「モナド論」にしたがえば、「物 res」はモナドからできている。モナドの結合の具合——あるいは合成の具合——に応じて、物は「知覚 perceptio」に対し「物体 corpus」として現れる。中世の「宇宙論 cosmologia」の根幹をなすこのモナド論は、ほとんどそのまま、ライプニッツのものでもあった。

ライプニッツは彼の『モナド論』の冒頭でこういっている、宇宙をなす諸々の存在者のように、「合成されたものがあるのだから、当然、単純な実体が存在しなければならない。合成物とは、単純なものの結合体 aggregatum である」。神が《天地創造》において、まず産出するのは「最小単位」である実体、非物質的なモナドである。モナドが非物質的なのは当然で、それが「無から ex nihilo」「材料なしに sine materia」作られるからである。このモナドに神が「ロゴス」という霊気、「プネウマ πνεῦμα」を吹きかける——例えば、神「光アレ」といい給いければ「光アリキ」――ことで、モナドが様々に結合して宇宙、存在者全体が形成されてくる。観念と実在との水準の融合、モナドという「形而上学的単位」を物質の如き「実在的な単位」に変換する、神の「天地創造」の神秘的なメカニズムは、被造物からすれば、まさに「奇蹟 miraculum」以外の何ものでもないのである。

実在世界を産出する神と、この世界をかく「有るべき世界」として理念的に構想する神とを、ライプニッツは「建築家である神 Dieu-l'architecte」と「立法者である神 Dieu-le legislateur」の二相で捉えている。建築家である神が司る領域、レアールな宇宙には機械論的な思考が、立法者である神が司る領域、イデアールな宇宙には目的論的な思考が相応しい、とライプニッツは考えた。されば、畢竟、機械論的思考は目的論的思考によって下支えされねばならないのである。

ライプニッツに関してはあらためて見ることにして、最小単位であるモナドを「精神的にして物質的」と考えたのは、ルネッサンス末期の異端の思想家G・ブルーノである。彼はスコラ哲学を忌避し、この学の「道具 ὀργανόν」となった《アリストテレス主義》にも好感を持てなかったらしい。むしろ、プラトン・プロティノスを異教的に解釈する、いわゆる《新プラトン主義》に興味があったという。精神的にして同時に物質的であるようなモナド、かかるアンドロギュノスのような代物を、当時の形而上学が世界の根源的な「構成要素 elementa」と認めることはできなかった。明らかに、その種のものの存在はキリスト教の教義と両立するべくもなかったのである。ライプニッツの語法を借りると、もしそのようなモナドを認めた場合、「創造主である神」が単なる「建築家としての神」に過ぎなくなってしまうだろう。

ざっと、「モナド論」の移り変わりを見た。キリスト教の「最小単位 minima」の考え方がライプニッツに継承され、彼の下で、哲学的なモナド論は完成したといえよう。その証拠に、それ以降新しいモナド論は出ていない。ライプニッツがあらためて「モナド論」を復興し完成させたのは、ひとえに、デカルトの「実体論」のアポリアを解消するためだった。実体論のアポリアは神には無縁である。神は矛盾やアポリアを超越している。アポリアはもっぱら被造物、就中《なかんずく》、「人間」という「理性を持った動物 animal rationale」の存在において顕在的になる。ハイデッガーの術語を借りていうと、「アポリア」は近代以降の哲学、「人間の学」へ変貌した哲学の根本的な「未済‐問題 Ausstand-problem」である。実体論を標榜しなければならないかぎりで、デカルトは「まだ中世的」だった。しかし、結局実体論のアポリアをアポリアのままに残さざるをえなかったのだから、デカルトは十分、「既に近代的」でもあった。デカルトに較べれば、あるいはライプニッツの方が猶《なお》まだ「ずっと中世的」だったのかもしれない。

　ライプニッツの本意の程はともかく、少なくとも彼の「アポリア解消策」は、モナドの「実体一元論」であり、それは中世的な形而上学的思索を踏襲していたように見える。カントが『純粋理性批判』の中で繰り返し、そのようなライプニッツに批判的に言及している所である。「実体一元論」に関しては、ライプニッツ＝ヴォルフ学派へのカントの次の言葉が正鵠を射ている。ライプニッツ＝ヴォルフ学派は「自然と認識の起源の研究に全く不当な視点を押し付けてしまった。感性と知性の区別を、単に論理的なものとしか見なかったからである」（*KdrV*. B61）。「感性」と「知性」――カントにしたがえば「悟性」――の区別が論理上の、したがって形式上のものではなく本質的である、換言すれば、単に認識論的差異であるばかりでなく存在論的差異でもあったので、デカルトはついに「実体論のアポリア」を解消できなかったし、カントは伝統的な形而上学の新たな「基礎付け」という大業に着手し、それを遺漏なく実現するために「批判の体系」を構築しなければならなかった。哲学的実体論の困難な問題は、ようやくカントの下で解消された。カントによって、哲学は形而上学的な枠組み、最終的に「目的論」にすべてを総括させるという思索的な常道から解放された。

　ついでにいえば、バウムガルテンはライプニッツ＝ヴォルフ学派のこの「全く不当な視点」をそのまま受け継いでいた。感性と知性もしくは感性と理性を、「下級認識能力」と「上級認識能力」という風に程度の差を認めるだけで、それらを「論理的なもの」として一括りにする遣り方がまさにそうであった。この遣り方に則って、美は「下級認識能力の完全性」という定義がなされる。その結果、「感性的真理 veritas aesthetica」である美は「上級認識能力の完全性」という「理性的真理 veritas logica」への途上的状態、と意味付けられたのである。もとより、カントがそれを肯《がえ》んじるはずはなかった。

3 スピノザ・アポリアへの挑戦㈠

デカルトのアポリア、例の「延長するもの res extensa」と「思惟するもの res cogitans」、この二つの実体、平たくいえば「物質」と「精神」との本質的な種別的差異のゆえに、両者は決して一に融合することはできないというそれである。実体間のこの存在論的な断絶、非連続、これを放っておけば、被造物全体である「宇宙」そのものの存在を統一的に説明できなくなる。この難問を解決するべく、デカルトはかの評判芳しからざる《松果腺 le glande pinéale》のような不思議なインターチェンジというか、ブラックボックスというか、そういうものを想定する羽目になった。デカルトのこの思索的苦衷に関して、ハイデッガーは的確に指摘している、デカルトは創造主と被造物という「二元論」を解消できなかったからなのだ、と。

元来、「延長するもの」と「思惟するもの」とは被造物に係る実体的規定である。だが当然、この規定は被造物と創造主、「地上的存在 ens terrenum」と「天上的存在 ens caeleste」の種別的な区別を範例にしていた。そのため、被造物と神の間が非連続なので、二つの実体の間が非連続であるのも止むをえなかったのである。キリスト教的には、この非連続を繋ぐものこそ「創造の奇蹟」ということになるだろう。奇蹟、それは神の実行する「最高善

summum bonum」であり、神の「愛」の証である。信仰の上から「奇蹟」と納得できることも、純粋に論理の水準では人間を困惑させる。デカルトのアポリアがそうであった。神、この全能力者、「完全なるもの」を語る論理はポジティヴで、しかも完璧に整合的でなければならない。神をネガティヴに論証する、そんな奇妙な物いいができる訳がない。だから事、神に関しては信仰的確信と論理的肯定とが一つになりうるのである。しかし、神のための肯定的論理をそのまま、人間をも含めて被造物、不完全な存在者に適用できる道理がない。被造物に適用するには、どうしてもその論理をネガティヴに使用せざるをえない。つまり論理は弁証法的にならざるをえないのである。そしてそこでアポリアが際立つ。

デカルトのアポリアの解消を図るに当たって、カントのように「批判」の立場に立てなかった一六〇〇年代の思想は、結局、二元論を放棄した。デカルト以前に戻ったのである。スピノザの思想がそうであったし、ライプニッツの「モナド論」、文字通り「一なるものの論」も、やはり一元論であった。

ライプニッツの前に、スピノザに触れておくことも無駄ではあるまい。周知の彼の《汎神論 pantheism》、但し素朴なアニミズムの類ではなく、一なる神の「遍在 omnipraesentia」という形而上学的思想は、デカルトのアポリアを解消するべく打ち樹てられたものだったからである。もっともそこが汎神論の所以でもあろうが、スピノザは「最小単位」といったものを考えはしなかった。要するに、彼の汎神論は被造物、存在者全体に創造主の「神性 deitas」が宿っているとするのである。この考え方の根底にあるのは「幾何学的な geometricus」要請である。ユークリッド平面の上に存在しうるすべての三角形は、例えば「内角の和は二直角である」、という定理を充たしている。逆にいうと、この定理はすべての三角形となって「遍在する」のである。比喩的だが、定理を「神」に「三角形」を被造物に準《なぞら》えれば、スピノザの汎神論は分かり易い。《幾何学》の定理の普遍性・客観性と論証の明快さに鑑みてのことか、スピノザの重要な思想、生前に纏められていたがようやく死後に出版された『エティカ *ethi-*

ca』に、方法的にも「幾何学的な秩序に則って論証された」と、但し書きが付いている。

スピノザによると、哲学の目的は「最高善」である神の「本質」と、人間の「完全性」の探求である。不完全である人間がいかにして完全でありうるのか、それを探求するかぎりで、「哲学」は「倫理学」なのである。最高善者、この唯一の究極的実体である神によって創造されたのだから、人間は「本性的naturalis」に「善」を志向できるし、志向しなければならない。善を志向するもの、かくて人間は本性的に"homo ethicus"である。ここから分かるように、「ホモ・エティクス」を論じる『エティカ』、倫理学は「本性的に善を志向しなければならないもの」の学、人間の学であって神の学ではない。

ちょっと寄り道をしておく。ライプニッツにとっても、「倫理学」はきわめて重要な意味を持っている。バウムガルテンにおいて、もちろん、倫理学は彼の広範な哲学的関心の範囲にあり、彼の哲学体系の部分をなしてはいるが、必ずしも思索の中心テーマにはなっていない。というより、彼の「倫理学」は、大方ヴォルフの考え方——学の位置取りと内容の両面にわたって——に倣っている。そして彼の『美学』の中に、「倫理学」の語は見当たらない。美学の関心が「作詩術ars poetica」の方へ向かったこともあるだろう。だがバウムガルテンにとって、実践哲学と認識論とはパラレルな関係にあったのだろう。「人間の学」として「美学=感性論」は感覚的認識を取り扱う。そこで獲得された成果、すなわち「感性的真理veritas aesthetica」から出発して「理性的真理veritas logica」へ到達する、という認識の展開の次第を、啓蒙の時代に相応しい人間の成長と考えることができたのだろう。カント以前、倫理の問題と真理の問題は、決して乖離することはなかったのである。

「感性的認識」を形相的に考察する認識論としての「美学」でなく、趣味論としての「美学」においては、「社会的存在ens sociale」より「個人的存在individuum」に関心が集まる。十七世紀のサロン、絵画作品を前に並べての淑女・貴紳たちの品評や趣味論争がそうであったように、個々人の趣味の良否が話題になる。ただし、彼らの趣味の良否が社会的な妥当性を持つか否かといった観点は、差し当たり「美学＝趣味の議論」の中では第一義的ではなかった。というのも、「趣味」の議論は、サロンに集う特権的な階級にとって意味があるだけだったからである。だから、趣味の問題が「倫理学」に入ってくることはなかった。それが第一義的ならわざわざ「美学」を趣味論として樹てるまでもない。「倫理学」の中で「趣味」を議論して、それで十分だからである。啓蒙の時代のフマニスムスにあっては、人間の精神的な成長、つまり「ビルドゥング Bildung」の全体がむしろ「倫理的」だったのかもしれない。スピノザの時代、十七世紀の人間的関心には、まだ「美学＝感性論」のように第一段階——感覚はすべての人間的経験の始まりである——に当たるものはなかった。神との関係で、端的に信仰的人間を扱う「倫理学」が「人間学」だったのである。

バウムガルテンを批判する形で提出されたカントの「趣味批判」で、「美は道徳的善の象徴」という有名な定義が下された。ヴォルフ＝バウムガルテンの系譜から離れて、この定義は美学と倫理学を融合させるという「批判主義的」な哲学体系から導出された。カントは自らの「美学」において、人間の「本質学」を「倫理学」としていた十七世紀の哲学的な問題意識を十分に顧慮していたからだろう。カント以降の、上述のように「芸術哲学」に変貌してしまった「美学」からすると、いささか唐突と見えるカントの「美」の定義も、十七世紀からの哲学的展開を思えば、不思議でも何でもなかった。カントは十七世紀以来の倫理学を、市民社会の倫理学に組み替え、「倫理 Sittlichkeit」の問題をあらためて「趣味 Geschmack」との関連で考量した。それがカントの件の定義になったのである。

さて話を戻してスピノザの思想だが、唯一の実体である神、この「全能の omnipotens」ものは、権利上「無限の属性 proprietates」となって、自己を開示することができる。だが人間が知りうるのはその中の二つ、「延長」と「思惟」だけである。これら以外の属性に関しては知るべくもない。“nescio quid”である。蓋し、人間はこれらの属性だけで作られているのである。デカルトが「実体」と考えたものは、スピノザの場合、神の「属性」とされる。ここに、スピノザ独特の思想的世界が見えるのである。スピノザも近代の人である。

延長と思惟、この二つの属性がとりうる「無限の様相 modi infinita」は神のする「作用 affectio」の顕在化、端的にいって、「創造 creatio」の具体的な表れである。したがって、神の無限の様相とは、被造物の全体、人間をも含む「宇宙」の有りように他ならない。被造物全体が神の諸属性の「表れ」なのだから、須《すべか》らく、被造物を神の自己顕現ということもできよう。一本のバラの木に多くの花が咲き競うように、いうなれば「宇宙」は神という一本の樹木が開かせた花々である。しかも、一つとして同じものはない。神は創造主であるが、ただに被造物に超越的ではなく、被造物のすべてに内在している。そのことを、スピノザは被造物にとって「生来の inhaerens」と表現している。まさに汎神論的である。こう考えることによって、デカルトの困難、創造主と被造物の非連続という難問は一応解決されている。

ところで、スピノザの次の語彙はつとに知られている。“natura naturans”と“natura naturata”である。通常、「能産的自然」と「所与的自然」などと訳されている。スピノザにおいて、“natura”の語は二重の意味で使用されている。一方でそれは「自然」、もしくは「宇宙」の意味であり、他方でそれは「本質」の謂いである。ちなみに神の本質を考えれば明らかなように、“natura naturans”と“natura naturata”は同じこと、神の「本性 natura」をいっているのである。唯一的実体の汎神論なのだから、スピノザにおいて、神は「産出する存在」であり同時に「産出される存在」でなければならないだろう。このことを、スピノザはスコラ哲学の術語を用いて、「神の本質と神の現実とは全く同一である dei existentia eiusque essentia unum et idem sunt」という。スピノザの思索を統べているのは《同一律 principium identitatis》とそれの変様型としての《因果律 principium causalitatis》である。「因果律」は常に同一なる神の「作用」を論じるのである。

神の本性を示す右の言葉が美学、それも「芸術哲学」の世界に取り込まれて、却って訳が分からなくなってしまった。芸術家の制作の神秘を表現するために用いられたからである。しょせん、人間技であるものに神の創造のための言葉を援用する、無理が生じて当然だった。芸術家の制作と彼の作品とが汎神論的に繋がっている訳がない。美学の文脈の中ではあるけれども、“natura naturans”が“natura naturata”に優位であるかのような錯覚の気配を醸したことは、スピノザの思想に対して大いに不面目なことだった。

神が自ら自然、宇宙となって顕現するというスピノザの「神即自然 deus sive natura」の考えは、一見、巧妙な形而上学的捏造物のように思えるが、「すべてはビッグバンによって開闢《かいびゃく》する」という「現代物理学」の宇宙論と、どこか似ているように思える。

余談は措いて、スピノザの場合、延長と思惟は神の属性なのだが、確かに被造物にあっては両者の間に「物心平行」とでもいうか、パラレリズムが残ってしまう。だがスピノザには、それで哲学的に大過なかった。唯一の実体である神に戻れば、パラレリズムは解消するからである。被造物の水準、人間の水準からすると、両者は並行のままだけれども、「平行状態」ということも、それはそれで二つの属性が採りうる「無限の様相」の一つと考えればよい。ただ被造物である人間には分からないだけかもしれないのである。デカルトは延長と思惟という二つの実体の因果系列が一に融合しないことに困惑を隠せなかったが、スピノザにとって、因果律と同一律は決して別のものではない。外見上、二つの因果系列が調停されないままに残っても、それが「解消されざる矛盾」ということではなかった。神に「矛盾律 principium contradictionis」は馴染まないからである。

とはいえ、二つの因果系列にしたがうよりない人間にとって、次のことは不可避的である。「延長」の因果律を「思惟」の因果律に従属させること、及び「宇宙」を「物心平行」という条件の下で因果律的に規定することが、である。蓋し、人間は創造の「結果 affectus」であって「原因 causa」ではない。しかしスピノザからすれば、人間がこの不可避性にしたがう、それこそが人間のする認識の「絶対的条件 conditio sine qua non」なのである。かかる認識は人間にとって、事象を「永遠の相の下に sub specie aeterna」見ることなのである。この認識を通じて、有限なる人間が神の「無限性と自由」、無規定性と無拘束性、要するに神の自己充足性、完全性に与ることができるのである。

有限で不完全な人間、神に較べてたった二つの属性、しかもそれが「平行」という仕方で与えられるよりない人間が、こうして完全になる。この完全性、それは「思惟」という因果系列に属する「動物 animal」、つまり「人間」という「理性を持った動物」だけが知りうる最良の境地である。人間にとっての「最良のこと」を、スピノザは「知性で神を愛すること amor dei intellectualis」といっている。こんな風にスピノザは、人間にあっては「最高の知」は「最高の善」である、と説く。真善一如こそ、人間的理性の最高の有り方である。

人間の完全性とは、十分の自己知に至ること、別言すれば「自分が不完全な存在である」と知ることである。この自己知との表裏において、神、完全なるものにその本性の水準で臨む、神を「永遠の相の下に見る」ことができるのである。人間がかかる存在として創造されたこと、これこそまさに神から与えられた最高の愛の表れである。この「愛」を知り、この「愛」に至らんと努めることが哲学の目的である。哲学は自から「倫理学」でなければならなかったのである。

この倫理学はしかし、神という全能者への信仰に支え導かれた倫理学であって、必ずしもギリシャ的な倫理学、「共同体」における人間の有り方、生き方を質す倫理学ではない。上述のように、スピノザの倫理学は「静観的倫理学」で、「能動的倫理学」ではなかった。その範囲で、この倫理学は「知 intelligo」と「信 credo」を同一視していたし、その意味でまだ中世的だった。だが「信仰」の問題が倫理学という形で議論されている、だからスピノザの思想は決して「中世神学」の焼き直しではなかった。

認識論的には容易に解消できないデカルトのアポリアを、スピノザは「知と信の合一」という倫理学の問題として克服できる、と考えたのである。デカルトのアポリアは確かに実体の水準に係るものだったが、実際には「人間を人間として」、すなわち「被造物としての人間」を哲学的思索の対象にするときに際立ってきた。それゆえスピノザは、アポリアを人間の問題、"homo philosophicus"であり而して"homo ethicus"である人間の問題として解消しようとした。スピノザの思想に、まだ"homo aestheticus"の出る余地はなかった。詰まる所彼にとって、「感性 αἴσθησις」はまだ物質のような単なる被作用性、受動性に過ぎなかったのである。

4　ライプニッツ・アポリアへの挑戦(二)

デカルトのアポリアを実践哲学の水準で克服しようとした、この点ではライプニッツも同様である。彼は最終的に、人間に「神の国 la cité de Dieu」の住民であれ、と説くのである。"la cité de Dieu"、通常は「天国」のことである。神の国のような「最良の国の住民であれかし」、と従邇するライプニッツの哲学も、紛うことなく一つの倫理学であった。

さてライプニッツによると、神の創造した世界、宇宙は人間に一方で「多様 diversité」と映り、他方で「調和 harmonie」と映る。したがって、世界をそれ自体、全体として見るには、二重の手続きが必要になるのである。一つは、世界の細部を正しく識別すること、今一つは、識別された細部を統一的に捉えることである。カントの「批判哲学」なら、この二重の手続きを「悟性」の領分と「理性」の領分とに分けて論じる所である。しかしライプニッツは、二重の手続きを達成するためには、人間がより高次の視点を取る必要がある、という。つまり、創造主である「神」に近い所に視点を定めねばならない、というのである。

ライプニッツの「モナド論」はこの視点を哲学的に確定し、その視点に立ったならその観察者に現象するはずの世界の原像、もしくは青写真の類を提供しようとする。彼の「モナド論」は、神の《天地創造》の「設計図 l'esquisse du monde」だったのである。人間の分際が、あたかも神のように、あらまほしき視点に立って世界を見ることができる。存在者全体を一元的に連続するものと把握できる、モナド論の特徴がそれであった。

ついでながら、このあらまほしき視点はニュートンの視点、万有を力学的なメカニズムとして解明する物理学的なそれにも通じる。もちろん、明らかな相違もある。ニュートンは「万有＝宇宙」の諸現象をもっぱら「多様の統一」として、機械論的に釈義するに留まった。ライプニッツに与するなら、ニュートンはまだ「建築家としての神」の構築物を解明しただけ、というべきだろう。建築家としての神をモデルにしたのだろうか、W・ブレイクの描く神は定規やコンパスを持って、何やら設計に余念がないようである。とまれ、モナド論の眼目は「立法者としての神」の意図、天地創造のプランに至ることなのである。創造の「結果」を機械論的に説明するだけでなく、創造の「理念」を目的論的に闡明することであった。

ライプニッツに戻るが、モナドは中世神学の「最小単位」に倣って、まず外的に規定される。曰く、モナドは単一であり、延長せず、形がなく、分割できず、始まることも終わることもない。生成・消滅のカテゴリーの外にある。外から作用を受けたり、外に作用を及ぼしたりする「開け」、すなわち「窓」がない。モナドは完璧に自己充足的な「単純実体」であり、アリストテレスから借りて、それをライプニッツは「エンテレケイア ἐντελέχεια」と表現している。「エネルゲイア ἐνέργεια」と「デュナミス δύναμις」の交替、つまり途上的な水準にあるのではなく、いわば究極的な「静止状態 ἠρεμία」にある——本書、第一章参照——。かくて、個々のモナドは自分以外のモナドと、互いに何の関係もないし、他のモナドが存在することも知らない。個々のモナドは自立自存し、自己の内的な動機によって自からなる変化をするだけである。そしてその変化は、外的に何の影響も及ぼさない。進歩もなければ退歩もない。モナドはあたかも蛍の光のように、ただ明滅している。しかし明滅という外的変化によって、別のモナドになる訳ではない。

次いで、モナドは内的に規定される。モナドはその単一性にも拘らず、可変的なものを含んでいる。これは質的なものである。もとよりそれは分割可能な部分ではない。モナドは部分からなる全体ではなく、端的に単一的全体だからである。そしてモナドは自分のこの「可変的なもの」に関して、知っているのである。その意味で、モナドはきわめて素朴な自己意識とでもいうか、自らについての「知覚 perception」、あるいは「表象 représentation」を持っている。その上モナドには、自らに含まれる「可変的なもの」に関して、混乱し不明瞭な知覚から明断で判明な知覚へ進級したい、より高次の自己知へ至りたいという「欲求 appetition」もしくは「傾向 tendance」がある。知覚と欲求を本質的に具え持っているかぎりで、モナドは精神的であり、非物質的である。モナドは単なる無機的な単一物、化学でいう「元素 l'élément」のようなものではない。一種の「有機体 l'organisme」というべきである。己に具わる精神性の度合に応じて、モナドの放つ輝きに明暗の差異がある。もっとも、モナドは自分が独りで、しかもどの程度に輝いているかを知らない。モナドには窓がないのだから、自他の区別も比較や対照もありえないのである。だから欲求も知覚の他との比較の水準ではなく、もっぱら自己同一性の水準のものなのである。

モナドが精神的なものであること、それは究極のモナドである神、創造主が“ens spirituale”であることからして、当然である。被造物であるモナドはすべて神によって作られたのだから、およそモナドに、精神性以外の不純物が混じっている道理がない。だが神という最も明るいモナドに比して、被造物であるモナドに明暗に差があるのは是非もない。神、この精神的存在の極限ともいうべきものから明度・輝度を奪うものは、何もない。神以上の存在者はいないからである。しかしそれぞれのモナドの間では、プロティノスのいう「一者」から流出した存在者のように、神からの距離にしたがって明暗の差があるらしい。つまり、距離に比例してモナドの精神性が乏しくなるようなのである。

被造物に不可欠の要素、それは「合成された物体であることun corps composé」と「中心をなすモナドune monade centrale」である、とライプニッツはいう。「物体corps」、この端的に非精神的なもの、それ自体は不定で、それをそのままに知ることはできない。物体のモナドの如きは、もしプラトンにおいて「質量」のイデアの類が考えられるならそれに該当するような、明らかに矛盾した存在、といわねばならない。物体のモナドは被造物のモナドの最も非精神的な極限、「絶対零度」のようなもので、端的に「モナド」でないもの、畢竟「無néant」だからである。神の「天地創造creatio ex nihilo」の奇蹟を認める者は、精神の「絶対有」と物質の「絶対無」とを「無前提的にsine conditio」肯定しなければならないだろう。

だから「物体」はモナドではなく「合成物compositum」でなければならない。されば「延長extensio」、デカルトにとって「実体substans」に係るこの規定は、ライプニッツにとって「合成物」に係る規定であって、「実体」に係る規定ではないのである。繰り返すと、何らかの形や大きさを持つのは、それが「合成された」という証拠なのである。被造物のあらゆる層において、物体を物体ならしめているのはモナドである。ゆえに被造物の「中心をなすモナド」といわれるのである。ライプニッツの立場は精神一元論であり、デカルト的なアポリアはない。

究極のモナドである神に即して、あらためてモナドの「知覚」と「欲求」について確認しておく。神の知覚とは、自分が創造的本質であること、「我はAでありΩである」という自覚である。この自覚は「元に言葉ありき」といわれる通り、純粋に形相的なものとして神に具わっている。「神」が先か「ロゴス＝言葉」が先か、という程無意味な議論はない。ロゴス即神性である。

大体、時空的な先後関係は被造物に関して意味を持つだけである。神は時空の外にいる。だからカントは『純粋理性批判』を直観の形式、空間・時間の論述から始めたのである。ここで問題にするのは被造物と被造物、すなわち人間と世界との関係であることを明らかにするために、である。

　それはともかく、ロゴスと捉えられる神を、ライプニッツは「立法者としての神」と見る。ロゴスである神が「光あれ」といえば「光ありき」。神は自ら「建築家」となって、ロゴスを実在へ、理念的な光を実在的な光へ、という奇蹟を実行する。かくて、いささか比喩的だけれども、神の「欲求」とは自分が自分であることの成就、天地創造である。一方、被造物であるモナドの間には、ヒエラルキーのようなものがある。ヒエラルキーをなす個々のモナドは、それぞれの水準において、それに相応しい知覚と欲求を持っている。知覚と欲求の間に齟齬はない。知覚と欲求が一致しないなら、モナドは内に不一致を含んでいることになり、「完全充足体」であることに矛盾してしまうだろう。両者の一致のレヴェル、「判明―混乱」の程度にしたがって、各モナドは「最も判明な知覚」を持つ神から「最も混乱した知覚」に留まる「裸のモナド」を両極限として、一様の連続をなしている。知覚の混乱の度合いこそ被造物のスティグマであるが、モナドの明暗の差はスティグマの深さで定まっているともいえよう。スティグマの深浅は合成物が帯びる物質性の濃淡、非精神性の度合いに反映されているのである。

　ライプニッツの「モナド論」は決定論であって、進化論ではない。彼の時代にまだ進化の考え方はなかったし、神学は常に決定論だったことを思うと、当時の哲学が決定論的であっても、別に不思議ではない。むしろそのことが、ライプニッツをデカルトのアポリアから解放したのである。決定論、有名な「予定調和説」がそれであり、ライプニッツの場合、この説を論理化したものが《十分理由の原理 principium rationis sufficientis》だ、といってよいだろう。

　「十分理由の原理」とは、「事実が事実として成立するには十分の理由がなければならない」というものである。この《理由律》のゆえに、「それらはそれらであって、別のものではありえない」。ヒエラルキーをなす各モナドが、自己の内的動機にしたがって変化しながら、しかし決して別のものにならないのはこの「理由律」によるのである。

個々のモナドはそれ自体、程度の差こそあれ「小宇宙」である。小宇宙であるモナドの自己完結性を、ライプニッツは「エンテレケイア」と呼んだ。自己完結性、自己充足性である。モナドが変化しつつ、しかし常に自己自身である所以である。「モナドである」とは、自己自身であるために「何も必要としない」、ということなのである。

夙《はや》くにピュタゴラスが《ハルモニア》の考え方で示したように、「小宇宙」は「大宇宙」を写す「鏡 mirror」である。個々の鏡の写像の正確さはモナドの明暗、自己知覚の「判明―混乱」の程度に比例している。譬えていえば、蟹が自分の体に合わせて巣穴を掘っているように、個々のモナドは自分に合致する程度に宇宙を映しているのである。だがもとより、モナドは自分がどのように宇宙を映しているかを知らないし、自己の内なる変化に対応して、写す宇宙像がどう変化するのかも知らない。「窓のないモナド」は自分以外のことを何も知らないし、そしてそれで「十分 sufficient」である。したがって、モナドからすれば、自己の外で生じる変化に関しては、何か自己ならざるものによって引き起こされている、しかもその変化は個々のモナドがなす全体をいささかも損なうものではない、と認めざるをえないことになるだろう。要するに、変化は「あらかじめ定められた通りに進行する」、という他はないのである。「あらかじめ定められた通りに」、いうまでもなく創造主のプランの通りに、である。もっとも、モナドはそのことを知らないし知る必要もない。モナドは常に充足している。蓋し、「必要」は「欠如 deficience」の表れ、「不十分さ」の表れである。

いかなることであれ、いかなるものであれ、神の創造した世界においては、それらはすべてそうでなければならず、別のようには有りえない。この「不可避性 ἀνάγκη」、それは神がそのように「あらかじめ定めた préetablir」からである。かくて宇宙の調和は、神の構想通りの《予定調和 l'harmonie préetabliée》である。存在者全体に係る「予定調和説」と、個々の存在者に係る「十分理由の原理」とは、ライプニッツにとって、まさに相互補完的であった。

而して「十分理由の原理」にしたがって、「日の下に新しき事なし nihil novum sub sole」。当然、「自然は飛躍しない natura non facit saltum」。このことを、ライプニッツは形而上学的・神学的に説明したのである。

ライプニッツの思想は単純明快だし、またきわめて楽観的だったように思える。ライプニッツの「楽観主義 optimisme」、それは「神」、この「最も良きもの optimus」に由来している。宇宙を創造するとき、神には無限の可能性が有りえただろう。だが創造された宇宙は一つしかない。神はたった一つの宇宙しか作らなかった。この際、私たちの宇宙とは「別の宇宙」の類を考える必要はない。それが有ろうとなかろうと、また幾つ有ろうと、それらをすべて引包めて、神の創造した唯一の宇宙だからである。幾つもの銀河系が存在しても、結局「宇宙は一つ」というに同じである。

宇宙は一つ、理由は明快である。神は常に「最善の原理 principium optimi」に則る、否、神自身がこの原理なのである。神に次善の選択など、有りうるはずがない。最善であるものが次善のものをとる、それは「自堕落」以外の何物でもない。神が堕落する訳がないから、神が創造した宇宙は「最良の国」、「神の国」なのである。唯一のレアールな神の国、それが人間をも内に含む「自然界」に他ならない。神の国である「自然界」の変化、生成と消滅の反復は神の立法通りである。つまり、自然界に存し、自然界に出来する一切のことは、例外なく「十分理由の原理」に則っているのである。

「真善一如」を思想の主是とするスピノザにとってもライプニッツにとっても、真善一如の具現、「最も実在的なもの ens realissimum」が「天上的存在 ens caeleste」たる神である。天上に有るけれども、神こそ実在的である。神は自然界に実在的な「力 vis」を揮っている。その意味で、神の"realitas"はそのまま神の"virtualitas"といってよい。"realitas"と"virtualitas"とが一致しているから、神が人間の生存の規範なのである。こうしてスピノザ、ライプニッツにとって、「倫理学」は究極の実践的な人間学、あるいは典型的な人間学たりえたのである。

近代以降の進化論や進歩の思想を「当然」とうけ取るものには、ライプニッツの思想はいささかご都合主義的、と見えるかもしれない。ご都合主義的と映るとしたら、それは「絶対的なもの」を喪失した私たち現代人の、視点の相対主義の裏返しでもあるだろう。《進化論 evolutionism》といっても、それが究極のものへ向かう一貫した筋道と考えるなら、それも一種の《決定論 determinism》に違いないし、進化そのものを「予定調和的」と見なすこともできる。また進化を、紆余曲折はあれ、畢竟、何か「より良いもの」への前進と捉えるなら、それは「比較」の問題というべく、どこまで行っても果てのない「無限進行の理論」といってもよいだろう。この種の理論は、しばしば、無限の相対主義に陥り、遂には理論そのもののニヒリズムにさえ至りかねない。近代以降の「人間中心的」な思想は、もう神学を「範例 exemplar」に戴けないかぎりで、良くも悪くも相対主義的な不満を託《かこ》ちつつ、方向の定めがたい変容を繰り返しているのである。

ちなみに美学の世界で、ライプニッツの思想が取り上げられることはまずない。ライプニッツ＝ヴォルフ学派と一纏めにされ、美学に関しては弟子筋のバウムガルテンの問題意識に注目すればそれで十分、と考えられたのだろう。このことと裏腹に、完成した芸術作品、自己完結し自己充足した作品存在は一個のミクロコスモスとして、しばしば、「窓のないモナド Les monades n'ont point de fenêtres」に譬えられている。いかにも、展覧会場に陳列されている個々の作品を見ていると、「窓のないモナド」という比喩の巧みさを理解できる。もとより作品群はモナドのように「予定調和的に」会場に並んでいる訳ではないけれども、それぞれに適度の明暗というか出来不出来を以て、互いに他の作品には「我、関せず」とばかりにそこにある。作品群は自からなる芸術的存在を誇示し、競い合っているのである。作品のこの有りようを指して、芸術作品は「孤島的性格 Inselhaftigkeit」を持つ、と形容した学者もあった。

また芸術の歴史を研究する学者たちは、作品をモナドに見立てつつ、「窓がない」から互いに影響し合うはずのない作品群も、全体を広く見渡して見ると、さながら「予定調和的に」時間的空間的に配列しうることに気付き、そこから某《なにがし》かの必然と歴史的な推移、芸術史的展開――例えば「ルネッサンス的」、「バロック的」と纏められるような――を読み取るのである。いずれにせよ、芸術作品という制作物には「モナド」という比喩が似つかわしい。かかる比喩の適切さ、それを「芸術作品は人為的制作物の中でも特別のものである」、とする美学的＝芸術哲学的意味付けが保証したのであった。しかし当今、制作される作品のかなりの部分に、「窓のないモナド」という比喩は当たらないように思われる。敢えてそういう比喩を謝絶するような作品が、取り分け「アート世界」に、多く存在している。それらを「芸術作品」と呼ぶべきか、それとも「窓のないモナド」という比喩が今日の芸術作品には適切でなくなったのか、なかなか難しい問題である。小論と直接関係のない話題ではあるが。

結び　エティカからアエステティカへ

人間、この「理性を持った動物」は「自然界」の住人でありながら、理性のお陰で、「神の国」の住民でもありうる。神の国の住民、それは自分が神の国に住んでいる、という自覚によって初めて可能になる。この自覚は、自分たちの国についての正確な知識と一つになって、徐々に高まっていく。だから、「理性を持った動物」に最も相応しい生き方は真理の探求である。ライプニッツの思想において、真理を探求する哲学的思索は、同時に善の実現、倫理的実践と考えられる。真理の探求と倫理的実践が帰一するのなら、「完全な認識」が望まれてしかるべきである。完全な認識、人間のなしうる最高善だからである。完全な認識と不完全な認識、判明な認識と混乱した認識の区別が、重要な問題になってくる。かくて、判明な認識へ進む「上級認識能力」と混乱した認識に留まる「下級認識能力」との、能力的差異が際立ってくるのである。そしてその差異の所以が問題にされねばならない。

認識を混乱させ不完全にする、それは人間における「非精神的なもの」、すなわち「身体」に係る「感性的な」部分である。蓋し、純粋に「精神的存在」である神は完全な認識の所有者である。さて、ここでバウムガルテンの「美」の定義を思い出すと、せいぜい、美は「感性的認識の完全性」であった。明晰判明の基準に照らせば、美はまだ「不完全な真理」であり、「完全な真理」に比して「真理らしきもの」の域を出ない。「神の国」の住民という自覚に至るべき人間は、到底、この水準に留まることはできなかった。ライプニッツの思想に「感性論＝美学」がなくて当然だった。感性は哲学的思索の対象ではなかったのである。神に導かれて「最善の原理」に則るべき人間に、「美学」の称揚の如きは、「自堕落な倫理学」の勧めにもなりかねなかっただろう。

一六〇〇年代、倫理学は「天上的存在」たる神を実在的な規範に戴いた。しかし実際には、「地上的存在」である人間から、この「理想」はかぎりなく遠い。理想と現実を繋ぐ倫理学は「実践的倫理学 ethica practica」というより、むしろ「静観的倫理学 ethica theoretica」ともいうべきものであった。スピノザに較べて、ライプニッツは現実の人間社会に深く関わっていたし、人間社会のモラルや人倫に関する発言もしている。スピノザに比し、余程実際的な立場にいたのだが、それでもライプニッツのいうモラル、正義……などの人間的諸問題は、要するに神の「善性 bonté」に還元されねば、他に帰着する所はなかったのである

一七〇〇年代、啓蒙の時代に「理性を持った動物」である人間を、「地上的存在」の水準で意味付けようとし始める。「理性を持った動物」と「地上的存在」とを、人間に共通の本質規定と理解するとき、初めて、神でも単なる動物でもない存在、固有の人間的存在の意識、ドイツ語を借りると「全き人間 der ganze Mensch」の意識が生まれてくるのである。かかる人間的意識の台頭とともに、否応なく、一六〇〇年代の倫理学は後退せざるをえなくなる。"homo ethicus"だけでなく"homo aestheticus"が端倪すべからざる意味を持ち始めたのである。

バウムガルテンにおいて、「倫理学」と並んで「感性論＝美学」が一書を草するに値する哲学的関心事になった

のは、さもあるべき成行きだったのである。啓蒙期の人、バウムガルテンにとって、一六〇〇年代の「倫理学」はまだ「人間の学」というより「神学的」だったのだろう。「人間の学」は「感性的存在 homo aestheticus」から始まって、「倫理的存在 homo ethicus」、「哲学的存在 homo philosophicus」へ進むべきである。いい換えれば、形而下の学である「感性論 aesthetica」から始まって、形而上の学である「理性論 logica」へ進むのである。但し、バウムガルテンは感性と理性とを「種別的に異なる」、とは考えてはいない。両者はいわば地続きであり、理性から見れば、感性は「理性類同物 analogon rationis」であった。されば「感性論 aesthetica」を、彼は「理性類同物の技術 ars analogi rationis」を論じるものとも考えていたのである。その意味では、バウムガルテンの《感性論 aesthetica》も、まだ「疑似的な理性 λόγος ψεῦδος」の学でしかなかったのである。感性は理性に類似する「下級認識能力」である。ついでに、バウムガルテンにとって「理性類同物の技術」の範例が「作詩術 ars poetica」であった。

美、下級認識能力の到達しうる最高の成果、それは「美」が理性的真理へ至る不可欠の通路だという点にある。美は人間的陶冶という目標にとって、なくてはならないものであった。そしてまた、その目標のためにそこに留まってはならないものであった。まさにそうであるからこそ、バウムガルテンは『感性論＝美学』の中で、倫理的な問題に中心的に関わることをしなかった。しかしむしろそこにこそ、『感性論』の啓蒙的意味があったのである。

理性論と倫理学の本質的な親近性、それは倫理学が「人間理性」の本質に適った行動の何であるか、而して「理性とは何か」を考量する学だからである。バウムガルテン、及び彼の師ヴォルフはまだ、カント程画然と、「理論理性」と「実践理性」の領域的区別をしていない。十七世紀的な理性観、神学的理性観を払拭できなかったのだろう。この時代遅れのゆえに、ヘーゲルからの“Populärphilosohie”の誹りを甘受しなければならなかった。

註

参考文献は次の通りである。

Spinoza, B.: *ethica ordine geometrico demonstrata*, 1677
Leibniz, G. W. F. von: *La monadelogie*, 1714
——; *Essais de théodicée*, 1700
Baumgarten, A. G.; *metaphysica*, 1739
——; *aesthetica*, 1750-58
Kant, I.: *Kritik der reinen Vernunft*, 1781(A), 1788(B)
——; *Kritik der Urteilasraft*, 1790
Bäumler. A.; *Das Irrationalenproblem*, 1923
Juchem. J. J.: Die *Entwicklung des Begriffs des Schönen bei Kant*, 1970
Solms; *disciplina aesthetica*, 1990

第三章　「図式と像」

はじめに

以下に考察されるのは、カントの思索の中にある「図式Schema」と「像Bild」の問題である。この問題は、カント美学を理解する上で、一つの決定的な鍵を提供してくれる。その理由は、概念的認識と趣味判断の位相を弁別せしめる指標がこの「図式」と「像」の中にあるということである。

カントの《批判哲学》は、周知のように、人間の現実の経験に定位する。その立場からして、思索がその展開の途上で常に立ち戻るのも、この現実の経験である。要するに批判哲学は、人間のする現実的経験の根拠付けなのである。我々人間は、一つの同じ対象を概念的に認識することもあれば、それを美しいと判定することもある。一つの同じ対象に一人の同じ人間が、である。この事実を可能ならしめる根拠を、カントはア・プリオリに人間に具わる諸能力に尋ねた。それら諸能力の働き方が違うゆえに、概念的認識が成立したり趣味判断がなされたりする。では、働き方が違うとはどういうことなのか。それが以下に記述されるのである。

図式と像の意味をカントに即して辿ってみると、この違いは自から明らかになってくる。というのも、カントは図式と像によって、有限なる人間存在の「超越 Transzendenz」、つまり自分及び自分以外の存在者との関わりを問題にしているからである。人間の現実の経験とは、一般的にいって、自分や自分以外の存在者との関わりのことである。したがって、認識も趣味判断も、この現実の経験の一位相である。カントは、経験を「綜合 Synthese」として捉え、人間による「綜合」の可能根拠を問うのである。「図式と像」の問題は、カントにおいて、このような文脈の中で取り扱われている。

ところで人間の超越を考察するとき、最初に着目されるべきは「直観 Anschauung」である。直観は、人間の超越がその第一次的意味で顕《あらわ》になる場である。カントが『純粋理性批判』の中で、“ästhetisch”という語を、もっぱら「直観的」という意味で用いると断っているのは、当然のことでもあった。カントの論述にしたがえば、超越とは次のような事態である。対象である存在者は直観に対して現象する、この現象は直観像として受容される、そしてこの像に何らかの規定が加えられる。像を規定するとき、図式機能が関与してくる。このように図式と像は、人間の本質、換言すれば有限性——時空的被規定性——を明らかにする所以のものである。「図式と像」という表題は、少し大胆にいい換えると、「思惟と直観」となる。概念的なものと直観的なものの有り様は、まさに『第一批判』と『第三批判』の中心的な主題の一つであった。

さて、我々の以下の考察はハイデッガーの精緻きわまりない「図式解釈」(*Kant*, S. 85–106ff.) に負っていることを、あらかじめ断っておく。ハイデッガーによると、カントが図式を論じた箇所——『純粋理性批判』B176–187ff.——は彼自身が認めているように、『純粋理性批判』の中で最も重要な部分の一つであるにも拘らず、また最も難解な部分でもある。我々が徒手で挑むには、荷が重すぎる。ハイデッガーはこういっている、「図式性の章は混乱などしてはおらず、比類のない程の深い見通しでもって構築されている。この章は人を惑わせるどころか、未曽有といってよい確かさで、人を純粋理性批判の核心へ導いていくのである」(*Kant. S. 106*)。

ついでながら、ハイデッガーのカント解釈に、とかくの批評のあることは周知の通りである。ハイデッガーの思索遂行のために、カントをいささか強引に自分の問題意識へ引き摺りこんで解釈しているのか、あるいは、ハイデッガーこそカントの立てた哲学的問題の正当な継承者であるのか。もちろん、性急な結論は避けられるべきである。ただどのような解釈も、解釈する哲学者の哲学的な問題意識から生まれることは、論を俟たない。ハイデッガーは『存在と時間』以来、一貫して《形而上学》の再興という視点からカント解釈を続けている。形而上学の再興、それは斯学の可能根拠を人間存在の基礎付けるという意味である。その立場から、《純粋悟性概念の演繹》の部分を、他のカント学者たちとは際立って相違する解釈を試みることになったのである。彼は「先験的構想力」を端的に「時間」と解釈するのだが、それは人間を「時間的存在」とするからである。

とまれハイデッガーのいう深い見通しと確かさとは、カントが徹頭徹尾、人間の有限性を思索の中心問題とし、この主題を「有限性」そのものに即して解明した、ということを指す。このことを次のように敷衍しても、間違ってはいないだろう。人間を分析する際、気紛れに人間を獣に擬したり、また神的なものに準《なぞら》えたりすると、途端に「図式」の意味が訳の分からないものになってしまう。つまり、読み手の側の任意の解釈から生じる読み手の側の当惑や混乱を、カントへ責任転嫁すべきではない、とハイデッガーはいいたいのである。

カントの標榜した「批判 Kritik」という方法、それを通じて人間の経験に、ちょうど数学や物理学がするように、厳密でアイデアルな構造を洞見せんとした彼の思索は、我々にカントを間違いなく読むという課題を負わせる。我々がハイデッガーに依拠するのは、ハイデッガーが一貫してカントの思索の後を辿り、カントの思索を自らの思索として担い続けたからである。

だが本章において、ハイデッガーの図式解釈の大部分、就中《なかんずく》、その中心である図式と時間の問題を割愛せざるをえなかった。この問題は本章の射程を踏み出してしまうからである。図式と時間の問題は、芸術経験と時間性の絡みで、別個に論じられる――本書、第五章参照――。それはともかく、本章はハイデッガーの図式解釈を伏線としつつも、記述はもっぱらカントの思索の内部に留まることになる。まず『純粋理性批判』における図式と像の意味を探り、そこで得られた成果を、『判断力批判』でカントがどのように継承して「趣味判断」を論じたかを見る、という順序になる。

1

人間は有限な存在である。もとより有限とは、肉体と精神を持たざるをえず、而《しこう》してプラトンがいうように、不死への「エロース ἔρως」を存在の動力としなければならぬ存在者の謂いである。有限なるがゆえに、人間の経験には二つの成分が不可欠となる、すなわち「感性 Sinnlichkeit」と「悟性 Verstand」、直観と思惟である。人間は直観によって対象と無媒介的に接触し、思惟によって直観を規定する。思惟は直観に依拠せざるをえないが、直観は思惟によって規定されねばならない。だが、直観と思惟とは元々、「別種の ungleichartig」ア・プリオリの能力である。互いに種別的に異なるものの間には、依拠とか規定などという関係は成立しえない。互いに異種的である二つの能力を繋ぎ合わせる第三のものが必要である。別種の能力を結合させることを、カントは「綜合 Synthese」と呼び、それを「構想力 Einbildungskraft」の機能に帰したのであった。これで分かるように、構想力は一方で「直観」と「同種的 gleichartig」であり、他方で「思惟」と同種的であるという、一種奇妙な両性具有的性格を持つ訳である。構想力のこの特徴は、「図式」という機能において、端的に窺われるのである。

人間の経験は、まず直観から始まる。この意味で、経験においては直観が「優先権 Priorität」を持つ。直観は、具体的には「感覚表象における多様なもの」だが、この多様なものは、文字通りの混沌とか無秩序としてある訳ではない。多様なものの統一、一つの纏まり、すなわち「不定のエイドス」、形として捉えられている。このエイドスは、対象の側からいうと、対象が提供する「眺め Aussehen」ということになる。このように直観の多様が一つのエイドスへ収斂するのは、構想力の「形像作用」のお陰である。感覚的所与が与えられると、それらの含む多様なものから、構想力によって対象が作られる。ここでいう構想力の形像機能は、ちょうど、凸レンズが光線を束ねて一つの像を結ばせるような具合だと考えればよいだろう。構想力は直観の多様を纏めるというかぎりで、直観に属している。しかしこの段階では、この像、エイドスは全く不定のままであるし、意味的にも「中性的 neutral」でしかない。この像に意味規定がなされ、何の像であるかを明瞭にしなければならない。

像の意味を規定するのは悟性である。悟性は意味規定のためのア・プリオリの形式として「カテゴリー Kategorie」を持っている。但し、カテゴリーはすぐさまこの像の意味規定をできる訳ではない。直観像とカテゴリーとは異種的である。そこで、両者を媒介するものがなくてはならない。このものは、やはり構想力を措いて他にない。構想力のこの媒介機能が「図式」である。構想力は、ア・プリオリに図式を産出するのである。

ところで、図式は一般的にいえば概念の「感性化 Versinnlichung」の機能であり、或る概念に適う形像化を指定するものである。しかし逆に、概念形成のために像をカテゴリーへ媒介するのも、図式の機能でなければならない。そうでないと、そもそもどうして概念が形成されるかが、全く分からないからである。

図式はこのように二重の仕方で、直観と思惟を結合する。したがって構想力は、形像という点では二つの機能を果たしている。一つは直観の多様を像、あるいはエイドスへもたらすという形像化であり、今一つは、或る概念に適合する直観像を産出するという形像化である。この二重の形像化が "Etwas-in-ein-Bild-bringen" という構想力の機能をいい当てている。構想力に関して、形像機能を構想力の感性的側面、図式機能を悟性的側面という風に区別できるかもしれない。しかしこの二つの機能は構想力の存在論的な構造そのものを体しているのだから、厳密にいって分離することはできないし、分けてみてもあまり意味はない。

ここで図式と像の根本的な区別について触れなければならない。図式も像も構想力のア・プリオリの機能による所産であり、しかもこの機能に関して厳密な区別が難しいにも拘らず、図式と像は決して一つのものではありえない。図式は当然或る種の普遍、「多様なものに妥当する一」を示唆するのに対し、像は多様なもののその都度の纏まりだからである。それを明らかにするには、カントにおいて、そもそも像がどのように論究されていたかを知る必要がある。ハイデッガーの説明（*Kant*, S. 88–96ff.）に倣いながら、それを見ることにする。

像とは、通常の意味では対象の「姿 Figur」ないしは「眺め Aussehen」のことであって、そこには三つのものが含まれている。対象の「直接的写像 Abbild」、「反復的模像 Nachbild」及び「先取り的期待像 Vorbild」である。これらの像はいずれにせよ、要するに何らかの仕方で直観可能な像である。そして加えるに、像という言葉は、およそ物の「見え方一般」という意味で使われることもある。例えば、赤ん坊の顔が大分人間らしくなってきた、などという場合がそれである。このような場合、像という一個の特殊の中に、或る種の普遍を望み見ている。

ハイデッガーによると、カントのいう像には次の三つのものが考えられるのである（*Kant*, S. 89）。

一、対象の直接的に直観可能としての像。

二、対象の間接的に直観可能としての像。

三、対象の見え方一般としての像。

一の意味の像は“Abbild”であって我々が対象を直観したときに、無媒介的に作られる像である。二の意味の像は“Nachbild”と“Vorbild”である。これらはサルトルが広い意味で一種の「イマージュ image」と呼んだものだが、記憶とか期待、すなわち我々が過去や未来を表象するときに作られる像だから、感性化された概念といえなくもない。三の意味の像だけが、少し様相を異にする。というよりも、厳密にはこれを像と呼ぶべきではないかもしれない。三の意味での像が意味するのは、対象が直観に対して「どのように」映るか、という"Wie"のみである（*Kant*. S. 90f.）。換言すれば、人間の経験において像が像でありうる範囲と条件だけなのである。かかる範囲と条件があって、初めて赤ん坊の顔を人間の顔として認めることができる。この意味での像は、差し当たり感性機能一般を指すが、この「見え方一般」は当然、多様な経験像の範囲に妥当する一、見え方の統一性のようなものを含意している。

もちろん、かかる「見え方一般」の地平は《純粋直観》である。しかし直観における像はまだ不定なのだから、直観だけでは、実は何も見ていないに等しい。蓋し、カントの有名な言葉が指摘している通り、概念を伴わなければ、直観は「盲目 blind」である。したがって見え方一般は、単なる直観に留まることはできず、それ自身、何程かの規定的側面を含んでいる。見え方一般という意味での像は、既に直観像と規定作用との結び付きを十分予想させるのである。こう考えてくると、構想力が直観の多様を一つの像へ纏めるとき、この纏めるという作用がカテゴリーの規定を帯びている、とさえいってよいだろう。

例えば、我々は視覚的に不明瞭なものを何度も見直す。見直すのは、構想力の纏めた像がカテゴリーによって明確に規定されえないからである。構想力は十全に形像機能を果たしているとはいえない。規定されえない像、而して不明瞭な眺めは、無意味であるか不気味であるかのいずれかである。いずれにしても、そのままにしておくわけにはいかないから、我々はよく見直さねばならないのである。見え方一般という意味での像はあらゆる経験的直観に先立つ、直観と思惟とのア・プリオリの結合、つまり図式機能の参与を推論させる。

だが図式と像は、決して一つではない。「構想力の綜合が旨とするのは……感性を規定する際の統一だけなのだから、図式と像は区別されねばならない」（*KdrV*, B179）、とカントはいう。カントのいうのは次のことである。構想力の綜合、すなわち直観と思惟を結合することにおいて、第一義的なのは、個々の直観と思惟とのその都度の綜合、つまり経験的綜合ではなく、直観一般と思惟一般との綜合、いわゆる「純粋綜合」である。それはカントの《批判哲学》からすれば、自明のことである。

純粋綜合の一般的な形式が、構想力の所産である「超越論的図式」である。ここで超越論的図式が司るのは、直観と思惟とのア・プリオリの結合手続き、もしくは結合の規則の指定である。像は、構想力のその都度個別的な表象であって、それは図式の指定の下での表象である。見え方一般の意味での「像」も、実は例外ではない。図式の指定があるからこそ、人間は個々の特殊像を像一般の射程へ収めることができる。見え方一般の意味での像は、まさに像そのものが常に図式の指定の下にあるということ、そのことを明らかにするのである。

図式は構想力が形像するとき、よしんば幾分か悟性の規定を帯びるとしても——そしてそのために、図式は悟性的側面を具えている——、自らが自らに課す規則だということになる。しかもそのゆえに、構想力は「産出的 produktiv」だ、と見なされるのである。

我々は、芸術制作にあって「天才」は自らで自らに創作の規則を課す（*KdU*, §46, 181ff.）、といったカントの言葉を思い出さずにはいられない。天才において、産出的構想力はきわめて謎めいた仕方で活動するが、図式機能として働く構想力もまた、そうである。図式機能そのものを分析したカントが、図式を「構想力が自ら綴り上げるモノグラムだ」（*KdrV*, B181）といい——"Monogramm"、ここでは感性と悟性との「組み合わせ文字」——、あるいは人間の魂の深奥部に秘匿された「技術 Kunst だ」（*KdrV*, B181）といったのも、もっともである。

2

さて人間の概念的認識においては、経験的直観像が図式を介して概念化される。経験的直観像という特殊が経験概念という普遍へ進級し抽象化されるのである。特殊を普遍へ、つまり像を規定し意味付けることを、カントは「包摂 Subsumtion」という。包摂の際、文字通り最初の経験において、図式がどれ程独創的かつ枢要な役割を果たしているか、到底想像することもできない。しかし人間の経験が成立し、さらにそれが発展していくのだから、図式は見事にこの難事を成就しているのである。それはさて措き、一度概念が成立すると、この概念は必要に応じて反復的に使用されるべく、人間の心意識の中にストックされる。或る像をこの概念に包摂するときには、構想力の図式機能も、「再生的 reproduktiv」な規則の指定で十分に用が足りるのである。

そして今度は、概念を感性化するという次の段階が問題となる。この場合には、包摂とは逆に、普遍が特殊へと下降する。例えば「或る与えられた三角形ＡＢＣの頂点Ａから底辺ＢＣへと垂線を……」といった幾何学の問題を解くとき、我々が紙の上に三角形を図示するような場合がそれである。この際、普遍が特殊へ下降するのだから、概念と像が完全に一致することなどありえない。普遍と特殊は、少なくとも量的関係を見ただけでも、その包括域が違うのである。この点に関して、ハイデッガーはいう、「……我々の前にあるものの視覚像 Anblick は……決してこのものの概念へは届かない。届かないとは、第一義的には、適切には表示できないということである。だがその意味は概念の適切な写像 Abbild がない、という風に理解されるべきではない」(*Kant*, S. 93)。像は概念に「届く erreichen」ことはないが、像を「表示する darstellen」することはできる。ただ概念の内包を、概念と対等の資格でそのまま像に移し替えることはできない、というだけのことである。

像と概念が種別的に異なる以上、それは止むをえない。感性化された概念たる像は、その都度、概念に妥当する「任意の多の中の一」として、概念の代理をする。個別的な像は、もちろん概念の普遍性を持ちはしないが、それにも拘らず、任意なものとして、多に妥当する一としての「任意性一般 Beliebigkeit」を手に入れ、こうして概念の十分な「代理物 Repräsentant」足りうるのである(*Kant*, S. 93)。ここに像が「見え方一般」という意味で、或る種の普遍を含意していたことを想起しなければならない。

概念の感性化とは、概念が自らを表示すること、すなわち構想力を促して、直観可能なものとして自らを「そこへ置くこと darstellen」である。我々は三角形という概念を与えられたとき、どのような三角形を図示しても構わない訳である。一個の像が普遍を代理する事例たりうるのは、概念の普遍を普遍ならしめている図式の規則に則って、この概念が感性化されたからに他ならない。

普遍は、なる程、特殊を凌駕している。しかし普遍が普遍でありうるのは、あらゆる特殊に通観せられるものとして、なのである。さもないと、我々人間は普遍を普遍として把握することすらできない。この原則、というよりも人間の存在論的構造を体して——蓋し、人間的認識は感性と悟性からなっている——、図式は特殊と普遍を媒介し綜合しなければならないのである。

翻って考えれば、特殊と普遍を綜合しなければならないということこそ、人間の有限性の表れである。無限なるものにとっては、このような区別などもとより無用のことである。無限なるものは、すべてを「永遠の相の下で sub specie aeterna」、而して普遍という眺めの下でしか見ないのである。カントにおいて、図式こそ有限な存在たる人間のする経験の内的な可能根拠であるが、それは図式が特殊と普遍、さらにいえば有限と無限の架橋機能だからでもある。

3

ところで『純粋理性批判』で論じられた人間的経験は概念的認識、端的にいえば、特殊を普遍の下へ包摂することと、普遍を十分な仕方で特殊化するという事態の内的な構造の分析であった。その際、直観像それ自体は「不定

unbestimmt」であり「中性的 neutral」であるに過ぎず、思惟の下に統一されて、初めて有意味だと見なされたのである。直観像そのものの存在理由が、積極的に主張されることはなかった。それは「認識能力」としての悟性が考察の中心に据えられ、しかも悟性を悟性たらしめている原理が「合法則性 Gesetzmäßigkeit」一般であることから、当然のことでもあった。

それに対して『判断力批判』の第一部においてカントが詳述する事態は、少し様子が違っている。ここではむしろ、直観像の特殊は特殊のゆえに、一つの積極的意味を持ちうることが、主張されているようでさえある。その事情は、結論を先取りしていえば、「判断力——悟性と構想力の協同活動——」が「反省的に reflektierend」使用されるとか、悟性と構想力の「図らざる調和的活動」、といった表現を用いて語られている通りである。

カントは『判断力批判』の要諦をなす心情能力を「快・不快の感情」とし、「趣味判断」の根拠を「感情」に索《もと》めながら、分析の際には感情そのものに詳しく立ち入ることはせず、却って趣味判断の構造を認識論的に捉えている。ちなみに、感情及びその内容の細かな位相については、むしろ『実践理性批判』の随所に述べられている。ともあれ、カントの認識論的アプローチは、彼が概念的認識を叙述したのと全く同様の遣り方である。この事実こそ、我々がカント美学を考察する手掛かりとして、図式と像の問題を取り上げた積極的な理由でもある。

趣味判断において、図式の機能はどうなっているのだろうか。『判断力批判』の中では、図式には全くといっていい程、言及されてはいない。僅かに《美的判断の弁証論》の箇所で、観念的なものを感性的に表示する仕方はたった二通りであって、「図式的 schematisch」か「象徴的 symbolisch」かのいずれかだ、という風に図式に触れられているばかりである（*KdU*, §59, 255）。しかしこの箇所は『判断力批判』の第一部を締め括る結びの部分である。「趣味」、「崇高」、「芸術創造」の分析では全く触れられていなかった図式が、第一部の結びで突如姿を現すのは頗《すこぶ》る暗示的のように思われる。

4

これから、趣味判断における図式の役割について、少し考えてみることにする。それによって、趣味判断を分析する際、カントは何故、殊更に図式に触れることをしなかったか、が明らかになってくるだろう。

ここでもう一度、概念的認識の基本的な構造を振り返ってみよう。感性が直観の多様を受容し、構想力が図式の指定に沿いつつ、表象の多様を一つの像に纏め上げる。悟性はカテゴリーによって、この像を意味規定するのであった。

それに対し趣味判断の場合、この同じ表象を「悟性を介して、認識のために客観へ関係させるのではなくて、構想力を介して……主観の快・不快の感情へ関係させるのである」(*KdU*, §1)。『判断力批判』の第一部第一章の冒頭のこの文章は、概念的認識と趣味判断の違いをこれ以上ないくらいに簡潔に述べている。

認識の場合は、対象の表象を悟性、すなわち思惟的規定を介して客観へ遡及せしめる。その意味は、像とカテゴリーの綜合として生じる概念が、主観超越的なもののいわば等価な代理物となるということである。構想力の纏め上げた直観像は、概念へと質的な変換を蒙る。こうして主観超越的なものの主観内在化、あるいは実在的なものの観念化が達成される。超越を内在へ、そして再び超越へというこの過程では、規定能力としての悟性が、形像能力としての構想力に対して優位を占めている。図式としての構想力は、規定に適う形像を自らに指示しているといってよいし、構想力はもっぱら悟性に奉仕するという意味で、「産出的」なのである。

しかし趣味判断の場合は、その同じ直観像が、構想力を介して、主観にのみ関係させられている。ここで「構想力を介して durch die Einbildungskraft」とは、構想力の形像作用を指すのだから、したがって、構想力の纏め上げた像が、主観には無媒介的に「快い」と感じられているのである。快いということで、主観の心意識はこの状態、つまり構想力が或る像を作り上げたということに、満足している訳である。直観像はカテゴリーの規定を受けなくても、それ自体で充足しているように見える。もちろん、趣味判断も超越から内在への過程である。だが概念的認識のように、超越的対象の内在的代理物が生じる訳ではなく、いってみれば、内在化の過程そのものが、主観には快感情として実感されるのである。思惟はこの過程にいささかも関与しないというのであろうか。

そうではない。カントは先の文章の中で、構想力の後ろにわざわざ括弧を付けて「恐らく悟性と結びついている vielleicht mit dem verstande verbunden」と付言している。この周到な但し書きの意味は深長である。この但し書きだけで、我々は趣味判断においても、図式機能が働いていることを十分に看取できる程である。

この但し書きは、美学的観点から見て、二つのことを教えてくれる。消極的には、趣味判断も判断力の働きだから、構想力の形像作用、つまり直観だけでは判断が成立しえないことをいっている。ちなみにこのことは、芸術創造において、天才が趣味によって翼を剪《き》られることも止むなし（*KdU.* §50. 203）、とするカントの見解と、根本的な所では一つである。積極的には、構想力の纏め上げた像が主観にとって「快い」となると、そのかぎりで、この像が全く「不定」であるとか「中性的」ではありえないことをいっている。不定のものや中性的なものは、主観にとって「どうでもよい gleichgültig」か「不気味 unheimlich」かであって、およそ快感情を惹起させるようなものではありえないだろう。趣味判断の場合も、直観像は何らかの規定を受けている、と考えざるをえない。そしてア・プリオリの規定能力は悟性以外にありえない。ここに、趣味判断における構想力と悟性に関係、いい換えれば直観と思惟を媒介する図式機能の有り様に、注目せざるをえないのである。

既述の通り、趣味判断における図式の機能を、カントは、それ自体を際立たせる形では全く論じていない。しかし論じていないということは、趣味判断の場合に図式が機能していないなどということでもなければ、また、認識の場合と別様に機能するのでもないということである。そうでなければ、当然、詳述されてしかるべきであるから。したがって論じていないのは、認識における図式機能から趣味判断におけるそれを十分推論できるし、しても構わないということであろう。

趣味判断にあっては、特殊は普遍へ包摂されない。それどころか、あたかもこの特殊がイニシアティヴを持つかのようであって、悟性をして自らが包摂されるべき普遍を渉猟せしめる、とさえ思わせる程なのである（*KdU*, §9）。趣味判断の場合、直観像は既存の概念によっては規定されないのである。だから悟性は、この直観像に適うものを、自分の持ち分に関してとことん洗い直し、つまり「反省 Reflexion」してみなければならない。趣味判断においては、或る表象を端緒として「……活動し始めた構想力と悟性は、いわば自由な遊動状態にある。何故なら、決して一定の概念がこの直観像を特殊な認識規則へと限定することがないのだから」（*KdU*, §9, 28f.）。

したがって趣味判断では、構想力と悟性はどちらがどちらに優位である訳でもない。両者は互いに、それぞれの本分を存分に発揮しあっているのである。

構想力は形像する。しかし悟性から別段の制約を受けてはいない。悟性は規定せんとするが、しかしその像には、カテゴリーが直接届かない。一つの像を挟んで構想力と悟性は一種に拮抗状態に陥り、自らの本分を主張して鎬《しのぎ》を削る。しかもこの拮抗の中で、両者の間に不思議な「一致 Übereinstimmung」が成立する。まさにカントが、認識能力相互の互いに「拘束されない活動 freies Spiel」、という所以である。

この状態での図式機能を考えてみると、図式としての構想力は自らのために形像の規則を指定し、こうして産出された像を、もっぱら悟性へ媒介するだけである。図式による媒介がなければ、そもそも、構想力と悟性との間に、拮抗―調和という関係が生まれはしない。趣味判断における図式の機能は、像を規定するための規則としてではなく、むしろ像を自立させる機能として働いているように見える。そのかぎりで、図式は悟性に奉仕的ではなく自らに、つまり構想力に奉仕的である。ここに判断力が反省的に働くときの自分自身への規則付け、カントが“Heautonomie”――自分のためだけの法則提示――と呼んだことが表れている。

二つの認識能力が互いに勝手気ままとも見えるような仕方で活動しているにも拘らず、この活動が心意識を鼓吹し、心意識の高揚として、主観には充実した快と感じられる。カントがいうように、快感情には必ず、或る目的の実現が結び付いている。したがって趣味判断の場合も、何らかの目的が実現されているはずである。だがあらかじめ目的が立てられていて、それが今実現されたという風にではない。趣味判断は知の欲求に適うものでも、実践的要求に適うものでもない。だからこの心意識の高揚感は、図らずも或る目的が達成された、意図しなかったのに自分の経験が拡大された、という喜びの意識でもあろうか。それはともかく、趣味判断の場合、或る目的があってあたかもその目的が達成されたかの如くであるから、カントはこの状態を「目的を伴わない合目的性 Zweckmäßigkeit ohne Zweck」という。この事態は「あたかもその如く」という主観的満足であるから、もっぱら「主観的合目的性」と呼ばねばならなかったのである。

さて概念的認識にせよ趣味判断にせよ、それらが人間の経験として成立している以上、認識能力の間に一種の調和が生まれていることは確かである。何にせよ、かかる調和に至って、人間はそのことが完了したと確信するのである。調和とは混沌としたものが或る安定に達した状態だからである。ただカントは「……認識能力の調和は、与えられた対象の差異に応じて、様々な度合 Proportion を持っている」(*KdU.* §21, 65) といっている。概念的認識のように悟性が主導権を発揮した調和もあるだろうし、趣味判断のように、悟性と構想力のギリギリの調和もある。いずれにせよ、かかる調和は「与えられた対象を認識するということ一般を顧慮してみると、心情諸力にとって好都合な zuträglich 調和である」(*KdU.* §21) とカントはいうが、ここで“zuträglich”とは、「具合がよい bekömmlich」、「上手くいっている glücklich gelingt」という意味だろう。

一般的にいって、或る与えられた表象に対して、人間は様々な態度を取ることができる。だが結局の所、多くの可能性から一つを選択しなければならない。一つの同じ対象に、同時に二つの態度を取ることはできない。これも、人間の有限性の表れである。今選択されたこの態度が、心情諸力にとっては、最も望ましく「好都合な」態度である。好都合ということで、もとより功利主義的な意味合いが仄めかされている訳ではない。人間は或る対象に関わる際、その時々に応じて対象に一番相応しい関わり方をする、というだけのことである。だから当然、その関わり方は主観にとっても客観にとっても、合目的々なのである。或る対象に対して概念的認識をするか趣味判断をするか、それを決定付ける動機が奈辺にあるかは知らない。それは主観的条件によるようにも思われるが、むしろ対象の方であるのかもしれない。その点は判然とはしないが、一個の同じ主観が概念的認識と趣味判断との間を遷移することは、しばしば、起こることである。

顕微鏡で鉱物の結晶を調べている学者は、図らずも結晶そのものの美しさに魅了されて、造化の妙に感嘆することがあるに違いない。また敢えて趣味判断に留まり続けようとすると、すなわち強いて見るために見ることに努めようとすると、それが苦痛になることもある。この場合、趣味判断と称して、その実、認識的態度へ移行してしまったのかもしれない。認識であれば、このような苦痛に耐えねばならぬこともあるのだから。

カントにおいては、人間が対象に様々な態度を取りうる根拠は、ア・プリオリの綜合に帰される。而して趣味判断も場合にも、綜合に係る図式の機能は自明の前提なのである。人間経験を可能にするア・プリオリの綜合の次第に関しては、既に『純粋理性批判』で完璧に解析されていたから、これまた綜合の事例である趣味判断の場合に、カントは図式機能に殊更に触れることの煩を避けたのである。

5

趣味判断も、『純粋理性批判』との脈絡の中で捉えてみると、一種の認識、つまり認識一般の中の特殊なケースと考えられないこともない。事実今日でも、バウムガルテンの使った「感性的認識 cognitio sensitiva」という、カントの内部から見ればどうしても自家撞着的としか思えないような言葉が、それなりの意味を主張して使用されることもあるくらいである。

しかしカントは趣味判断を認識判断から、すなわち前者の"ästhetisch"な判断を後者の"logisch"な判断から、きっぱりと区別している。それは趣味判断がたった一回かぎり意味を持つ判断、換言すれば、一個の対象に対して、その都度「一にして全」なる単称判断だからである。この判断にあっては、直観像という特殊が概念の普遍へ間違いなく適合したのかどうか分からない。判断が、それ自体で、閉じてしまっているのである。その上この判断の成果は、概念的認識におけるように、概念として心意識にストックされることがない。その都度、心意識の高揚として実感されるばかりである。したがって、客観的普遍妥当性を主張することもできないし、反復可能な有効性も持ちえない。たまたま、特殊が普遍と適合しただけのことかもしれないのである。

たまたまということになると、それはいわば「幸運 τύχη」によるが如くであって、適合したという経緯を——主観が快を感じている以上、適合したことは多分間違いないはずなのだが——検証する手立てさえないことになる。このように概念の普遍へ包摂されることもなく、したがってまた、それ自身の内に明瞭な仕方で分節可能な規則も証示しえないような判断は、決して論理的ではない。アリストテレスもいうように、「運 τύχη」による「生成」を、「ロゴス λόγος」は根本的な所ではどうすることもできない。ロゴス＝論理はその経緯を、せいぜい、「運によったἐκ τύχης」とでも認定する他はないのである。カントが、趣味判断を認識判断から峻別する所以である。

趣味判断を概念的認識から区別する目印の一つとして、カントが具体的に述べている訳ではないが、忘れてはならないことがある。それはこれまで折々触れてきたことだが、構想力の形像作用の所産、つまり像そのものの問題である。何度もいうように、趣味判断においては、この像が主観に無媒介的に「快」と感じられるのである。この像は、概念的認識の明晰さ判明さに徴《ちょう》してみれば、不明瞭という烙印を押されざるをえない。この像は普遍へ進級することはないし、趣味判断の前でも後でも、特殊であることに何の変わりもないのである。

ちなみに像一般に関していえば、我々は「物はこう見えている」という。しかし既述のように、こう見えているということが既に何らかの規定を帯びている訳であり、像のこの被規定性から、特殊と普遍を媒介する図式機能へ説き及んだのであった。だが趣味判断の場合は、少し趣を異にするようなのである。

もちろん、趣味判断の場合にも、像はこう見えている。ただ、次のように思われる。この場合、物は直観像が一般にこう見えているという、普遍の下での特殊的具体的なものとしてこう見えているのではなく、あくまでも、こう見えているという直観像そのものの権利を主張して憚らない、と。何故ならこの権利主張の根拠を、直観像は快感情として主観の心意識を高揚させたことに持っているからである。それゆえ、趣味判断においては、直観像がそれ自体で、何らかの意味や規定性を持っている、と見えた程だったのである。そして多分、この点に「感性的認識」といった言葉が妥当性のようなものを持つ、とされる理由も潜んでいるのであろう。

だがカントに即していえば、実情は、この意味や規定性を、しかも意味付けのために悟性が関与しているにも拘らず、当の悟性自身が「論理的に logisch」に捉えきれないということである。かかる事情は、規則に則って感覚を概念化したり、概念を感性化したりする図式機能からすれば、きわめて特異なケースといわざるをえない。カントといえども、この間の事情を認識論的にはそれ以上明瞭にすることはできず、対象の表象を「構想力を介して、主観の快・不快の感情へ関係させる」、という他はなかったのである。

しかし構想力の形像作用という側面にかぎっていえば、この場合、形像作用そのものがまさに面目躍如としている。つまり、形像作用の自立が保持されている、といってよいだろう。少なくとも、構想力は形像のために形像しているのであって、思惟のために形像しているのではないようだからである。

ここでももちろん、図式は認識諸能力を媒介しはするが、厳密な規則に則ってそうするのではない。否、正確にいえば、趣味判断は単称判断なのだから、たった一回かぎり有効な規則を設けてそうするのである。図式は特殊を普遍へ媒介するといわれるが、趣味判断では、特殊を普遍と出会わせるだけのように思われる。もっとも、そもそも図式機能が感性と悟性という互いに異種的な能力を結合統一させることだとすれば、却って趣味判断においてこそ、図式は十分に任務を全うしている。というのも、図式は異種的な能力を対等の仕方で出会わせつつ、しかも合目的々に結合させようとしているからである。まさにここで、構想力は形像と図式という二重の意味で自らの本分を尽くしているからである。

このように、趣味判断において構想力は二つの機能、つまり形像機能と綜合機能のいずれもが、それ固有の仕方で顕在化しているように思われる。構想力の二つの機能の内、どちらがより本質的なのかとか根源的なのか、といった問いはほとんど意味を持たない。何故なら、形像作用は綜合を顧慮しなければ意味がないし、逆に綜合は形像作用を場とせずには実現されないからである。

形像作用と綜合作用とは、一つの同じ事態の異なるアスペクトだといってよい。同じ事態とは他でもない、人間の有限性そのものである。詳しい説明は本書の第五章に譲るが、人間経験の時空的な被規定性である。

なる程、カントは「綜合」には二種類あって、それは「形像的な figürlich」な綜合と「知性的な intellektuell」綜合である、といっている。しかし知性的な綜合は、形像的綜合を基にして初めて可能になる。形像的綜合こそ、有限な存在としての人間に第一義的な綜合である。

“figürlich”という言葉に既に「像 Figur」が含意されているし、像とはまさしく人間が自己超越的なものから最初にそれについて手に入れる表象である。一方、知性的綜合、それによって人間の知的営為に格段の進歩が見込まれるとしても、有限な存在の理性的側面だけでする綜合である。『純粋理性批判』(B151-154ff.)において、カントはこれら二つの「綜合」を、“synthesis speciosa”と“synthesis intellectualis”に分け、後者を「構想力によるのではなく、悟性だけによる綜合」といっている。この綜合が形像的綜合——“speciosus”、この語は「見る spe-ciere」に由来する——という足場を離れて独り歩きを始めると、ひたすら観念的世界を揺曳するが如く、ときとして空虚な「思弁 speculatio」に陥るおそれなしとはしない。直観を伴わない概念は概念を伴わない直観と同じく、本質的に、人間のものとはいえないからである。

カントは、人間の経験にとって不可欠の能力は感性と悟性である、と繰り返し主張している。『純粋理性批判』では悟性機能(構想力を含む)の分析に力点が置かれ、『判断力批判』では感性(構想力を含む)の意味が際立ってくる人間経験に注目されたのである。ここでは、感性は自らの能力をその本質的意味を主張し、そもそも感性なしには人間の経験が成立しえないこと、換言すれば、直観の「優位 Priorität」が積極的に言表されている。

カントは“Ästhetik”という語を、その語源の意味で用いる、といっていたが、彼のこの考えは、『第一批判』でも『第三批判』でも、いささかも変化してはいない。“ästhetisch”とは、一貫して「直観的」の謂いである。そして“ästhetisch”なものの意味は、第一批判と第三批判に中で、図式と像の連関の中に保持され続けているのである。

6

ところでプラトンは、ヒッピアスとの対話の中で、ソクラテスに「美とは視覚と聴覚における快」、と語らせている。このような考え方、つまり「美」をいわゆる「上級感覚」に基づけようとする試みはヨーロッパの中では伝統的なものだから、多分カントも美を考えるとき、そのことを念頭に置いていただろう。彼が「快適 angenehm」と「美」を区別する基準は、そこに図式が関与しているかどうかである。もちろんその際、例えば《条件反射》のような生体的図式の類を考える必要はない。さればこそカントは、「快適は理性を持たない動物にも妥当するが、美は人間のみに妥当する」(*KdU*, §5)、といったのである。

図式は優れて人間的能力であり、上述のことから分かるように、認識論的にはそれは二つの位相を持ちうる。一方は概念的認識の位相、他方は趣味判断のそれである。

概念的認識とその感性化には、特殊—普遍—特殊という移行があり、この移行を主宰するものは、図式の指定する反復可能な規則である。趣味判断においては、特殊は普遍へ進級するとはいえないが、この特殊は何らかの普遍を暗示する特殊である。ここでも、図式は一回かぎり有効な規則を提出するものとして、参与している。しかもそのような規則があるからこそ、趣味判断は主観的ではあれ、普遍妥当性を持ち他の人々の「賛同 Beifall」を求めることさえできる、とカントは説明する(*KdU*, §8)。

このような二つの位相に跨がる図式機能に注意を払ったがゆえに、カントは観念的なものを感性的に表示する仕方、普遍を特殊化する仕方はたった二通りしかないといったのである。概念という普遍の特殊化は「図式的 schematisch」であり、趣味判断における特殊化は「象徴的 symbolisch」である。後者における特殊化は、そもそも特殊化されるべき普遍が確定されないのだから、文字通り象徴的でしかありえない。

「美 das Schöne」は、語源的には“schauenswert”、「見る価値がある」という意味を持つそうである。したがって、美は「見るために見るに値する」ということになる。とすれば、美は直観の充実そのものである。しかし直観の充実はきわめて主観的なものであろうし、悪くすると感覚的快に堕してそれと区別が付き難い。確かに、美も芸術も、そのような危うさを持っている。趣味判断が構想力と悟性とのギリギリの調和であり、カントが『判断力批判』（*KdU.* §49）で述べているように、構想力の不羈奔放さのゆえに、悟性の規定、制御が効かなくなる懸念さえあるからである。概念の普遍から見ると、趣味判断の普遍は、何とも不思議な普遍といわざるをえない。いみじくもカントのいうように「趣味判断は一つの概念に基づくが、その概念が不定なのである」（*KdU.* §57）。かかる普遍が感性化されたとしても、それはどこまで行っても「象徴的」であらざるをえないのである。

結び

『判断力批判』を問題にするとき、カントの《批判哲学》が全体としてどのようなものであるか、したがって体系的にどのような結構を有し、体系の要をなすものが何であるか、といった巨視的な視点を決して等閑に付せないことは論を俟たない。カント自身、「実践理性」の優位を認め、「美」を「道徳的善の象徴 das Symbol des sittlichen Guten」と捉えるに至っている。

またシラーが、人間の「遊戯衝動」と芸術の連関に目を向けて、美の一種仮象的な性格の中に人間の究極的な自由の成就を思い見たのは、周知の通りである。

しかしそのような大掛かりな観点は、本章の射程から外されざるをえなかった。本章の意図は、もっぱら認識論の立場から、概念的認識と趣味判断の異同を際立たせることにあったのである。それは『純粋理性批判』の「超越論的分析論」が『判断力批判』第一部の不可欠の前提をなしていることを、確認する作業でもあった。それらの部分は、人間の経験の根底に存する「綜合作用」の二つの位相に詳細な解析のメスを加えたものとして、車の両輪をなしているように思われる。小論は、有限な人間がする経験の可能根拠に留意しながら、「美的経験」に加えられた一つの反省でもあった。

しばしば、美的経験において人間は次のようなことを経験する、といわれることがある。美や芸術との出遭いの中で、人間はその有限性を超克し、あたかも無限と交会するかの如き体験をするのだ、と。これは一種の寓話であり、美学が語る“μῦθος”である。美的直観にプラトンの、というよりむしろプロティノスのいう意味での「テオーリア θεωρία」の類を索《もと》めることも、あながち無意味ではないだろう。しかし、美的体験にそのような意味を認めようとすること自体、一種のアレゴリーであり、而して人間の有限性の証左以外の何ものでもない。カントの思索は、まさにそのことを我々に教えてくれるのである。つまり「ミュートス μῦθος」、神話の類は神話の文脈の中でのみ意味を持つのである、と。

“μῦθος”を求め、“μῦθος”を語らねばならぬ、このことこそ、まさに人間の有限性の表れに他ならない。そうであるから、人間は「ロゴス」として語るべきことと「ミュートス」として語るべきこととを、厳しく区別しなければならないのである。さもないと、人間の有限性の自覚が中途半端でいい加減なものになってしまうだろう。ハイデッガーは人間の有限性を哲学的思索の根底に据えた。そしてカントの遂行した《批判》を、自分の思索の先駆的試み、と理解していたのである。

註

本章で参照された書物は以下のものである。
Kant, I.: *Kritik der reinen Vernunft* — KdrV
——: *Kritik der Urteilskraft* — KdU
これらの書物は philosophische Bibliothek Bd37a と Bd39a である。
Heidegger, M.: *Kant und das Problem der Metaphysik* — *Kant*, 1965（第三版）
元の論文——「図式と像」（『研究紀要』第三号、京都大学文学部美学美術史学編、一九八二年、九一—一一三頁）——では、引用箇所も含め、註は論文末尾に纏められていたが、稿を改めるに際して、地の文に直し、本文の中に入れた。したがって、元の論文に比して、本章には少し加筆訂正がある。

なおカントからの引用箇所の頁数は、『純粋理性批判』のB版、『判断力批判』の一七九九年版によっている。したがって『純粋理性批判』からの引用は（*KdrV*, B 頁数）、『判断力批判』からの引用は（*KdU*, §節番号，頁数）となっている。後者の場合、（*KdU*, §節番号）として頁数のない場合もある。本書の以下の章においても同じ。

第四章　カントにおける「崇高」の問題

はじめに

我々は別の所——本書第三章の「『図式と像』」——で、カントにおける認識判断、もしくは概念的認識と趣味判断の異同に関して、若干の考察を行った。その際、二つの判断の位相を弁別する基準を、構想力の「図式機能」の働き方の違いに索《もと》めたのである。そしてその考察の中では、「崇高 das Erhabene」の問題には、隻言《せきげん》たりとも触れられる機会がなかった。それはもっぱら認識諸力の働きを問題にするという立論の意図から、是非もないことであった。

カントは自らの崇高論に関して、自然の「合目的性 Zweckmäßigkeit」を「直観的に判定する ästhetische Beurteilung」という事態にあって、崇高の問題は「趣味判断の付録をなすに過ぎぬ」（*KdU*. §23, 78）、と断っている。かかる消極的な言辞にも拘らず、『判断力批判』の第一部を通覧するとき、崇高の分析論がきわめて重要な意味を有していることは、論を俟たない。

以下に、本書第三章の論述を踏まえつつ、換言すれば認識論の視点から、崇高の問題にいささかの考察を試みようと思う。したがって、以下の論述は「崇高」の感情状態を心理学的に吟味するものではない。偉大なものに触れて鳥肌立ったり、背筋に戦慄が走ったり、これは確かに我々の体験する所ではあるが、そういう生理学的な状態の人間的意味が考察されることもない。試みられるのは、崇高の感情状態における人間の「心情諸力 Gemütskraft」の内的構造の確認だけである。

崇高の事態にあっても、構想力の果たす役割は甚大である。それどころか、崇高の事態は、構想力に自らの能力の限界を知らしめるという点で、同じく対象の直観的判定でありながら、趣味判断とコントラストをなしてさえいる。崇高の事態においても、構想力は形像機能であり図式機能であるはずである。蓋《けだ》し、これらの機能こそ、構想力の存在論的構造そのものの具体化である。崇高の事態におけるそれらの機能はいかなるものであるのか。それを論じる前に、二、三の事柄を確認しておかねばならない。

カントの《崇高の分析論》には、自然の合目的性の直観的判定を場にするとはいえ、彼の哲学的体系への配慮が、少なくとも趣味論における以上に、色濃く滲み出ている。それは崇高の感情が認識能力に関する快（数学的崇高）であるばかりでなく、欲求能力にまで及ぶ快（力学的崇高）であることから、当然だともいえる。そのゆえに、崇高の分析論は、カントの「美は道徳的善の象徴である」という有名な結論の導き手、ともなりえたのである。否、それのみか、およそ崇高論を欠いては、カントの体系そのものが完結しえないのである。

それはともかく、趣味判断は自然の合目的性を形式的に直観する。それに対して崇高の事態は、件の合目的性を、まるで実質的に勝ち取るかのように見える。このことは例えば崇高の事態においても、人間が事とする自然はあくまでも現象としてのそれであることを十分に承知していながら、「現象としての自然そのものを、自然それ自体（理性が理念の中に持つ自然）の単なる表示 Darstellung と見なさねばならないことに気付く」（*KdU*, §29, 115）、という言葉にも窺われるように思われる。もちろん、カントの思想の文脈から考えて、「実質的」などという表現は全く正しくないのであるが。

自然の中に超感性的なものの実在を認めてそれを実質的に獲得する、などといえば、神秘主義的に自然との合一体験を説く、の類であろう。カントの《批判主義》は、そのような神秘思想とは完全に対蹠的な位置にある。

だが趣味判断と崇高の事態を比較するとき、自然の現象の仕方、人間に対する現れ方に、外見上、著しい差異があることも事実である。カントが「形式」と「無限界性」、"Form"と"Unbegrenztheit"と呼ぶように、自然は対照的な二つの相貌を見せる。これらの言葉は、いずれもアリストテレスに発している。《分析論》の際、カントはアリストテレス的な立場に立ち、プラトン的な内容は《弁証論》で扱うべきだ、と考えていたのである。

以下のいい回しが幾分擬人的になることを、お赦し戴きたい。というのも、いずれの場合においても、自然は人間に対して、詰まる所、一種の「恩寵 gratia」をもたらすとも見えるからである。ちなみに認識判断の場合には、論理的な認識を旨とするのだから、冷徹な自然観察が要求されている。擬人的な比喩が許されない程に、人間と自然との間には距離が保たれている。その意味で、人間と自然とは互いによそよそしいままである。

だが趣味判断の際には、自然は柔和で寛慈の表情を見せる。この表情を通して、自然はそれ自身の内に潜む合目的々な秩序といったものを瞥見させ、人間の心情の中にも同種の合目的性が具わっていることを、人間に知らしめる。自然の合目的性を、人間はもっぱら形式的に感得する。すなわち、外部と内部、別言すれば自然と認識能力との形式的な「一致符合 Übereinstimmung」として実感するのである。自然は外から、人間の内部で認識能力が活動し始めるように、と切掛けを与える。人間はその都度、自らの認識能力がこれ程までに合目的々で調和的に活動するものなのか、とそれらの能力の霊妙な技巧的ともいうべき働き振りに、自ら感嘆するといった具合である。このように、認識諸力に自由な「働き Spiel」を促すという意味で、自然はいわば「慈善 benevolentia」を施してくれる。

崇高の事態の場合には、自然は――「力学的崇高」の場合に一層顕著である――人間に峻厳で苛烈な表情を見せる。この表情を通して、自然は内に潜める合目的性を、差し当たって無秩序な「威力 Macht」として開顕する。だがそれだけではない。この威力に匹敵し、さらにはそれをさえ凌駕するような力を、自然は人間の内部に喚起するのである。

人間が一個の「自然存在 Naturwesen」として真っ向から立ち向かったのでは、自然の暴威に翻弄されて、存在さえ危うくなりかねない。月並みな表現を借りれば、人間はさながら風に舞い散る枯葉と化しかねないのである。これ程までに、自然は猛々しく迫る。このことこそ却って、人間に具わっている最高の能力、「理性 Vernunft」への自然の督励なのである。この能力に気付きつつ「理念 Idee」を発動することによって、人間は自然の外見上の無秩序の背後に隠された深遠な合目的々な秩序に思い至るのである。そして混沌をしも、一個の秩序として把握しうる自己自身の能力に驚嘆する。もし自然が手を緩めてくれれば、人間はかかる能力の動員にまで至ることなく、終わってしまうかもしれない。崇高の場合にも、自然は“benevolentia”を施してくれるのである。

二つの事態、「美」と「崇高」において、有体にいえば、自然は或る直観的な「眺め Aussehen」を提供しているに過ぎない。人間はこの眺望を端緒にして、形式的に、つまり自分の心情諸能力の合目的々活動を主観的な快として意識し、自然の合目的性との“Übereinstimmen”を実感するのである。ただ崇高の場合には、人間は自然の威力に対する己の「無力さ Ohnmacht」――自然の“Macht”に対する己の“Ohnmacht”――を、一度痛烈に思い知らされる。趣味判断の場合には起こりえなかったことが起こっている。

何故なら、第三章で述べた通り、趣味判断の場合、直観という人間の感性的側面が一貫して「優位性 Prior-ität」を保持し続け、しかもその優位性のゆえに、その判断は独自の価値を主張して憚らなかったからである。だが崇高の場合には、この側面は否定的消極的な位置しか与えられていない。だから崇高の感情は、美の感情のような直観の積極的な快たりえず、消極的な快でしかない、とカントもいうのである。まことに崇高の場合、人間は外部と内部、つまり自然と心情諸力の「符合 übereinstimmen」に、手痛い挫折感の後にようやく到達する。そこで、人間はこの符合を形式的な合致というよりも、自らの努力による実質的な成果だと感じたとしても、不思議ではないように思われる。こういう次第だから、崇高の事態は認識的領域を超出して、むしろ実践的価値さえ有するかのようなのである。

しかし対象の直観的判定において、この判定そのものが積極的な快たりえないような事態は、趣味判断の補足としかいえない、とカントは考えたのだろう。

1

さて、崇高の事態の場合も、もちろん、直観を契機とする。構想力は、直観においては、まず形像機能として働く。そのことに変わりはない。

認識判断の場合、構想力の結んだ像は、同じ構想力の図式機能を介して悟性へ媒介され、カテゴリーによって規定される。第三章で述べたように、認識のレヴェルでは、カテゴリーによって規定されえないような像は、どうでもよいか、あるいは不気味であるか―― gleichgültig oder unheimlich ――のいずれかである。前者であれば、認識しようともしていない対象、見ようともしていない対象が直観に映じているのである。後者であれば、認識しようとする当の対象が不分明なのである。しかしいずれの場合でも、構想力は何にせよ一つの像、つまり「境界付けられた形 Begrenztheit」としての像を結んでいる。不気味なのは、レンズのピントが合っていないときのように、像の輪郭が朧気《おぼろ》であり正体がはっきりしないからである。だから構想力は、よく見直して明瞭な像を結ぶようにと、と悟性から命令を受ける。通常の場合、このように構想力を促して、悟性は像の何たるかを規定することに成功する。

趣味判断は対象の形態、すなわち構想力による直観像が無媒介的に「快い」と感じられたときに、成立する。その際、例えば遠山全体が紅葉している場合のように、個々の対象の境界線が画然としていなくても構わない。色彩の微妙な綾がそれ自体で快ければ、それでよいのである。何故なら、色彩の濃淡が自と一種のフォルムを作り出しているからである。かかる眺望に面して、認識能力は、互いに合目的々に活動しているのである。その像の何たるかを、問うには及ばない。「何と美しい」と溜息の一つでも出れば、もうそれで十分なのである。「形」を捉えて出た溜息だから、これは「快適」の場合とは、外見上似ているようであっても、内実は全く違う。認識諸力は、認識判断とは幾分か異なった仕方で、たった一回かぎりの規則を設けて、合目的々に活動している。それに対して、「快適」は感覚器官だけで用が足りているからである。哲学用語でパラフレーズしておくと、快適は対象という「質量 materia」だけあればよい。対象の形式はまるで問題にならないのである。

とはいえ、認識判断も趣味判断も、「対象を静かに見る contemplatio」、という所に成立する。ただ前者の場合は「観察 Beobachtung」、後者の場合は「観照 Betrachtung」と呼び習わされるにはしても、である。「趣味」は落ち着いた静観状態における心情を前提する、とカントがいう所以である。

ところが崇高は、対象の表象によって人間に具わる「生の諸力が瞬時抑圧され、それに続いて直ちに迸《ほとばし》り出る、という感情から生まれる快」（*KdU*, §23, 75）なのである。趣味判断の場合、直観することがうっとりするよう至福、“beatitudo”であるのに比して、崇高の事態では直観それ自体は、ときとして苦痛でさえある。したがって、心情は「平静 Ruhe」であることはできず、激しく「動揺 Berührung」しさえする。カントがいうように、趣味判断では生の諸力、端的にいえば生きているという実感が活き活きと「促進 Beförderung」されるのに対し、崇高においては外部的な「抑圧 Hemmung」を内面的に跳ね返して、やっとこの実感に届くのである。だから心情諸力は、認識や趣味判断に較べて、想像もできないくらいの努力を強いられることになろう。譬えていえば、崇高の事態における心情能力の働きは、「済ませました es tut」でも「運がよかったのです es glückt」でもなくて、「遣り遂げました es gelingt」というのがぴったりするようである。

では、崇高の感情を惹起するような「眺め Aussehen」とはいかなるものであろうか。直観は必ずしもいつも境界を持った対象に向かう、とはかぎらない。澄んだ夜空を見上げるときのように、人間は視覚の生理的な機構からして、決して対象の全貌を一望の下に収めきれないこともある。また、時化《しけ》の日の海岸に逆巻いて打ちつける激しいうねりのように、一瞬たりとも同一の形態を保たない対象を直観することもある。このような対象を、人間は文字通りの意味で、「じっと静かに見る contemplari」、という訳にはいかない。肉体を移動させつつ全体を見ようとするか、激しい不安に戦《おののき》きながら見るかである。ちなみに“contemplatio”は「鳥占 auspex」——しかるべき所で飼っている鳥の動きを見て、吉凶を占うこと——に発している。吉凶が掛かるのだから、鳥の動きをじっと、小揺るぎもせずに見続けなければならない。鳥占のための“contemplari”が、美的観照に援用されたのである。

それはそれとして、かかる際にも、構想力は形像作用を果たしている。但し、その像は、到底、対象の纏まった全体像ではありえない。あくまでも対象の部分像でしかない。図式機能としての構想力は、この部分像を悟性へ媒介する。もし何度かの見直しで、対象の全体像が表象できる程の大きさや速さなら、その種の対象についても十分に認識は成立するだろう。その際、悟性は恐らく部分像を部分的に規定しつつ概念化し、反復的に直観を促してその都度の部分的概念を積算していくことだろう。そしてちょうどジクソー・パズルを完成するように、最終的には、全体の概念に至り着くものと思われる。この場合には、悟性には構想力との綜合であるところの「視覚的綜合

synthesis speciosa」と同時に、部分的な概念と概念を結合する悟性だけの「知性的な綜合 synthesis intellectualis」が必要である。

だが一様に続く広大な眺望の場合、そうはいかない。この場合も、図式機能は対象の部分像を悟性へ媒介する。しかしカテゴリーは、取り留めもない対象の部分像など、規定の仕様がない。そこで悟性は、構想力に確かな像を提供するように、と促さざるをえない。構想力は悟性の意を体してあらためて形像するのだが、その像は先刻のものとほとんど変わる所のない部分像でしかない。見直しを迫った悟性は再度似たような像を提示されて、やはり規定することはできず、またもう一度、見直しを命じる。この過程は、何度繰り返しても留まるところを知らないだろう。構想力は最後まで、全体像を提供できないのである。

片時たりとも同一の形態を保ちえないような眺望の場合にも、事情は似たようなものである。この場合には、構想力の結ぶ像は刻々違っている。図式機能としての構想力は、その都度違う像を、同一の対象の像として悟性へと媒介しなければならない。カテゴリーには、このように激しく変貌する得体の知れないものを、「全体として一つのもの」と規定する術はない。それらの像の間に「相互作用性 Wechselwirkung」や「因果性 Kausalität」を認めることが、悟性にはどうしてもできないからである。これで分かるように、およそ認識が成立するためには、対象は空間的に余り広大であっても、また時間的にその変化が余りに急であってもいけない。況《いわん》や、二つの要素が重なり合ったりすれば、全く手に負えない。

さらに、余りに微小な対象はまず形像さえ思うに任せないのだから、端《はな》から問題外である。そこで、微小な対象には軽蔑の念さえ生じるのだ、とカントもいうのである。これはアリストテレスが『詩学』で指摘したことにカントも倣っている訳だが、それだけ、この種の感覚は人間に通有的なのだろう。大きなものには劣等感を、小さなものには優越感を感じる、人間の常である。

認識可能な対象と趣味判断を可能にするそれとは、概ね直観的射程を等しくする。いずれの場合も、対象は構想力の形像において全体の輪郭が掴める程度のものであること、これが必要条件である。さればこそ、人間は対象に近づいたり離れたりしながら、全体を見ようとする訳である。

何度直観を繰り返しても断片的な像に終始するような対象は、認識判断にも趣味判断にも馴染まない。かかる対象は限界を持っていないのだから、形がないのである。いってみれば、「地 Grund」と「図 Figur」の区別も定かでなく、まるで世界の「即自存在 an-sich-Sein」そのものが迫ってくるかのようである。

「形」とは、対象の存在的状況の変移、即自存在から対自存在への移行という出来事の表れではなかろうか。ちなみに、ハイデッガーはこの出来事を指して、形を「地 Erde」と「世界 Welt」との間に生じる「亀裂 Riß」が作り出すものだ、と独特のいい回しで説明する。この亀裂、亀裂によって生じる境界線、境界線がなす「形」に即して、人間は個々の対象を対象として際立たせ、以て対象についての判定を始める。こう考えてくると、広大無辺な対象や急激に変化する対象は文字通り「形をなさない」ので、それらに関してそもそも判定すら覚束なく、したがって判断は不可能のように思われる。

もとより、その種の対象に対しても、構想力は全能力を発揮して対処している。悟性も、何とか規定しようと努める。だがどうしても二つの認識能力の間に一致点が見出せない。一致点がないということが、人間の心情を動揺させ、「不安 Unruhe」にする。形像—媒介という果てしなく、しかも充たされない努力の中で、構想力は疲労困憊、衰滅しかねなくなる。自分の能力を存分に発揮することが、そのまま、徒労に繋がっているからである。構想力にとって、深刻な事態とはこうである、すなわち対象の表象に明確な境界線を与えて、対象を一つの像へもたらすはずの構想力が、境界を持たない対象によって、却って自らの「限界 Grenz」、もしくは能力の境界域を知らされることになってしまったのである。皮肉といえば皮肉な結果である。だが、それが事実なのである。

構想力の限界はどこから来るのか。いうまでもなく、その存在論的構造から、換言すれば、一方で感性的あり同時に他方で悟性的であるという、その「両性具有的な amphibolisch」性格からである。"amphibolisch"、元々「両棲類のような」という意味だが、少し意訳した。直観としての構想力は、どんな場合でも存分に機能する。とにかく形像するのだという点では、感性的側面は十分にしたたかである。悟性によってその都度不首尾を確認させられるのは、むしろ図式機能の方かもしれない。その意味で、消耗するのは構想力の悟性的側面だ、ともいえる。だが元々、この二つの側面を分かつことはできない。構想力が両性具有的であるからこそ、感性と悟性という、互いに「異種的な ungleichartig」能力は両立することができ、機能することができるのである。

今、構想力は分裂の危機に瀕する。しかも、この危機は独り一能力の危機であるに留まらず、それはまさしく人間存在の内的分裂の危機でさえある。このような危機を察知すればこそ、人間は、直観的判定の次元で、形を持たない対象に「恐ろしい」、という感情を抱くのではなかろうか。輪郭の不明瞭な対象に対してさえ、人間は「不気味」と感じた。この不気味さは、対象をよく見直すことで、すなわち認識能力の範囲内で払拭されたのである。しかし、何度見直しても対象の全体を把握しきれないとき、人間はそのような対象を「恐ろしい furchtbar」と感じ、「尋常でない ungeheur」と感じるのである。ここに崇高の感情が兆す。

ところで、人間は「月並みな gewöhnlich」ものには、さして感興をそそられないものである。このことは、美の場合も崇高の場合も、恐らく変わることはない。美の感情と崇高の感情を区別する一つの目印は、一方の感情が「形を持てる尋常でなさ」、他方の感情が文字通り「没形式という尋常でなさ」によって喚起されるという点にある。形を持てる尋常でなさなどというと、形容矛盾のように響くかもしれない。しかしかかるものを産出する能力こそ、カントが「天才 Genie」と呼ぶ所以のものである。天才の所産がどれ程異様に見えようとも、それは比類のない形のしからしめる所なのである。したがって、人間の所産には、凡人のそれから天才のそれに至るまで、崇高の感情を生ぜしめるものはない。人間の所産は必ずや、何らかの目的の下に実現される訳だから、その目的が「形」となって結実しているのである。人間の活動は、広い意味で「形式賦与 Form-gebung」といってよい。

真の意味の無限界性や没形式性は、自然の中にしかない。カントは「崇高の感情は自然対象に即して誘発されるだけだ」（*KdU*. §27. 97）と考えている。カントの思想の文脈からして、当然のことである。無限界という意味での「尋常でなさ」は二つの位相となって現れる。「数学的崇高」の感情と「力学的崇高」の感情である。

2

数学的崇高から始めよう。カントによれば、数学的崇高は認識能力のみに関係する。崇高の判定――実際、それを判断といってよいのかどうか――も一種の「綜合判断」だとすれば、数学的崇高の場合に問題にしなければならないのは、認識に関する綜合、すなわち“synthesis speciosa”と“synthesis intellectualis”である。或る対象に対して、これらの綜合が成立しないとき、認識能力は自らの「無能力 Unvermögen」を知らざるをえない。そのような対象が崇高の感情の誘因となる。一様の広大な眺望はその種の対象の一例だろう。広大無辺とは、空間的な「量 Größe」としての尋常でなさである。数学的崇高は量の判定を巡って生じる感情なのである。

カントにおいて、外延量の純粋な形像の地平、つまりあらゆる感性的直観のア・プリオリの地平は空間であった。人間が対象の大小を空間的に規定しうるには、悟性が量的な規定のために、「単一性 Einheit」、「多数性 Vielheit」、「総体性 Totalität」というカテゴリーを持っているからである。そして直観された対象を量のカテゴリーへ媒介する純粋な図式は、「数 Zahl」である（*KdrV*. B182）。かくて人間は、対象の大小を量として規定し、それを数の多寡として表示する。

数は1+1=2、2+1=3……という風に、同種のものを順次加算することを含む表象である（*KdrV*, B182）。量の形像として、人間は数を碁石で数えることも花びらで数えることもできる。またときには、手近にある雑多なものを取り混ぜて数えることもできる。それは直観像としての「類 Art」の違いにも拘らず、類の差異を捨象して、数という観念の下で、それらを同種のものと理解しているからである。これで分かるように、数による量の規定は当然概念的認識に属するから、規定の成果を任意の形像で表示できなければならないのである。

そればかりではない。或る数量を「総体 Totalität」として一纏めに掴み取り、この総体を「単位 Einheit」にして、この単位を幾つも加算することもできる。人間の平均的な背丈を単位にして、建物や樹木の高さを知ることは、昔からやってきたことである。基本となる単位を一つの規則（相互作用性や因果性）に則って自由に変換すれば、どんな厖大な量でも表象できる。つまり或る程度以上に大きな量になると、どこかの所に基本単位を設定し、それをもっぱら知的に操作すればよいのである。悟性はかかる操作のための規則を設定することも、またかかる操作を遂行することもできる。事態をただ観念的・形式的に把捉していけばよいのだから、規則に適ってさえいれば、10の何十乗といった途方もない量に対しても、人間は別段「尋常ではない」とは感じない。悟性には、「知性的綜合 synthesis intellectualis」が可能である。ちなみに、指数法則や対数法則の如き便利な方法を駆使すれば、宇宙の大きさまでも、さほど苦もなく表示できるのである。基本単位として採用した数の乗数、つまり冪《べき》数を簡単な自然数に繰り替えてしまうからである。だからカントは、悟性による量の規定、すなわち「量の数学的判定にとって、確かに最大値は存在しない」（*KdU*, §26, 95）というのである。

ただ注意しておかねばならないことがある。10の何十乗といった巨大な量の表示は数字によってのみ可能だ、という点である。数字それ自体は、全く抽象的な一個の記号に過ぎない。数字は確かに量という観念の形像であるが、それが抽象的な記号だからこそ、観念の知的操作に似つかわしいものであることを忘れてはならない。数を操作し、その成果を数字で表示することを通じて、人間の具体的な量の表象が、抽象的な量の表象へと変わってしまっているのである。

人間の経験はまず直観で始まる。どんな厖大な量の表象であれ、一体、基本単位となるものは、或る具体的な直観量から取ってこなくてはならない。このことこそ、問題である。「或る量を直観的に構想力へ取り入れ……数による量判定の単位として使用できるためには、構想力による二つの操作が必要である」(*KdU*, §26, 87)、とカントはいう。数を「加算的に把捉していくこと――それを"apprehensio"という――」と、この把捉を「直観的に総括すること――それを"comprehensio aesthetica"という――」とである。

"apprehensio"の方は、別に問題はない。この操作は図式としての数そのものに適っており、無限に進行しうる。そもそも"apprehensio"はスコラ哲学の用語として、何らかの表象を意識へもたらすことを意味していた。問題なのは"comprehensio aesthetica"、すなわち"apprehensio"の無限の過程を、構想力がどこまで直観的に総括できるかである。

ここで「直観的に」、とは次のことである。すなわち、直観量を数に変換し、知的操作を施した結果としての数字を読み取ることではなく、その数字を直観量へ差し戻して、概念と直観とを「綜合する」ことである。量が大きくなると両者を数字で表示することと直観の次元で総括することとの間に、つまり"apprehensio"と"comprehensio aesthetica"との間に、否応なくズレのようなものが生じ始めるのである。

"apprehensio"はどんどん進むが、"comprehensio aesthetica"は「直ぐに最大値、量判定のための直観的量的な基本尺度に達してしまうのである」(*KdU*, §26, 87)。かくて、"comprehensio aesthetica"はその先の"apprehensio"には、歩調を合わせられなくなってしまう。牛を初めて見た蛙の子が牛の大きさを語るのを聞いた母蛙が、その大きさを体で表現しようとして遂に破裂するという、例のイソップの寓話のようなことが起こってしまうのである。

“comprehensio aesthetica”には、自から限界がある。この限界はまさに直観そのものの限界、構想力の形像作用の限界に関わってくる。既述の通り、視覚の生理学的な枠組みを超えるようなものを、構想力は決して「閉じたもの Geschlossenes」として形像することはできない。直観的に纏めようもない量に対しては、“comprehensio aesthetica”は不可能だから、「数の直観的判定には、もちろん、最大値がある」(*KdU*, §26, 87)、とカントはいう。

先に、一様の広大な対象については認識が成立しない、といった。その種の対象に関して、「これは何々である」と規定することができなかったからである。しかしそのものの数学的判定なら、換言すれば量としての大きさなら、悟性は規定できる。悟性はそのためのカテゴリーを持っているし、カテゴリーの知的操作だけで十分だからである。これは何々である、という認識が成立しなかったのは、“synthesis speciosa”がうまくいかなかったからである。同じ対象に対して概念的認識は成立しないが数学的判定——これも概念的認識に属するとはいえ——は成立する。この奇妙な事情は、“synthesis speciosa”と“synthesis intellectualis”、つまり構想力と悟性の能力に起因しているに違いない。

構想力は“apprehensio”として、部分的になら幾ら大きな量でも形像できる。だが致命的なことは、この操作の全体を、完結した量としては形像できないという点である。いってみれば悟性の貪欲さ、“synthesis intelleutualis”を通じて量に寄せる好奇心の旺盛さは、測り知れない程である。或る程度の大きさになれば、直ぐ様、それを最小単位に格下げすればそれでよいのだから。

しかし直観力としての構想力には、もとよりそんな特技は具わってはいない。地道に、逐次部分像を産出していく他はない。或る巨大な数を表象するとき、構想力は“apprehensio”によって自分に「無限進行 progressus ad infinitum」の作業を課している訳である。倦むことなく、どれだけ真摯に自己の務めを果たしても、それで終わることはない。そしてそのとき、同じ構想力の内部で、“apprehensio”と“comprehensio aesthetica”との間に乖離が始まるのである。このとき、構想力は、自分の旨とする「綜合」は“synthesis speciosa”であって“synthesis intellectualis”ではないことを知らされる。

カントが、量の直観的判定にはもちろん最大値がある、といったのはこのことである。「もちろん allerdings」とは、構想力の存在論的構造からして、最大値がなければならないからである。そうでないと、構想力は分裂してしまう。一方、量の数学的判定に最大値がないのは当然である。最大値を不可避とする要因が、悟性には全く見当たらないのである。こうして巨大な量の表象において、構想力は自己の能力の限界、つまりどこまでなら自己を拡張できるか、という限界を知らされるのである。構想力がこの限界を超えようとすることは、認識の場における人間の破綻を意味するだろう。

したがって、人間に具わる最高の能力たる理性は、この事態を拱手傍観することはできない。悟性のいかなる表象を以てしても、到底、届きようもない量、すなわち「無限 Das Unendliche」を提示して、悟性の専横を戒め、以て構想力の窮状を救うのである。

悟性は規定能力である。そのかぎりで、或るものを完結したもの、「形あるもの」として意味づけるのが悟性の職分である。量の表象において、悟性は直観的には「無限」と見えるものまで、単位を設定して「有限」の中へと摂入してきた。すべての量を、比較可能という次元へ引き降ろしてきたのである。しかし今、理性の提示したものには、どれ程単位を引き上げて迫っても遥かに及ばないのである。今度は悟性が“synthsis intellectualis”の際限のない反復に、疲弊せざるをえなくなる。無限を提示されて、悟性もまた、自らの能力の拡張の限界を知らされる。無限量とは、端的にいって、形容矛盾する概念である。「無限」は、いかなる規定を以てしても規定しえない概念なのだから。「合法則性 Gesetzmäßigkeit」、ゆえに「無矛盾性」を本質とする悟性にとって、それ自体で矛盾するような概念には、なす術を知らないのである。

次に、力学的崇高である。急激に変化する眺望を、悟性は規定できなかった。構想力によって次々に提供される不断に様変わりをする像に、悟性は辟易するばかりである。そのような像を前にして、悟性はカテゴリーが有効に機能していないという不運を嘆かざるをえない。

ところでこの種の対象は、激甚の変化を可能にする力を秘めているものとして、直観的には「威力 Macht」と映る。しかも像そのものが、あたかも対象の威力がその像に宿ったかの如くに、一種の汎神論的な力となって人間の心情を圧迫するのである。この圧力が「暴威 Gewalt」となって直接人間の生存を脅かさず、そのような心配のないときには、その種の対象は力学的に崇高だ、と感じられる（*KdU*, §28, 102f.）。したがって、崇高と感じられるためには、その種の対象に対して、人間には、「自分が安全であることが保障されていなければならない」訳だし、安全でありさえすれば、自然の眺望は、恐ろしければそれだけ、一層我々を惹きつけるのである（*KdU*, §28, 105f.）。実際、怖いもの見たさとはよくいったものである。

だがカントもいうように、実際に安全な場所にいるかどうかは、崇高の感情にとって、必ずしも決定的ではない。むしろ肝心なのは、眺望が人間を直観的に怯《ひる》ませてしまわないことである。どんなに安全な場所にいても、眺望の威圧力に耐えることができないと感じ始めると、もう、直観できなくなってしまう。もっとも、「怯まない」といっても、「アパテイア ἀπαθεία」とは全く別のことである。この種の人間、アパテイアの人ならどんな眺望であっても何の感興も催さないのだから、もとより、美とも崇高とも全く無縁である（*KdU*, §29, 122）。

それはさて措き、怖いもの見たさといっても、自から限界がある。直観像自体が恐ろしいのだから、この限界は感性的能力の耐久力の限界である。力学的崇高の感情を誘発する対象は、直観に加わる圧力の「尋常のなさ」ということになる。人間は今、この威圧力に押し潰されそうになっている。直観力は対象の威力に身も竦《すく》んでいる。また悟性にも、この事態に立ち向かう手立てがない。そうなると、この窮状を打開しうるものは超感性的—実践的な能力、理性だけだろう。

人間を蹂躙するような威力は、強ければ強い程、却って人間には超感性的な力を覚醒させる。すなわち、「心的な力を尋常の尺度を超える程に興奮させ、全く別種の抵抗力を我々の内に顕ならしめる。この能力のゆえに、自然の外見的な暴力威力にも対抗できるようになるのである」（*KdU.* §28, 104）。普段は眠っているが如きこの抵抗力が、感性的（生命的）な危機に直面して、実践的（超感性的）な意志、生存への「自己維持 Selbsterhaltung」の意志といったものとして、人間の内奥から発動してくる。この意志が、外面的—感性的な自然の威力に対し、それを凌駕する力となって顕在化する。人間の内部に一種の自然、それに比較すると外なる「自然における一切のものがすべて小である」（*KdU.* §28, 105）、そのような自然、つまり「理念」としての自然が湧出してくる。超感性的な能力は理性を措いて他にないのだから、力学的崇高の場合にも理性が介入し、外なる自然の実在的な力に対して、内なる理念的な力で応えるのである。

3

理念としての自然に較べれば、外なる自然は、量的（数学的）にも質的（力学的）にも、小である。理念としての自然は、前者の場合、量的に無限、後者においては質的なそれ、つまり抵抗力としての無限である。何故なら力学的崇高の場合、外なる自然は心情を圧迫する力の「実在性 Realität」と実感されているからである。そしてこの実在の威力も、内なる力の抵抗力に比せば「かぎりがある Limitation」と感じられたとき、初めて人間は、外からの威力に勝る内部に力の絶大さに、快哉を叫ぶことができるのである。数学的にせよ力学的にせよ、崇高の感情は、外なる自然に対する内なる理性の優位を実感すること、そのことに変わりはない。

いずれの場合にしても、もとより理性は“deus ex machina”、「ギリシャ悲劇」において、エピソードを入れ過ぎて筋が錯綜してしまい二進も三進も行かなくなったときに、いってみれば御都合主義的に登場して強引に問題を解決してしまう、例の、ゴンドラで天下ってくる神様――機械仕掛けの神――の類ではない。理性にそのような、まるで奇蹟ででもあるかのような登場の仕方を容認しては、カントの批判主義という厳格な思索的方法が、内側から崩壊してしまう。

カントが常に繰り返しているように、人間の経験は直観から始まる。だが或る種の対象に対して、「……それを直観するために我々の経験的表象能力を拡大するとき、絶対的総体性という（感性的なものからの）独立の能力として、理性がどうしても参加せざるをえない」（*KdU*, §29, 115f.）。というのも、「直観の供給する材料を処理して思惟の統一へもたらすものとして、理性より高いものは我々の内には見当たらない」（*KdrV*, B355）からである。蓋し、理性は「原理の能力」である。崇高の事態において、この事態も綜合的な経験の一様相なのだから、理性が介入せざるをえない所以である。

この経験の際には、直観的次元において構想力が分裂の危機に曝され、判断力の成員としてまともな役割を果たせそうにもなかったのである。理性は、人間のこの危機を「まさに危機である」と洞見してそれを解消する。このゆえに、理性は人間の存在の根底にある最高の能力である。

数学的崇高の場合には、理性は量としての無限という理念を提示して、認識諸力の軋轢から生じる人間存亡の危機を収束する。それが可能なのは「……理性が或る種の概念及び原則の源を自らの内に持っていて、それらを感官からも悟性からも借りてこなくてもよい」（*KdrV*, B355）からである。力学的崇高の場合には、無限の抵抗力という実践的な力を人間の内部に喚起することで、感性的な生命が蹂躙されかねないばかりの危機から、人間を救出する。それが可能なのは、理性が、感性的にせよ知性的にせよ、どのような「制約状態 Bedingtheit」にあっても屈服せず、「無拘束状態 Unbedingtheit」という意味での「自由 Freiheit」を、そして自らの立法による拘束だけを標榜して止まぬ実践的な無上の意志でもあるからである。

崇高は、直観と人間の最高の能力とが綜合されるときに生じる感情であり、そういってよいなら、これも綜合的な「判断」である。およそ、別種の能力を結合するものは、構想力の図式機能以外にはありえない。では崇高の「判断」において、図式機能はどのように働くのであろうか。別段、概念的認識や趣味判断と異なるとは思われない。崇高の感情は、外なる自然もスケールの点では内なる理念としての自然に及びもつかぬ、という人間の優越の感情であった。とすれば、直観と理性は、この「自然」という契機で結合されているのである。そこでカントは「構想力は、自然を理念のための図式として取り扱う」(*KdU.* §29, 110) というのである。構想力は直観と理性とを媒介する図式を産出しているかのようである。ただ注意しておくべきは、この場合、理性は、あくまでも悟性を管轄下に置く上位の能力として――いうなれば悟性的理性として――、直観との綜合に参加しているかのようである。だから「崇高」が一種の「判断」と見なされた。

こう考えると、数学的崇高は構想力が理論理性、すなわち認識のための「原理の能力」の能力と結合して成立する一種の「綜合判断」と認められる。力学的崇高は構想力が実践理性、自由な生への意志と結合して成立する一種の「綜合判断」と認められる。前者であれば、数として表象される自然、後者であれば、力として表象される自然が、「図式」として必要なのである。しかし厳密には、「判断」というのは正しくない。判断のように冷静なものではなく、崇高は心の高ぶりなのである。

しかし超感性的な理念としての自然は、決して構想力によって表示されることはない。したがって正確に見れば、直観像としての自然は、決して理念とは合致しない訳である。だが合致しないということこそ、却って構想力と理性にとって合目的々なのである。だからこそ人間は、内部の外部に対する優越性を、いやが上にも誇らしく感じることができるのである。もし合致するとすれば、構想力が最高の能力を僭称することにもなりかねないだろう。そしてもし合致するなら構想力の水準で片が付く訳だから、そもそも崇高の感情が兆すこともないのである。合致しないからこそ、直観の限界のゆえに遭遇した危機を、構想力はその本質上手の届かない所まで手を伸ばして、脱け出そうとする。

この精一杯の努力に、理性は手を差し伸べることで報いるのである。人間はときとして「感性を見捨てて、より高次の合目的性を含む理念に専心するように、と促される」（*KdU*, §23, 77）とカントはいう。崇高の事態も、そのようなものなのだろう。だがより正確にいえば、感性を見捨てるのではない。そもそも人間にそんなことのできる道理がない。感性の働き、それは人間の生そのものの表れだからである。だからこうだろう、自らの能力の限界にまで自己を拡大せんとする直観の健気な努力を汲んで、理性がそれに応答したのである。かくて両者の間にギリギリの調和が生まれ、生の実感が高まったのである。カントが、崇高の「感情」を趣味判断に対比させて、「構想力は遊んでいるのではなく、厳粛に仕事に取り組んでいるかのようだ」（*KdU*, §23, 75）、という所以であった。そのゆえに、我々は構想力の仕事振りを、“es gelingt”と評したいのである。決して“es glückt”ではなかった。

結び

数学的崇高と力学的崇高を全体として眺めると、以下のようなことに気が付く。

数学的崇高の場合、直観量を数に変換し、その数を順次合法則的に加算するという時間的な操作の際限のなさのゆえに、構想力は自らの能力の拡張の限界を知ったのである。というのも、人間はカテゴリーという無時間的なものを、直観という時間的なもので充実しなければならないからである。時間は、あらゆる感性的直観の根本的な枠組みであった。ここで、カントが「図式は、規則に従うア・プリオリの時間規定である」（*KdrV*, B184f.）といっていることに留意しなければならない。図式と時間の関係の詳しい検討は章を改めてなされねばならないが、とまれ量の図式とは、「時間系列 Zeitreihe」（*KdrV*, B184）である。数を“apprehensio”として加算していく操作、つまり数系列の時間規定にはかぎりはない。このことが“comprehensio aesthetica”、つまり直観的なものでカテゴリーを充実することとの間に、不一致を来したのである。ここで起こっていることは、「内感 inner Sinn」の統一の果てしなさである。人間は、転がり落ちた岩を山上へ運び上げるシジュフォスのように、同じ作業を繰り返さねばならない。そこで理性は「無限の量」という量でない量、文字通りの意味で「時間系列」を超絶したもの、時間的な規定が全く意味を持ちえないようなものを提示して、認識能力の間の不一致を調停したのである。

力学的崇高の対象は元々時間的に無秩序なのだから、時間系列として、規定するべくもない。その種の対象は、もっぱら直観のたびの感覚的な強度、威圧力と感じられている。質の図式は「時間内容 Zeitinhalt」（*KdrV*, B184）である。かかる対象は、人間を外から圧迫するような時間内容、時間的存在である人間の生存を脅かす威力として、「内感の統一」さえ覚束なくする。そこで理性は、「無限の力」という絶対的な内容を喚起して、人間に生気を蘇らせたのである。

いずれの場合にも、表面に出てはこないが、時間が問題になっている。崇高の「判断」が構想力の限界に関わってくる事態なのは、まさしく対象を時間的に規定することの限界に触れてくるからである。而して、時間規定としての図式は、超時間的な理念と直観とを結合することで、形式的に窮地を脱するのである。そして形式的に超克できたことを、人間はあたかも実質的に克服したかのように誇らしく、しかしいささかの疲労感とともに実感するのである。こう考えると、崇高の事態は、有限な存在である人間が無限に触れるときの、戦慄するような経験だといえそうである。

註

本章で参照された書物は次のものである。引用はすべて論文中に収めた。左に略記したように、引用箇所を示してある。

Kant, I.: *Kritik der reinen Vernunft* — *KdrV*

——: *Kritik der Urteilskraft* — *KdU*

これらの書物は philosophische Bibliothek, Bd37a, 39a である。

本章の初出——総合研究A「芸術における様式と構造」（代表者・吉岡健二郎）研究成果報告書、一九八三年、九一—一〇五頁——のとき、註は一纏めに別記されていた。本章では文中に入れたために、初出稿に較べて、加筆訂正、付記と文章の分量が増えている。

第五章　美的経験と時間

――趣味判断の時間論的考察――

はじめに

人間は有限な存在である。時間的に見て始めと終わりがあり、人間のする様々な経験はすべて時間によって定められざるをえないということ、このことに異を唱えることは誰にもできないだろう。それゆえ、この存在論的な被決定性が常に人間を悩ませ続けて止まないのである。

ところで多くの美学者たちは、美や芸術の体験の独自的意味を考察する際、その独特の時間体験の意義や様相を解こうとする。その試みが我々に意味深く感じられるのも、今いったように存在論的な背景があるからだと思われる。例えばW・パーペートは論文「芸術の没時間性について Von der Zeitlosigkeit der Kunst」（一九五一）の中で、自説を展開するための布石として、美学者たちの見解を紹介している。彼の紹介から知られることは、美や芸術との出遭いを通じて、人間は日常生活の中ではほとんど巡り合うことのない不思議な時間を体験する、といった考え方である。そしてその時間の内容に関しては、幾分ロマンティックに響くけれども、人間は自己の有限性から脱出して、あたかも無限のものに邂逅するが如くであるとか、或る得難い瞬間のうちに永遠を瞥見するが如くである、と語られたりしている。どうやら美的経験には、「エクスタシス ἔκστασις」が特有のことだ、といわれているようなのである。エクスタシスにおいて、人間は通常の自分がいるべき場所から離れた所にいる、つまり「脱自状態」にあるという訳である。

エクスタシスの淵源を探れば、古代ギリシャの詩人たちが詩を語るときの、あの「恍惚状態 ecstacy」だろう。神々に語らされている、あるいは、人間の分際で、たまさか詩人は神々と存在の水準を共有し合う、このようないささか神話的な考え方を顰《ひそみ》に、美学者たちは美的経験の謎を解明しようとしてきた。しかし神話的な比喩はもとより譬え話でしかなく、筋の通った論証とはいえないだろう。“ἔκστασις”の“ἔκστασις”たる理由を、一体どこに索《もと》め、どのように論証したらよいのであろうか。それこそ、美学者たちが頭を捻る所以のものである。総じて、彼らは哲学の徒である。論理の人であって神話の人ではないからである。

だが有体にいって、美的経験における恍惚やそこで体験する時間の位相、それについては、どのように論理化してみても、恐らく的確ということはあるまい。美的経験の本質は、文字通り言語を絶するものであろう。何故なら、この経験について語るためには、否応なく経験を離れた所から経験を眺めざるをえないからである。美的経験には、それが一種の「テュケー τύχη」であるとか「運が良かったのです es glückt」といったいい方、要するに、「運」のようなものが絡んでいる、というのが相応しいらしい。それ以上の巧みな表現は容易に見出し難い。美学者たちの見解に尋ねても、それは明らかである。

さればこそ、そもそもカントが、認識経験と対比的に美的経験の構造や意味を分析するに際し、《目的を伴わない合目的性 Zweckmäßigkeit ohne Zweck》、《関心を伴わない満足 Wohlgefallen ohne Interesse》といった風に、ネガティヴないい回ししかしなかったのであろう。彼は、美的経験の内実を積極的な言葉で語ってみても、それがどこまで行っても比喩の域を超えられないことを知っていたのだと思われる。

以下に、美的経験と時間について若干の考察を試みる。もちろん、その成果に大それた期待を抱いている訳ではない。本章の意図は、美学的時間論が、それも優れたものであればそれだけ一層、比喩的ない回しで満足せざるをえないのは何故なのか、その理由をカントに遡って尋ねてみようというだけのことである。カントの「趣味判断 Geschmacksurteil」の分析へ向かわねばならない。しかも趣味判断の時間論的反省となると、当然、カントの時間論をより所としなければならないだろう。

カントの時間論に関しては、ハイデッガーが一つの徹底した解釈を提出してくれている。以下の論述は、ハイデッガーのカント解釈に基本的な視点を負っている。ハイデッガーがカントの《批判哲学》を形而上学の基礎付けと見なして、存在論的な解釈を企てたことは周知のことである。この企てを、彼は『存在と時間』で「伝統的な形而上学の破壊と新たな基礎付け」と呼んだ。ハイデッガーの問題意識に比して、当然のことだが、我々の関心はささやかなものである。ハイデッガーのカント解釈に則りつつ、『判断力批判』の第一部の意味を質してみたいのである。その連関から、本章が本書所収の二つの考察——第三章「『図式と像』」及び第四章「カントにおける『崇高』の問題」——を下敷きにしていることも、ここに付言しておく。

1

さて、カントによれば「図式はア・プリオリの時間規定である」(*KdrV*, B184)。趣味判断を時間の視点から眺めるには、図式の時間規定を土台にして、認識判断と趣味判断の異同を確かめるという手順を踏むのが、カントに忠実な遣り方だろう。

図式は「綜合 Synthese」の機能、直観と思惟という互いに異種的な能力を、媒介結合する機能である。図式の果たすア・プリオリの綜合となると、「純粋綜合」、純粋直観と純粋思惟との綜合でなければならない。ここでいう「純粋綜合」は、徹頭徹尾、主観内的な過程であるから、純粋直観に関しては、時間だけを問題にすればよい。蓋し「外感 äußer Sinn」を総括するものは「内感 inner Sinn」である。繰り返すと、空間は時間によって総括される（*Kant*, S. 10; *KdrV*, B50）。

直観が関係する以上、純粋綜合においても、何らかの「像 Bild」が必要である。加うるにこの場合、像も純粋でなければならない。像というと、通常は感性的な直観像を思い浮かべがちだが、純粋な状態では、直観は感性的に何を表象している訳でもない。構想力は具体的に何を形像している訳でもない。純粋な像とは何か。カントは「感官一般の純粋な像は……時間である」（*KdrV*, B182）と答えている。また彼によると、カテゴリー、純粋悟性概念は「ただ、悟性にのみ起原を有するかぎりで、それは純粋概念である」（*KdrV*, B377）。かくして、純粋綜合を問題にするとき、カテゴリーの形像化が可能であるか否か、このことが重要な点となる。

だが厄介なことに、カントは「カテゴリーの図式は全くいかなる像へももたらされることはない」（*KdrV*, B181）といっているのである。彼の言葉を字義通りに受け取ると、カテゴリーの形像化は最初から不可能だ、ということになる。しかしそうなると、ア・プリオリの次元で、直観と思惟の結合が成立しないことになってしまうのである。一体、何故カントは、カテゴリーの形像化が不可能だ、といったのであろうか。

ハイデッガーのカント解釈は、この問題をどう解決するか、に向けられる（*Kant*, S. 96-102ff.）。ハイデッガーは、先のカントの言葉をこんな風に理解する。直観と思惟とは本質的に異種的なのだから、両者が無媒介的に結合することのないのは、もとより自明のことである、したがってカントの先の言葉は、カテゴリーを形像化するための条件に注意を促しているのである、と。つまり綜合のア・プリオリの条件として図式が不可欠なることをいっているのだ、ハイデッガーは考えるのである。

続けて、彼は次のように解釈を進める。純粋な像は「時間」であったから、純粋綜合の可能根拠はカテゴリーが「時間」と或る緊密な関係を持っていることにあるのだ、と。なる程、カテゴリーはあくまでも思惟の形式であって、それがそのまま経験的直観像へもたらされることはない。しかし純粋な像へならもたらしうるし、またそうでなければ、純粋綜合は成立しえないのである（*KdrV.* B181）。カテゴリーは「時間」を契機にし、媒介にして、初めて具体的な直観に適用される。ここに、図式機能が自から際立ってくる。図式機能一般としてのカテゴリーの図式は、直観を思惟へ、思惟を直観へと媒介するア・プリオリの条件でなくてはならない。というのも、カテゴリーはそれを充実させる素材を持たないなら、単なる空虚な形式に留まらざるをえない。それでは、カテゴリーは眠っているも同然であろう。

人間の「認識がいかなる仕方で、またどのような媒介を通じて対象と関わるとしても、認識が対象と関係するための方途は……は直観である」（*KdrV.* B33）。換言すれば、カントにおいて、認識の成立を巡る認識能力の先議権をいうとすると、「すべての思惟は直観に対して奉仕的な位置にあるに過ぎない」（*Kant. S.* 27）。

カントが人間の認識を分析するに当たり、“transzendental”“transzendentale Ästhetik”から始めたことには、十分に哲学的な理由があるように思われる。ちなみに“transzendental”、この語に「先験的」の訳語が充当されることがある。カントを翻訳するときに起こることである。「経験に先立つ」、「ア・プリオリ」という意味を強調するためにだろう。だが、「超越論的」の訳語が使われる方が適切であるように思われる。この語は中世哲学の“transcendens”から発した。「超越」という意味である。《創造主》である神は《被造物》の全体、存在者一般を「跨ぎ越している」、そのことを“transcendentalis”といった。カントはこの用語法を順守したのである。被造物である人間経験のすべてに通底する、すべての人間経験を跨ぎ越す、だから“transzendental”である。カントにおいて「ア・プリオリ」とはこの意味なのである。

さてカントは考察を「超越論的感性論 transzendentale Ästhetik」から始めた。その意図は、カテゴリーのための素材とカテゴリーがカテゴリーとして十全に機能しうる条件とを、きちんと提示しておく必要があったからなのであろう。それを欠いては、人間の認識と称して、人間ならぬ無制約者の認識を語ることになってしまうからである。カントのこのような論述の手続きは、いうまでもなく、アリストテレス以来の伝統的な遣り方に則っている。「自然学」から「形而上学」への進行である。アリストテレスにおいて自然学は、総括的にいえば、空間論、時間論であった。人間の経験は須《すべか》らく、時間・空間をホリゾントにしている。カントは、時間・空間を直観の形式として捉え直したが、人間の経験のア・プリオリの構造を質すためには、何より先に闡明されるべき問題であった。

人間の能力の中で、それ自身無時間的な思惟の形式たるカテゴリー、このもののノエマ的相関者として、唯一不変のものは「時間」である。直観の対象が具体的にどのように変化しようとも、時間だけは終始変わることはない。「種々の異なる時間は、全く同一の時間の部分なのである」(*KdrV.* B47)。人間のすべての経験は直観を契機とし、しかも時間的に実現されていく。カントのいうように、時間は《直観の形式》であるが、今少し積極的にいえば、人間のすべての経験の可能性の枠組みであり、経験が成立する地平、ホリゾントである。

ハイデッガーは、純粋綜合の精密な解釈を終えて、こういっている。「時間はカテゴリーの図式の純粋な像であると同時に、対象たる存在者が提供する眺めの唯一の可能性である。……カテゴリーの図式がそれ自らで示しているものは時間だけであり、時間的性格を帯びたものだけである」(*Kant.* S. 98f.)。カントが「図式はア・プリオリの時間規定である」といったのは、この意味においてだった。そして「量」、「質」、「関係」、「様態」のカテゴリーは、それぞれに「時間系列 Zeitreihe」、「時間内容 Zeitinhalt」、「時間秩序 Zeitordnung」、「時間把持 Zeitbegriff」として、すべて、時間のホリゾントの上に整頓されるのである。

ところで、カントが人間のあらゆる意識活動の根底に、「統覚 Apperzeption」を置いたのは、周知の通りである。統覚、これはライプニッツが彫琢した概念である。不断の自己意識のようなものによって、人間のすべての経験が「私の経験」として統一されている、と考えて、ライプニッツはそれを統覚と呼んだのである。カントにおいて統覚は“ich denke”という形を取る（*KdrV.* B132-136ff.）。“ich denke”が統一するものは、経験的にいえば、「私ハ認識ヲシテイル」とか「私ハ趣味判断ヲシテイル」など、判断過程の全体である。而《しこう》して、“ich denke”はその都度の判断過程の深層にあって、それ自体、全く時間の影響を蒙らない活動の如くに見えるのである。

だが、とことん時間の地平で遂行されるすべての人間的営為の根底に、一切時間の関与しない領域が厳然と存在しているとすれば、それは、少し分かり難いことである。一体、人間はその本質において時間的なのかそうでないのか。カントの『純粋理性批判』の根幹にまで触れてくる大きな問題である。事実、この問題は哲学史上に見られる様々な解釈を喚起したようである。ハイデッガーの解釈もそれらの中の一つ、しかも、幾分特殊な解釈だ、というべきかもしれない。ただ彼の解釈は、彼流のきわめて一貫した方法論と問題意識から、必然的に出てきたものなのである。それを伏線にして論を進めることにする（*Kant.* S. 72-86ff.）。

認識判断にせよ趣味判断にせよ、それらは経験的な綜合判断である。経験的綜合判断は、常に、時間を地平とする「直観」と「カテゴリー」との具体的な綜合である。したがってこの場合、統覚はこの時間的過程の全体を統一している。では純粋綜合の場合、統覚は何を統一しているのであるか。

統覚が“ich denke”という形を取る以上、何ものも思惟しない思惟は矛盾の誹りを免れまい。純粋綜合においても、“ich denke”のノエマ的相関者は「私自身」でなければならないはずである。何故なら、純粋な状態において、ノエマが外から与えられることは、決してないからである。問題は、純粋な状態における私自身、それはいかなるものなのか、である。

いうまでもなく、純粋統覚のノエマ的相関者は純粋綜合という事態、つまり「私 ich」が純粋直観と純粋思惟をア・プリオリに時間の地平で結合することである。となると、純粋綜合における私自身としては、時間的なものしか残らない。端的にいって、「ア・プリオリの状態における私」とは、「時間的存在であることそのこと」、というより他はない。統覚は、そもそも「私 ich」が時間的存在であることをア・プリオリのノエマとしていればこそ、経験的綜合という時間的過程の全体を、「私の経験」として統一することができるのである。

これで分かるように、時間は二重の相貌を呈する。時間は、人間的経験を常に条件付けつつ可能ならしめる地平であるばかりでなく、人間の意識活動一般のア・プリオリのノエマとなる。時間のこの二重の相貌は、構想力の超越論的な図式産出、すなわちア・プリオリの時間規定という機能に集約されて姿を現す。人間が時間的存在であることを如実に顕在化しているという点で、構想力は唯一、時間的な能力である。

直観はそれ自体として眺めてみると、その都度具体的な感覚器官の働きとして、正確にいえば常に、「今＝ここ hic et nunc」である。カテゴリーそれ自体は、純粋な思惟の形式として、無時間的である。構想力のア・プリオリの機能、図式産出だけが、人間のすべての営為が時間的に被規定的であらざるをえないことを証示してくれる。構想力がなければならないのは、まさに人間が人間だからである。

構想力がなければ、人間は次のいずれかだろう。感覚的なものの衝動に駆り立てられて、まるで「逃げ水」でも追うように、前後をも弁えず、ひたすら「今」を追い続けることになる。あるいは、有限の身をも忘れて、自分を超時間的な無限定者に擬する、というイリュージョンの中に戯れることになる。人間が本能だけで生きる動物であるのなら、感覚器官と条件反射の如き身体図式の類があれば、それで十分かもしれない。しかしそれでは、人間はまだ時間的ではない。またすべてを「永遠の相の下に sub specie aeterna」見通すことのできる存在なら、理性と悟性で十分だろう。しかしそれでは、人間はもう時間的ではない。

人間は、心身ともに、不断に変貌して止まない。"Ich denke" のノエマ的相関者である当の「私自身」が、時間的に刻々と変貌して、絶対的同一性の如きを保持できないのである。統覚の "Ich denke" がそれ自体、不変的か超時間的かといった議論は、余り意味があるとは思われない。むしろカントは「統覚」によって、人間は「常に、自己を統一していること」、ただそれだけのことを形式的にいおうとしたのである。だが、「常に」とは、どんな状況にあってもその「状況に応じて」という意味だろう。かくて、様々な経験を通じて変わらないのは、「私が私を統一している」ということそのことである。人間には、時間的なればこそ、却ってその折々の時間的状況に応じて、「自己を統一すること」が不可避的なのである。さもないと、人間存在は時間に翻弄され、空中分解してしまうだろう。人間は時間的存在なればこそ、統覚が人間に具わっていなければならないのである。

とはいえ、統覚の統一は決してそれ自体として人間の経験の表層へ出てくることはない。この点で、統覚、これこそが人間にとって最も根底的なもの、と見えたりもするのである。しかし、カントが考察した「人間的諸能力」の内、どの一つとして人間にとって本質的でないものはない。それら諸能力の間に地位的身分的な優劣関係などありえない。どの一つを欠いても、もう人間は人間でなくなってしまうのである。統覚の形式的側面だけを強調して、統覚に超時間的な機能を割り当て、それこそが人間に本質的だなどと考えるのでは、恐らく、人間の存在論的な構造を閑却した思考に過ぎないだろう。それでは、神をモデルにして人間を規定しようとすることになる。

2

まず、認識判断である。対象は直観を通じて与えられる。しかも、外なる対象は「外感」によって与えられる。だがカントは「外感が我々に与えるのは関係の表象だけである」(*KdrV.* B67)、と断っている。対象の個々の部分がどんな具合であるにせよ、また幾つもの対象が互いに重なり合っているにせよ、並列的であるにせよ、外感は、対象の部分や相互の関係を、同時存在するものとして表象するに過ぎない。外感だけでは、人間は何の抑揚もない平板な眺めを見ているだけである。この眺めを、人間は対象の実在性と意識するだろうが、この実在性には、まだ時間の契機はいささかも関与してはいない。

対象が前後関係にあるとか並列関係にあるとか、要するに対象相互の関係が「関係として意識される」ためには、時間的契機が必要である。外感の表象の全体が、何らかの秩序立ったものとして、主観の内部で取り纏められねばならないのである。上述の通り、かかる取り纏め、外感の全体を総括するものが「内感」である。「内的直観の本来の素材をなすのは、外感の表象だけである」(*KdrV*, B67)。外感で表象しつつ、内感でそれを総括する。この全体的過程が「直観」と呼ばれるのである。こうして初めて、対象世界が膨らみを持つもの、三次元世界と意識される。もちろん、この場合、まず外感が作動し、次いでそこへ内感参与してくるというような事情ではない。人間は対象を眺めた瞬間に、既に対象を三次元的に感取しているのである。このような仕組みにこそ、まさに「我々の感性の起源の秘密 Geheimnis がある」訳だろう(*KdrV*, B334)。

余談だが、エッシャー(一八九八―一九七二)の絵画の不思議な世界の秘密はここにあるように思う。人間は常に世界を三次元的に見ている。だから本質的に二次元でしかない絵画世界を、三次元世界と見てしまうのである。エッシャーのように、絵画世界は二次元ですよ、二次元で見なさいと要請されても、全く慣れてはいないので、この二次元世界が何とも奇妙な世界と感じられてしまう。挙句の果てに、錯覚だ、錯視だということになるのである。しかしエッシャーからすれば、絵画とは須《すべから》く「騙し絵 trompe-l'oeil」であるという、そのことを逆手に取っただけのことなのかもしれない。

それはともかく、直観を切掛けにして構想力が形像する像は、既にして時間的性格を帯びている。構想力はこの像を図式の時間規定に則って、悟性に媒介する。それを受けて悟性は、カテゴリーで以てこの像の意味規定を果たす。だから、こう考えられる。カテゴリーが活性的に機能するためには、対象が或る程度の纏まりを持つものでなければならないのだ、と。

さもないと、内感による表象の総括が困難になる訳だし、構想力もまともな像を悟性に提供できないからである。通常、対象の持つこのような纏まりは、対象の「フォルム Form」と呼ばれている。没形式、形のない対象については、認識判断は成立しない。この条件は、そのまま、趣味判断に関しても該当するのである。この間の事情に関して、別に考察した——第四章「カントにおける『崇高』の問題」参照——。

認識判断は時間的なものである直観と、無時間的なものである思惟との綜合である。その成果は、客観的で普遍妥当的な「概念 Begriff」となる。客観的に普遍妥当的とは、その概念が同種の対象に対して、反復的に有効に使用されるということである。換言すれば、件の概念は、対象が与えられるというその折々の機会や経緯を度外視して、超時間的ともいうべき効力を発揮しうるということである。

認識過程を具体的に見ると、その都度、直観を端緒にして図式の時間規定の下にカテゴリーが機能するという風に、文字通り時間的経過を辿るだろう。その際、現実にどれ程の時間を要するかは問わない。重要なのは、時間的に進捗した事態の成果が概念となって、超時間的とさえ見える、この点である。その理由は、認識判断において、時間的なものが無時間的なものに「包摂 subsumieren」されてしまう、ということにある。この場合には、カテゴリーが直観に対して優位を占めているかの如くであるし、構想力も悟性の指図の下で、図式を産出しているかのようである。だから、対象が与えられるというその折々の具体的な状況は捨象されて、カテゴリーによる「規定の仕方」、もしくは「包摂の仕方」という意味での規則性だけが際立ってしまう。蓋し、悟性は規則の能力である。

認識の場合、時間的なものと無時間的なものとが綜合されて、超時間的なものに到達する。この弁証法的な過程を、一種の奇蹟だといってもよさそうである。但し、超時間的といっても、形成された概念がまるで永遠不滅のイデアの如きだ、などという訳ではない。必要な場合には、しばしば、概念は修正されねばならないだろう。修正が必要となるのは、概念に具わる本質的な危うさが露呈してくるときにである。概念がそもそもの発祥の場である「直観」という足場を離れて独行を始め、しかもこの独行が人間にとって危険だと察知されるとき、例えば、人間の分際で概念をあたかも神の「知」のように振り翳して恥じないときである。この意味で、認識の始まりは直観であるという人間の経験の根本的な定款は決して揺らぐことはない。

次に、趣味判断である。趣味判断は、もっぱら「対象の形式」だけに関係する。認識判断が「思惟の形式」たるカテゴリーに関係するのと、ちょうどコントラストをなしているように見える。ここで対象の形式とは、対象のフォルムのことである。このフォルムが直観的把捉、いい換えれば構想力の形像において無媒介的に「快い」と感じられるとき、この対象は「美しい」と判定される。美の快感情は「対象の性質の表象に関係する」のであって、内容には一切関わりがない、とカントはいう。性質の表象に対応するのは「質」のカテゴリーである。趣味判断では、対象の実在性、存在することだけが問題である。

だが快感情が対象の実在性に関係し、しかもその実在性がそのまま直観的（感性的）な快だということになると、美と「快適 das Angenehme」との区別が付かなくなってしまう。そこで、カントは同じく主観的な快であっても、対象の実在性の形式的側面での快（schön）と質量的側面での快（angenehm）とを、注意深く分けねばならなかったのである。趣味判断にあっては、「対象の判定の方が、快の感情に先行する」（*KdU*, §22）とカントはいう。何らかの仕方で対象を判定するものは、認識能力を措いて他にはない。感覚的な快に終始する「快適」は、対象との感性的な接触に没入していてそれで十分に満足なのだから、判断力が機能する必要もない。したがって快適は、判断とはいえないのかもしれない。

それに対して認識能力に係る判断は、どんな場合でも、何らかの概念形成を旨とする。趣味判断も例外ではありえない。趣味判断は概念に基づくが……どうやらその概念が規定不可 unbestimmbar のようなのである。しかし規定不可といっても、決して「不明瞭 unklar」の謂いではない。不明瞭な概念などというものは、およそ、概念の用を足さないだろう。ここでいう「規定不可」とは、「確定されることがない undefiniert」という意味に解すべきである。

その理由を、第三章「『図式と像』」で、以下のように理解しておいた。趣味判断の場合、図式機能はたった一回かぎり有効な仕方で直観とカテゴリーを結合し、カテゴリーはこの条件の下でのみ、直観を規定しうるのである、と。ここでも明瞭な概念が形成されているはずなのだが、何分にも、この概念は反復可能な有効性を持ちえない。この概念の効力はたった一回だけのものだから、結局の所、「確定できない undefinierbar」というよりないのである。趣味判断においては、悟性が直観を規定したという規則は残らず、その都度規定するという事態があるばかりである。カントは、趣味判断を悟性と構想力の「自由な活動 freies Spiel」、と繰り返しいっている。認識判断もまた、これらの能力の協同活動、いわば"Zusammenspiel"であるのに、そのことにはほとんど触れられていない。この事実を以てしても、趣味判断が一種独特の判断であることは明らかである。ここでの眼目は、認識能力の"Zusammenspiel"が「自由 frei = unbedingt」であるか、それとも「拘束されているか bedingt」という点である。

一体、趣味判断はいつでも、カテゴリーが図式の時間規定に則って、今直観を規定しつつあり、ようやく規定し終える、という内的過程である。譬えていえば、時間的なものと無時間的なものとが、まさしく対等に時間的に触れ合って、火花を散らしているのである。この火花が、閃光のように、人間の心情の内奥を照り輝かせるが、その後に確固としたものは何も残らない。せいぜい、残照が余韻となって、しばし心情を高揚させ続ける、といった程度のことである。

趣味判断では、直観と思惟のいずれがいずれに優位である訳ではなく、互いに対等の立場でそれぞれの本分を尽くしつつ、両者の一致点を求める。いってみれば、時間と無時間とが対等に拮抗している訳だから、時間規定としての「図式」は、自分の機能を存分に駆使しているのである。

認識判断でも趣味判断でも、認識諸力が互いの一致点を求めてする活動が時間的に経過することに、もとより変わりはない。だが認識判断にあっては、その経過よりも、結果の方が重要であるだろう。趣味判断では、しかしその経過の方が重要なのである。というのも、認識諸力が一致点を求めて活動する過程が、そっくりそのまま、人間には「快」と意識され続けているからである。しかもこの場合、快の根拠は全く主観的なものでしかない。対象の何たるかは、この快の理由にはならないのである。趣味判断の前でも後でも、対象は実在的にも形式的にも、何一つ変わることはない。趣味判断は対象に全く手出しをしない。対象を、その有るがままに任せている。主観と対象との間で、暗黙の裡に相互不可侵条約のようなものが締結されているかのようである。

この点からしても、同じく主観的な快といいながら、美と快適は区別されねばならないのである。

しかし人間は、その対象、全く手出しをせずあるがままに任せている対象を誘因にして、内面的に精神の高揚を体験することができる。それが趣味判断なのである。カントは「美は直接的に生を促進するという感情を伴う」(*KdU*. §23. 75)という。珍しく、カントが趣味判断に与えたポジティヴな言辞である。この言葉は、本章の文脈の中ではこうも解釈できよう、すなわち、人間の生が時間的なのだから、趣味判断は「今、まさに」この生を活き活きと実感する時間的な体験である、と。それは時間規定たる図式が、文字通り今、直観と思惟とを結合しつつある、というそのことが体験されているからである。

これまでの論述の中で、直観を時間的なものと表現してきた。しかしその意味は、直観即時間だ、ということではない。そんな風にいってしまえば、時間が全く主観的なものとなってしまうおそれなしとはしない。カントは用心深く、「時間は直観の形式である」としかいわなかった。およそ、時間それ自体など、どんなにしても、人間が捕まえうるようなものではない。「ようなもの」という表現自体、既に最初から「時間」が人間の理解を超えたものなのだ、と認めている証拠である。時間は、肯定的に規定せんとして肯定し尽くすことも、否定的に規定せんとして否定し尽くすこともできない、摩訶不思議な代物であるらしい。もちろん、時間を「代物」などといっても、それが時間の何を指しているのか、さっぱり分からないのである。どうやら、時間は人間のあらゆる把握の試みを空しくさせる「絶対的な即自存在」とでもいうことにして、放っておく他ないのだろう。アウグスティヌスが『告白 *confessiones*』でしみじみと述懐した所である。

時間そのものを掴み果《おお》せないとなると、どんな時間論も、せいぜい、時間の或る側面しか把捉していない訳である。種々の時間論が、それぞれの立場から、時間の或る側面を「時間そのもの」にまで敷衍しようと努めることも、それはそれで、止むをえないことかもしれない。この敷衍化の整合性、論理一貫性がそれぞれの時間論の妥当性を検証する縁《よすが》となる。それはともかく、カントの思索、彼の方法論の内部では、時間は人間の経験一般の地平と意味付けられる。そして時間に関して、それ以上に積極的な表現は、カントの思索の内部には見出し難い。

その理由を、《批判主義 Kritizismus》の立場から、時間は「経験的実在性 empirische Realität」と「超越論的観念性 transzendentale Idealität」を持つ、と説明するのである（*KdrV*, B52f.）。どんな場合でも、具体的に経験する時間は常に「実在的 real」であるけれども、ア・プリオリの状態において時間は具体的に経験されている訳ではない。だからその水準では、常に観念的でしかない訳である。だが観念性こそが、人間にとっての、時間の先取り（未来）や時間の把持（過去）の可能根拠なのである。

3

さて認識判断と趣味判断を時間の面から眺めてみて、構想力の活動の顕在化という点で、著しい差異のあることが分かる。認識論的には、二つの判断があって、構想力の機能が格別に相違していないにも拘らず。認識判断の場合には、時間的なものが無時間的なものに包摂されて、超時間的なものが形成されるという過程で、構想力はさながら触媒の如き役割を果たしていた。構想力の時間的機能、すなわち図式機能はこの過程の中では決して前面には出ず、悟性の包摂作用の陰に隠れたままであった。だが趣味判断の場合には、判断成立のための時間的過程の全体を主宰するものとして、構想力はその面目躍如であるように見える。この間の事情について、今少し言及しておく必要がある。

認識判断は、反復可能な成果を目標にするという点で、暗黙のうちに未来を志向することになる。たった一度だけ有効な認識などというものが、認識の名に値しないことはいうまでもなかろう。今のこの判断、その正しさが確認できるのは、必ず未来のいつかどこかでなのである。このことは、認識判断にとって不可避的である。かかる事情にある認識判断は、その対象へもしかるべき影響を及ぼさざるをえないのである。対象の概念は、対象とほとんど等価の「代理物 Repräsentant」と見なされる訳である。恐らく人間は、対象が形式と内容ともども、概念へ変換された、と信じて概念を操作しているように思われる。とはいえ、概念は抽象的なものであり、対象の内容に関する様々な事柄は具体的なものだから、そこに、絶対的な種差がある。

確かに、そうなのである。だが我々人間は、概念を抽象的なものとしかうけ取らぬ、という程厳格ではない。それが証拠に我々が「リンゴ」というとき、この語を単なる観念としてではなく、五感に触れてくる様々な、いわばリアルな事柄すべてを含めていっているし、またそう理解されるのである。概念が正しいというとき、その概念が対象の形式と内容を併せて包括している、と我々は信じて疑わない。少なくとも、我々の日常の経験のレヴェルではそうである。

概念が対象の形式と内容を併せ持つとは、認識判断が対象を、某《なにがし》かの客観的な「時間的広がり」といったものを先取りした上で、つまり未来の「いつか」の時点における件の対象の実在性を見込んで概念化している。そういうことではないのだろうか。もっとも、認識判断のこの事情が、概念に独特の危うさ——あたかも概念を不変の真理と同等にしてしまう——を負わせもするだろう。人間の獲得する概念を神の叡知や摂理と思い違いする、といった類の危うさ、しかしそれは、カントが『純粋理性批判』で、「誤謬推理 Paralogismus」の不可避性として指摘した所だった。したがって逆説的だが、この危うさこそ、この認識が「人間の認識」たる所以、と認めねばならないのである。

認識が未来を先駆的に射程に収めうる根拠は、カテゴリーの図式が時間秩序や時間把持であることに索《もと》められる。構想力はこれらの図式を産出しつつ、未来を切り拓く。もとより構想力が意図的にそうする訳ではない。構想力は「欲求能力 Begehrungsvermögen」ではない。構想力の働きがそれ自体、未来を切り拓き先取りすることになるのである。

あらためて、構想力の意義はというと、主観の側に必要な「判断の条件」を直観と思惟を媒介しつつ整える、つまり図式を産出するというにあった。したがって構想力によって、判断のための然々の条件(図式産出)が一度整えられさえすれば、以降、反復される判断の「正しさ」はその折々の外的(客観的)な状況にはよらない。一回の判断の正しさが、反復されうるだろう判断の正しさを先取っているからである。というのも、判断の必要な条件が確立されれば、認識におけるカテゴリーの「規定作用」はルーチン・ジョブさながらなのである。而して、この場合、構想力の図式産出までが「再生的 reprodukutiv」といわれるのである。

趣味判断はもっぱら対象の形式だけに関係する。この判断は、対象の形式と内容とが分離しても、全く頓着しない。またこの判断に関して、それが別の場合に成立するか、未来に有効性を主張しうるかどうか、そんなことは全然問題にもならない。今、対象が与えられている、それで十分、それがすべてである。このことは、趣味判断が対象との直観的な出遭いを場とする「快」、そして直観的な出遭いは、厳密には「常に今」であることを思えば、分かり易い道理である。この場合にも、構想力は「時間秩序」や「時間把持」の図式を産出しているものと思われる。暮れなずむ夕日の徐《おもむろ》に変化する様を眺めているときなど、多分そうであろう。しかしそれらの図式も、ここでは、対象の形式を把捉するための条件としてであって、必ずしも内容にまで及ぶことはない。その上、趣味判断の完了と同時に消失してしまうのだから、産出されたのかどうかさえ判然としないのである。それゆえ、構想力は「実在性」の図式である「時間内容」だけを産出すれば、それでよいかの如くである。実際、趣味判断において、唯一手応えのあるのは時間内容だけである。おまけにこの時間内容にしてからが、全く主観的にしか意味を持たない。

対象の「形式」だけに関係する判断の手応えが「時間内容」だというと、奇妙に聞こえるかもしれない。だが、趣味判断はそういう判断なのである。この判断の場合、構想力は悟性に奉仕するために図式を産出しているのではない。当該の対象のために、今、産出している、ただそれだけである。趣味判断にあってはいつもこういう次第だから、ここでの図式産出はそのたびに「生産的 produktiv」、と思われたりもするのである。

ここでカントの時間観に触れておくのも無駄ではあるまい。カントの持っていた時間のイメージはニュートンの古典物理学に代表されるような時間、要するに、無限等質な一方向への延長といったものだった。今日の「自然学」、否、「物理学」に徴《ちょう》してこの時間観が正当なものかどうか、問うことはできないし、問う必要もない。何しろ時間それ自体を知る術など、我々はいささかも持ち合わせてはいないからである。今日の物理学的時間論にしても、それは一つの時間論であるに過ぎない。物理学者に失礼かもしれないが、この時間論が他に優れているという理由もない。理由付けることは、しょせん、一つの見方の反映なのである。そして一つの見方の中で妥当的なら、それで十分である。

だがカントの時間観に立脚すればこそ、「認識判断は未来を射程に収める」とか、「趣味判断における、常に今の充実」といった解釈を引き出せたことは確かである。というのも、潜在的にせよ顕在的にせよ未来を射程に収めるとき、今と未来との間に等質性と一様の連続性を前提しているのでなければ、未来を志向すること自体が空虚でしかないだろう。また、常に今の充実というとき、滑らかな連続的移行を認めなければ、およそ充実とさえ感じられないはずである。

時間を無限等質なものというイメージで捉えて初めて、構想力による時間規定もア・プリオリの意義を主張しうるのである。何故なら、時間は人間のあらゆる営為の絶対的な地平であって、この地平にひずみやゆがみがあっては地平の絶対性が保障されえないし、而して図式産出もまた、「綜合」のア・プリオリの条件たりえなくなってしまいかねないからである。

さらに時間を如上のイメージで捉えるとき、人間のすべての営為における直観の先議権もはっきりとしてくる。直観とは、五感が相補いながら、常に今進行しつつある「時間的継起 Nacheinander」そのものだからである。この継起は人間のあらゆる経験の「不可欠の条件 conditio sine qua non」であるばかりか、むしろそれは人間が生きているという事実そのものでもある。継起が途切れる、それは存在の中断、而して死に他ならない。

これまでの論述から、人間の経験は、それを意識するか否かを問わず、時間的経験であり時間の経験だといってよさそうである。それを人間の側から主体的にいえば、生きるとは時間を所有していくということであり、生の実感は所有した時間の手応え、時間内容として意識されるように思われる。もとより、「時間を所有する」というのは比喩的な表現である。時間を所有できる存在なら、その存在が「時間的 zeitlich」であるはずがない。神学的にいえば、被造物はすべて時間的であり、唯一、神だけが「時間を所有する」ことができるのである。《天地創造 creatio》とともに「時間」は始まり、《最後の審判 iudicium》によって「時間」は閉じる。その間、被造物の世界に生じる生成消滅が「時間的」なのである。神は時間の外にいる。だから「時間を持つ」ことができる。

とまれ、こんな風な纏め方ができないだろうか。認識判断も趣味判断も、それが人間の経験であるかぎり、時間的経験の位相である、と。さらにいえば、人間による時間所有の位相である、と。ただ前者は時間を、主観超越的な対象に依拠しつつ、対象を支えにして所有する。それゆえ、この時間所有の手応えと妥当性に関しては、どうしても未来における確認、つまり客観的と呼ばれるような反復的検証を見込んでいなくてはならない。後者も、もとより主観超越的なものを端緒とする訳だが、この時間所有の内実はむしろ主観の内部の快感情なのである。しがたって、この時間所有の手応えと適切さは、主観の現在の充実の度合で計られるよりない。「一週間前の桜の方が美しかった」という判断は趣味判断ではなく、認識判断なのである。美の「一回性 Einmaligkeit」がいわれる所以である。

今述べた結論めいた件は、人間が直観と思惟、時間的なものと無時間的なものという、互いに背反し合うような二つの側面から出来上がっている、この事実から導き出された。カントが詳しく分析し、ハイデッガーがそれに精緻な解釈を施している通り、時間的存在たる人間は真に矛盾を孕んだ、いやもっと端的に、矛盾した存在である。しかし人間が人間という名に値するのは、自らが矛盾した存在であることを自覚することができる、という点においてなのである。この当たり前のことが、永遠とか無限といった、人間の境域を超えたものをも、「人間的に意味ある menschlich bedeutungsvoll」こととなしうるのである。

但し、人間にとって永遠や無限は絶対的な「対蹠 Antipode」であって、それらについて語ることは、どんな場合にも一種のアレゴリーに過ぎぬ、という意味でではあるけれども。永遠や無限にそれ以上のポジティヴな、あるいは実在的な意味を持たせようとするや否や、人間は「矛盾」という自らの存在論的構造によって、致命的ともいうべき手酷い「しっぺ返し」を食らうことになる。

結び

美的経験において、人間に固有の存在論的な矛盾が、まさに有るがままに姿を現していように思われる。美的経験はこの矛盾をそのままに体して、それをこの上ない「快」として実感しているのだから、真に奇妙な経験というべきだろう。この奇妙さが、美学的な思索意欲をそそるのである。一例を挙げると、優れた思索家であった、O・ベッカーは美的経験の不思議さを、巧みに函数の極大値を顰《ひそみ》にしながら論じたのであった。ベッカーのものだけでなく、この種の考察は《美学》の世界では枚挙に暇がないくらいである。

それはそれとして、もっぱら感覚的な快である「快適さ」を実感しているとき、人間は対象との実在的な同時性へ埋没融合してしまっている。ここでは、時間は際立つことはないし、人間は矛盾を知らなくて済む、いや、気付くことさえない。認識経験において、人間は概念を通じて未来を射程へ収めることで、不知不識の裡に矛盾の克服を図っているのだろう。

だがこのような人間的営為の場合でも、比喩的にいえばやはり、時間は「強《した》かに」人間を脅かし続けている。「快適」の場合、この体験が終わった後の、あの何とも名状し難い虚脱感——誰かが「歓楽きわまりて、哀情生ず」といった——、それは感覚的な快に飽食するまで耽溺して、時間を忘れたツケを、一気に取り立てられているかのようである。また、概念自体に本質的な危うさが付き纏うことからも分かるように、認識経験にあっては、存在論的矛盾は却って解消されない矛盾となって人間に取り憑いている。その証拠に、概念の正しさは繰り返し改良や訂正を余儀なくされる。大体、人間の知の要求に、「これで終わり」ということがないではないか。美的経験にあってのみ、人間はこの「矛盾そのもの」を、いってみれば、謳歌しているのである。

本章の冒頭で、我々は、美的経験には「エクスタシス」が特有のことであるらしい、と述べた。もっともエクスタシスといっても、人間は時間から脱け出るのでも、別の時間を生きる訳でもない。そんなことができるのなら、存在論的な矛盾もありえないのである。美的経験において、快適や認識の場合にするのとは、いわば「別様に」時間を経験するらしい、というだけのことである。だが「別様に」というのが、曲者である。「別様に」ということこそ、「美的経験に特有のこと」として、「美学」の徒に反省や分析を促す所以のものらしい。そして「別様に」ということの内実を、どんなにしても的確に把握し尽くせないことが分かってくると、この「別様に」がだんだんと謎めいてきて、遂には神秘的とさえ映るようになる。

そうなると、この謎めいたものをますますいい当てたくなって、何らかの比喩を以てしてもこの謎に迫りたくなるのである。美的経験にエクスタシスが特有のことだ、というのも、実はその種の比喩的ないい方の一つに過ぎなかったのである。もう一度いおう、美的経験は真に奇妙な経験である、と。かくしてこの経験についての反省や分析は、詰まる所、この奇妙さの確認に終始せざるをえないのである。

註

本章で参照された書物は次のものである。引用箇所は、略記によって、本論文中に明示した。本章でも、初出時——『美学』第一三四号、一九八三年、一三—二三頁——に較べて註の付け方を改め、また必要な加筆訂正がなされていることを、お断りしておく。

Kant, I. : *Kritik der reinen Vernunft* — KdrV

——：*Kritik der Urteilskraft* — KdU
これらの書物は、Philosophische Bibliothek Bd37a及び39aである。
Heidegger, M.：*Kant und das Problem der Metaphysik*, 1965 3Auflage — *Kant*
他に、直接引用することはしなかったが、二冊挙げておく。
Heidegger, M.：*Kants Kritik der reinen Vernunft*（Heidegger GA. Bd25）
——：*Vom Wesun der menschlichen Freiheit*（Heidegger GA. Bd31）

第六章　媒介項としての「崇高」と「天才」

はじめに

『判断力批判』における「崇高の分析論」並びに「天才」概念に至る、カントのいわゆる《芸術論》の部分は、彼の批判哲学の体系の中で論じられるときと、美学という一専門学科の中で論じられるときとでは、いささか異なった趣を呈する。カントへの哲学的関心と美学的関心の差異のせいだろう。端的にいって、カントを境に西欧哲学の姿勢、あり方が変わった。カントは偉大な分水嶺をなす。

昨今、美学はあり方を変えた後の西欧哲学、それも二十世紀半ば以降の哲学の旗手を以て任じているかのようである。哲学が幾つもの専門学科へ分岐した結果、哲学も倫理学ももう学問世界の中心にいることはできず、独り美学の周辺だけが活況を呈している。その美学から見ると、カント以前の西欧哲学の伝統、「神学」を範にし「倫理学」――スピノザの『エティカ』が好例である――を「人間学」として標榜した思想は、カントの「あちら側」にある。逆に西欧哲学の伝統から見れば、「感性」の意味を中心に扱うことによって「人間学」たらんとする二十世紀以降の美学は、カントの「こちら側」にある。

この美学——広い意味での芸術哲学——には、カントに含まれる「あちら側」の部分、つまり、カントに継承された西欧哲学の伝統を閑却しないまでも、十分に顧慮しないで済ます、という嫌いがなくもない。とりわけ、哲学の「デコンストラクション deconstruction」といったことが話題になってきたことを思うと、例えば次のように考えられたとしても、別段、不思議ではない。すなわち、カントが哲学の伝統をどのように継承して自らの思索的な糧としたか、それはカント自身の問題であって、そのことはいわゆる「カント美学」を論じる際に、必ずしも決定的な問題ではない、という風に。

デコンストラクションは確かに輓近《ばんきん》の哲学的動向の一つだが、美学に関していうと、学としての美学の誕生と展開とが、そもそも「神学」の伝統に対するデコンストラクティヴな傾向に他ならなかった。美学がそういう傾向のものであったからか、「カント美学」なるもの——実の所、正確にはカント美学なるものは存在しない。「趣味の批判」があるだけである——は、早くに彼の哲学体系から取り出され、《美学》の自由な解釈に曝されてきたのである。それどころか、かかる解釈の遂行が学の実践である、とさえ一部の美学は考えていた節がある。

『判断力批判』の第一部、「直観的判断力の批判」だけが美学の対象であり、第二部、「目的論的判断力の批判」を別の学問に委ねてしまう。このような遣り方は、一方で、カントの美学的言説を徹底化する上では有効だろうが、他方で、その種の徹底化は、カント思想の美学的な拡大解釈や恣意的な読み換え、甚だしい例を挙げると、「カント美学」とヘーゲルの「芸術哲学」を一続きの思想的発展、と捉えるような考え方を助長するおそれなしとはしないのである。それは特に芸術論の部分に関して、起こり易い。拡大解釈や読み換えを一種の学問的なストラテジーにして、この術策を「目的論的判断力の批判」を「美学の問題には非ず」、と割愛するために駆使する。誤解を恐れずにいえば、美学の遣り方はこんな風にも見えるのである。

だがカントに即して見ると、「目的論的判断力の批判」は、中世の「神学」から近代の「人間学」へと哲学を変身させる、所以のものなのである。カントが「目的論的判断力の批判」で体系を閉じたことによって、哲学は初めて神学の縛りを解かれ、以降、人間学として歩み始めた。まさにそのゆえに、カントの思想は分水嶺だった。「直観的判断力の批判」から「目的論的判断力の批判」への必然的な、しかも円滑な移行、それこそカントの腐心する所だったろう。それによって、哲学史的に大きな嶺を越すことができるのである。この移行を手助けする、別言すると、嶺を越すための確かな杖ともなるのが、「崇高」の概念であり、「天才」の概念である。これらの概念を巡るカントの立場と美学的解釈との異同を質してみたい。

ちなみに「目的論的判断力の批判」のキーワードは《超感性的基体 noumenon》、もしくは「可想的存在 intelligible」であるが、本論ではこれらについて詳述はしない。ただ、次のことには注意しておきたい。プラトンにおいて事物、すなわち“πρᾶγμα”の「原像」とされる「イデア」、この「形而上学的実体 οὐσία」を、カントはどんな風に自分の《批判哲学》へ摂入したか、またしなければならなかったか、その仕方と不可避性が、カントを西欧哲学の分水嶺にしたのである。

1　崇　高

ご存知の通り、「崇高の分析論」は『判断力批判』の第一部、「直観的判断力の分析論」の第二巻をなし、「美の分析論」と対になっている。この事情は、人間を巡る当時の理論的実践的関心を反映している。カントの『人間学』からも明らかな通り、崇高の問題は美の問題ともども、「趣味 Geschmack」を考量する際に欠くことのできない人間的関心事だった。

認識能力の「自由な活動 freies Spiel」が、「生きている Leben」という実感を促進させる「美の経験」に較べて、崇高の経験は入り組んでいる。認識能力は機能不全に追い込まれて、一度は生の抑圧ともいうべき不快に陥りながら、理性が「欲求能力」を動員してこの窮状を打開する。結果、美の経験にいや増して、「生きている」という実感を享受できる。だからカントは崇高を「媒介された快」といって、美の「無媒介的な快」と対照させるのである。

美はもっぱら「認識能力」に係り、しかも「感性的なもの das Sinnliche」の水準に留まる快である。その分、美は感覚器官そのものの快である「快適 das Angenehme」と区別の付け難い面もある。ゆえにカントは美を「道徳的善 das Sittlich-gute」の象徴として、快適から峻別しなければならない。もちろん、崇高も感性的なものを契機にしているし、もとより、それなしに人間の経験は成立すべくもない。だが美の経験において、感性的なものが積極的な意味を持つのに比して、崇高の経験では否定されるべき消極的な意味を持つだけである。蓋《けだ》し、崇高は感性的水準を超えて「超感性的なもの Das Übersinnliche」に邂逅する経験である。しかも、この経験で邂逅する超感性的なものは人間の心意識の外に「超越的に transzendent」存在するのではなく、心意識に「内在 immanent」するのである。そうでないと、崇高の経験は宗教的な「秘儀体験 mysterium」と区別が付かなくなるだろう。

崇高に関するカントの考え方は、その後の美学思想全般への指針となって、シラーやヘーゲルに影響を与えた。シラーはカントをほとんどそのまま継承して、崇高の体験と宗教体験とを区別する。彼は崇高の体験の実践哲学的意味にまで——宗教体験にそれを求めることはできない——説き及ぶ。シラーの崇高論はこんな風に、カントのそれに関する丁寧な、それも具体的な実践的意味を例示しながらの、註釈といった体のものである。ヘーゲルは必ずしもカントを積極的に承認した訳ではない。崇高の精神状態を、超越的なものへの畏怖の念に近い、と見ていたヘーゲルは、崇高を世界観の問題へと繰り替え、歴史哲学的な視点から、崇高を「美の否定的様相」と捉えた。とはいうものの、ヘーゲルも崇高を「美的範疇 ästhetische Kategorien」の如くに考えていたことに、変わりはない。

ヘーゲル哲学の特色は、哲学的範疇をそのまま歴史的範疇、実在的範疇でもあらしめた所にある。とまれ美の範疇論的な主題と見なされるかぎり、崇高の議論が決してカントを超えるものではなく、せいぜい、カントの思想に必要な改良を加える、といった以上のものではなかった。それだけカントの「崇高論」が透徹した視野と周到な思索に貫かれていた訳で、それ以上のものが出難いのである。その証拠でもないが、いつの間にか、《美学》の中で崇高の問題はすっかり等閑に付されてしまった。それには、美学の学問的事情も大いに関係していたのである。

美学は近代的人間の理想を標榜する、まさに時代の精神的思潮を体して誕生した。その人間的理想だが、「理性を持った動物 animal rationale」への自覚と解釈から始まって、十九世紀の「完き人間 der ganze Mensch」、すなわち「理性的存在 ens rationale」と「感性的人間 homo aestheticus」との見事な融和状態に求められた。シラーの美学――本書、第八章参照――は、そのような人間の実現を図る、一種の教育哲学だった。十八世紀から十九世紀にかけて、《完全な人間》は人間中心的な合理主義が求める理想であった。この合理主義の進捗につれて、「崇高」のように、本来的に「非合理的なもの res irrationalis」への学的関心は、急速に薄れていかざるをえなかったのである。

ところで、最終的に「理性 ratio」が関与せざるをえない崇高の経験が「非合理的」というのは、少々、分かり難いことである。だがここで「非合理的 irrationalis」とは、「論理的に説明できない inexponibilis」、つまり「悟性」の手には負えない、の意味である。

古来、哲学世界の中では、理性と悟性は必ずしも明瞭に区別されないままに、いずれも、人間の上級の精神的能力、と理解されてきた。カントは区別を厳密にし、悟性を「認識能力 Erkenntnisvermögen」、理性を「欲求能力 Begehrungsvermögen」とした。そして悟性の観念と理性の観念とを、それぞれに「概念」と「理念」に峻別した。

その際、「存在は認識に先行する」というギリシャ以来の哲学的伝統を遵守して、欲求能力を認識能力よりも根底的として、理性は「原理 Prinzip の能力」、悟性は「規則 Regel の能力」と定義されたのである。それでもなお、悟性を狭義の理性と考えることはできる。崇高の事態を「非合理的」というのはこう、狭義の理性としての悟性は、理性そのものを知ることはできない、理性の力は量り知れない、という人間の自己自身への驚きを示している。

だが十九世紀から二十世紀へ跨がる「技術の時代」というか、「テクノロジーの時代」は、自然に関する一切が悟性によって「説明可能 exponibilis」と見なされ——科学的と合理的とは同義とされる——、おまけにその説明こそが唯一絶対的、とする信仰が蔓延していく時代である。悟性による説明だけが「合理的 rational」と認められたのだから、この信仰は、狭義の理性と目された悟性と、理性そのものとを同一視していることになる。同一視の下、人間的営為が理性化された悟性、もしくは「理性視された悟性」に慫慂されるとき、人間は崇高を忘失してしまう。何しろ、認識能力だけですべての片が付くのだから、わざわざ、欲求能力を喚起するまでもないのである。ようやく二十世紀も半ばを過ぎて、理性化された悟性への不信や懐疑からか——二度の世界大戦を思わねばならない——、十八世紀的意味での「感性的人間 homo aestheticus」の意味を反芻する、という機運が兆してきた。この問題意識の中でなら、崇高が再び哲学的な関心事になるかもしれない。実際、一部の思想家たちの間で、話題になったこともある。

しかし顧みるに十八世紀、“ens rationale”と“homo aestheticus”は一対のものとして考量されていた。“rationalis”であることをきちんと理解するためにこそ、“aestheticus”が問題になった。それに倣うなら、“homo aestheticus”への見直しは、当然、“ens rationale”への遺漏のない反省を伴って、初めて実のあるものになる。理性と「理性化された悟性」とを同一視することはなくなるはずだし、カント思想が重視されねばならないはずなのである。「完き人間」の理想に徴《ちょう》して、就中《なかんずく》、『判断力批判』の全体に思索的関心が集中するという仕方で。

しかるに、目下の美学的世界における“homo aestheticus”への問題意識に関して、有体をいうと、どうもそこへは学的関心は向いてはいない。むしろ、“aestheticus”の語の意味内包が、十九世紀からの「理性化された悟性」、「理性視された悟性」の変装のように思えてくるのである。

「理性化された悟性」は確かに近代合理主義、人間中心主義の理想であった。自ら作り上げたこの理想を、近代以降の人間がそう簡単に手放すとは思われない。今話題の“aestheticus”、そして“homo aestheticus”への注目、これも「理性化された悟性」の正体が現れそうになって、この悟性が早めに姿を変えて、目を眩まそうとするストラテジーではないのか。勢いの赴く所とはいえ、「理性化された悟性」に代わって、「理性化された感性」、「理性視された感性」の如き得体の知れないものまで、幅を利かしかねまじき状況である。それ程、近代合理主義への信仰は牢固として抜き難いらしい。最近の「エコロジー」や自然との和解といった言説は、しょせん、理性化された悟性の能くしうるものではないのか。言説自体、テクノロジー――まさにかかる悟性の誇らしい精華でもあった――の一翼を担っているのである。「理性化された悟性」の惹起する様々な問題は、当の悟性だけが解決しうる、というが如くに。

カントに即すれば、「理性化された悟性」、況《いわ》んや「理性化された感性」の如き代物をとても認知できるものではない。その手のものは、畢竟、人間の精神諸能力の間の安易な越境の産物である。しかし「越境」がクロス・オーヴァーだとか、“interactive”と囃される時代なのである。もとより人間はトータルな存在なので、その諸能力に関しても、それ程厳然と境界付けられるものではあるまい、という反論はありうる。カントのような厳密な境界付けは説明のための便宜上のこと、作業仮説的な手続きに過ぎない、ということもできる。もちろん、事象をより明確にするために、既成の考え方に疑義を呈し、新たな仮説を樹てることは、大いにあって宜しいのである。だがその疑義や仮説が、結局の所、カントのなした以上の解明をすることができない、あるいは、徒《いたずら》に事を複雑にするだけのこと、そうだとすれば、そもそものような仮説は無用である。

確かに昨今の“homo aestheticus”への注目は、人間中心的な合理主義への異議申し立てではある。すべてを「理性化された悟性」に帰する理性一元論というか、「理性中心主義 Rationalisierung」への。ただこの異議申告が結果として、「理性化された感性」のようなものを容認することになるのなら、“homo aestheticus”への注目は「理性中心主義」に代わる「感性中心主義 Ästhetisierung」、要するに「理性化された感性」を戴く理性一元論を目指すことになりはしないか。それでは根本的な問題提起にはならないだろう。古来、「感性 αἴσθησις」は「受動 πάθος」と見なされてきたし、カントはそれを踏襲した。そしてカントにとって、感性は、文字通り「受動性 Rezeptivität」以外の何物である必要もなかったのである。

美学が、特に“Ästhetisierung”の傾向の精神史的な重要性を話題にしたいのなら、まずなすべきは、何故“Ästhetisierung”を問題にしなければならないのか、という学問的不可避性の吟味だろう。そこに委細を尽くさない学問的議論は、多分、一種の世相診断であるか、悪くすると、“Ästhetisierung”の無責任な宣揚に大差なくなる。その種の議論に参加する暇があるのなら、二十世紀初頭の美学的努力とその成果を反復する方が、学問的には意義があるように思える。その時期の《美学》は自らの仕事を正確かつ精密に遂行した。美学に携わる者は誰も、そのことを否定できないだろう。二十世紀半ば以降の、“homo aestheticus”や「感性」を巡る議論は、議論の間口を広げることに腐心し、その上、そのことが“Ästhetisierung”の傾向に合致している、と思っているのかもしれない。けれどもカントを捩《もじ》っていうと、それは学の「論争 disputatio」ではあっても、到底、学の「批判 critica」にはなりえないだろう。

さて、「判断」の二つの有り方、規定的判断の場合の「機械論的推理」と、反省的判断の場合の「目的論的推理」—— mechanicus と teleologicus ——、要するに悟性推理と理性推理という二様の思考方式は、人間にとって不可欠だし、不可避的である。

思考の能力である悟性は、「現象としての自然 φαινόμενον」に関わるよりなく、「自然それ自体 νοούμενον」を知るべくもない。悟性が関与する自然経験は、認識経験であるか美の経験であるか、いずれかである。但し、最も原初的な自然経験なら、感覚器官だけによる「快・不快」の経験がある。アリストテレスに倣うと、感覚器官の単なる受動作用を「経験 ἐμπειρία」と呼ぶのはいささか妙な具合だが、とまれこの経験は「今＝ここ」で完了してしまう。経験すると同時に消失するので、それでは認識とは認められない。

もし、「羹《あつもの》ニ懲リテヲ膾《なます》ヲ吹ク」ことになった場合、感覚器官の不快感が「記憶 Erinnerung」となって、心意識に残ったからである。学習が成立した訳で、その成果が文字通り、心意識に「内化 erinnern」されたのである。記憶されたのなら、感覚経験はもう感覚器官への「刺激―反応」という直接性に留まらないから、これも一種の認識かもしれない。もっとも、何故そうなったのか分からない。刺激が余りに強烈だったので、理性が関与し何かの技を用いて、感覚刺激を心意識へ内化させたのだろうか。当時、多分、ライプニッツあたりなら、この経緯を心意識の働きに準《なぞら》えて、「理性類同物 analogon rationis」、動物的水準での「記憶力」の働きに帰したことだろう。かかる感覚経験とその記憶も含めて、一般に認識には「規定的判断」だけで十分である。

だが美の経験の場合、規定のための「普遍」があらかじめ与えられていない。判断力――悟性と構想力との「協同作業 Zusammenspiel」――は反省的に自らの能力に質して、与えられた感覚所与を規定すべき「普遍」を探すことになる。規定的判断のように、事を「機械的に mechanisch」に処理することができない。判断力は、何らかの技を遣って、直観的所与という「特殊」に対応することになる。この「技巧 Technik」のお陰で、判断力は自分の持ち分の中に直観の特殊に一致する普遍である「概念」を見出し、以て「趣味判断」、美の経験が成立するのである。この「概念」、この「普遍」はしかしただ一回有効なだけなので、果たして「普遍」の名に相応しいのか。

そんな疑念が残る。だからであろう、カントは認識の「全称判断」に対して、趣味判断を、「単称判断」、その都度「一にして全」なる判断としてその種の疑念を門前払いしたのである。

美に較べて崇高の場合、直観の特殊に対して、どうしてもそれを規定すべき普遍を見出せない。悟性は途方に暮れてしまう。「反省」が反省たりえず、判断力が機能できない。そこで理性は自ら買って出て、直観の特殊という、この正体の判然としないものを取り押さえるか、悟性を指図して、何とか普遍の下に収めさせてやるか、いずれにせよ、認識能力の窮状を救う。後者の場合なら、あるいは、理性が自ら悟性化したのかもしれない。先の感覚器官だけの経験がそうだったが、崇高の場合も、事態の真相はさっぱり分からないのである。どちらの場合も、それを知るべき悟性に働きようがないからである。崇高は判断力だけでは対応しきれない事態なので、やはり理性が技を揮って、ここに参与してくるのである。そして、判断力を機能させようとする。だが上手くはいかない。その意味では崇高は「判断」とはいえず、心意識の高揚感という他はない。

とまれ美と崇高の経験における判断力、つまり「直観的判断力」の駆使する「技術 Kunst」の巧みさは、カントに『判断力批判』の一冊を物させる程の魅力を持ち、さらには、「目的論的判断力」の人間的意味を闡明させる所以のものであった。判断力の「技術」の重要性、そのことは、『判断力批判』における例の「上級精神能力の表」で、カントが判断力の適用領域を「人為 Kunst」としたことに、歴然としている。悟性が「自然 Natur」へ、理性が「自由 Freiheit」へ適用されるのに比して、判断力の適用領域は甚だ異様に見える。「判断力の技術」ばかりは、その範を神学に索《もと》めることができない。全能である神の営為に、“Kunst”の如き、いってみれば得体の定まらない手段など、全く必要ないからである。神はすべてを無から技術なしに作る。“Kunst”の概念の元を質すと、ギリシャ語の“τέχνη”に遡るが、それに較べて十八世紀以降の技術の意味は、新しいといえば新しい。実に不思議な概念である。近代的な概念というべく、哲学史的にはその来歴を見出し難い。“Kunst”を駆使する人が「芸術家 Künstler」として、能産的人間の理想のように望まれるのは、近代ならではのことである。

判断力の技術、もしくは技巧、それは判断力が反省的に機能するときに発揮される。自然認識のように、判断力が外向きに機能するだけなら、「カテゴリー」で十分である。外へ向けて機能すべき判断力が機能不全となり、内へ向けて「反省 Reflexion」せざるをえなくなったとき、判断力は自と「技巧的 techinisch」になる。判断力の機能に限定していうと、「技巧的」とは「カテゴリー的ではない」、すなわちカテゴリーの「図式 Schema」が役に立たないという意味である。

カテゴリーに基づく規定的判断は、自然に対してレアールに影響を及ぼす。自然認識、要するに「現象としての自然」を概念として把捉し、この概念を操作するとき、人間はあたかも、《物自体 Ding an sich》を支配下に置いたかの如くである。現象と物自体、概念と理念の混同が起こっている。余談だが、そのことを熟慮せずにこの混同を助長する、それが「理性化された悟性」が主宰するテクノロジーの立場である。そこでは、観念的に概念を操作することと実在的に自然を操作することとが、全く同一水準のことと見なされているのである。

美と崇高の経験において、判断力はもっぱら内を向いている。もとより、自然にいささかのレアールな影響も及ぼさない。この場合の判断力の規則付け、つまり自然に対してではなく、ただ自らに課すだけの規則付けを、カントは「自分自身のためだけの立法 Heautonomie」という。この法に則り、判断力が自ら技巧的になって、主観に快をもたらすのである。人間の精神能力の巧妙な働きと卓越性、それへの思いは恐らく、十八世紀の「人間学」を大いに鼓舞したに違いない。上述のように、「技巧」こそ、如何にも人間的だからである。この思いへの学問的関心を喚起する美や崇高の経験は、《完き人間》との絡みで見て、まさに十八世紀的な興味の対象だった。

そういえば、“Ästhetisierung”の傾向の中で、ポストモダンの思想家の中に「トテゴリー tautégorie」、すなわちカテゴリーの使用に関する判断力の「自己検分」を話題にした人があった——本書、第十章参照——。外へ向かうばかりのカテゴリー使用の妥当性と限界を、当の判断力自身に質させるという考え方である。「理性化された悟性」への反省の表れだったと思われるが、トテゴリーの議論は、活発になる前に、いつの間にか沙汰止みになったようである。トテゴリーを考量する際、カントの「崇高論」が重要な手掛かりになったことに、不思議はない。崇高の経験は理性が自分自身を知る経験であり、その意味で、「目的論的判断力の批判」への、理性自身が奏でる序奏だったからである。

判断力の「技術」に関して振り返ってみると、経験的意味で人間がよくいう「自然の技巧 Technik der Natur」といった考え方を顰《ひそみ》にしているように思われる。洋の東西、時代の古今を問わず、見事に造化の妙を実現する自然の「営み」を前にするとき、人間は、自然の中に「造化の神」が潜んでいて霊妙の技を揮っている、と考えてしまうのである。これは素朴な人間的意識である。

どうやら美や崇高の経験において、判断力はこの自然の技巧にも比されるべき技術を駆使しているらしいのである。「技術 Kunst」を介して、自然の営為と精神能力の働きとが、形式の上での一致を見る。カントにしたがえば、「内」の技術の合目的性と「外」の技術の合目的性との形式的な一致、これが主観的な「快」の理由になる。もっとも、直観の特殊の方からいうと、規定的にせよ反省的にせよ、判断力は常に、特殊に相応しい普遍を見付け出しているに過ぎない。認識の場合も美の経験でも、要するに判断力の仕事は「発見的 heuristisch」である。特に美の経験にあって、判断力はきっとあのアルキメデスのように、「見つけたぞ」、と叫ぶことだろう。

だが崇高の場合、どうしても普遍が見つけられない。ということは、判断が成立しない訳である。そこで、理性が関与して、見事に事態を収拾させるかのように、判断力に「技巧」——どんな風に働いたか、分からないけれども——を駆使させるらしい。繰り返すと、それはあくまでも「あたかも」であって、実質的には、心情の高揚感があるだけである。ともあれ、判断力が「技巧的」という点で、美と崇高の経験との間に共通性があり、「発見的」という点で、認識と美の経験に共通性がある。しかし崇高が認識と美に較べて特殊的である所以は、認識能力だけでは収まらず、理性、欲求能力が参加せざるをえない所にある。かくて、崇高の経験を考量しないことには、「直観的判断力の批判」と「目的論的判断力の批判」が滑らかに繋がらないことが分かる。「目的論的判断力の批判」で必然的に要請される「超感性的基体」、あるいは「可想的存在」、理念の類は、美の分析論からだけでは必要十分に導出されないし、そもそも、その必要もない。崇高の経験は、悟性推理と理性推理を媒介するインターチェンジともいえよう。

人間理性が必然的に要請する「可想的存在」、それが超越的であれ内在的であれ、レアールに実感されなければ、理性の抽象的な捏造物、しょせん“Unding”に過ぎない。そこで、例えばヘーゲルは可想的存在、つまり「理念」を実在化することを人間精神の本質とし、実現の過程を精神の「弁証法的展開」と捉えた――本書、第九章参照――。この過程は、一方から見ると「超越的なものの内在化」であり、他方から見ると、「内在的なものの外化」である。ヘーゲル独特の用語法を借りれば“Erinnerung”と“Entäußerung”である。ゆえにヘーゲルは次のように、すなわち「可想的存在」が十分に内化されず、半ば超越的なままに君臨できる精神段階を「崇高」と判定した。だからヘーゲルの下では、崇高は必然的に「止揚Aufheben」される運命にある。彼は超越的なものが精神に内在化される過程を、一種の進化論のように論じるのである。この「進化論」はしかし、精神の自己実現の道程なのだから、精神の実在論である。精神の「観念論Idealismus」と「実在論Realismus」とが一に融合する、否、しなければならないヘーゲルの立場、ご存知の通り、《絶対的観念論absoluter Idealismus》である。

カントは徹底して《批判主義Kritizismus》の立場から、事態を「形相的formalisch」に解析した。このカントの「形式主義Formalismus」は、絶対的観念論のヘーゲルにとって、自らの思想へアウフヘーベンされるべき方法論的手続きとされる。だがしかし、ヘーゲルの理解は、カントにとって、正確なものとはいえなかっただろう。

蓋し、カントの批判主義の哲学は、観念論の哲学とは全く別種のものである。

あらためてカントに即していうと、崇高は「現象としての自然」から「理念としての自然」へと、心意識が移行する体験である。悟性をいわばネガティヴな触媒にして、感性と理性が媒介される崇高の経験において、人間は自らに「可想的存在」を喚起する。ちなみに、かかる存在を喚起しなくて済むとすれば、人間自身が神のような存在であるか、それともただの動物であるか、“vernünftiges Wesen”であるか、“tierisches Wesen”であるか、そのいずれかであるだろう。いずれにしても、美にも崇高にも無縁の存在である。

さて、美と崇高は勝れて十八世紀の人間学的関心事だったが、十七世紀からの学問的文脈に即していうと、「崇高の分析論」を介して、カントは《倫理学》と《美学》を仲介したことになる。感性的なものと超感性的なもの、この対蹠的な二本の柱なしに、人間は存在することはできない。この根本的な存在論的被規定性のゆえに、人間には、ア・プリオリの能力として、認識能力と欲求能力が具わっている。そしてこの被規定性のゆえに、現象と物自体の区別を負い続けねばならない。倫理学と美学、これらが人間の存在論的な被規定性に由来するかぎりで、文字通り人間の学なのである。

その意味はこうである。カントの批判哲学は人間理性の自己確認であるし、それゆえ、人間に関わる一切の事象が批判哲学の射程に入っていなければならないのである。自分は決して神ではありえないが、単なる動物でもありえない、つまり「人間 animal rationale」であることを、人間理性が検分し確認する。それを通じて、人間が自分の分限を逸出して自分を神と錯覚する専横、またひたすら動物の水準に留まる自堕落、いずれにしても、非人間的な行動を取るという無分別を厳に戒めること、これがカントの「批判的倫理学」、すなわち『実践理性批判』の責務である。美学——カントの場合「趣味批判」——と倫理学を本質的に人間の学とするカントが、美を「道徳的善の象徴」と定義したのは、まさにそうあるべき学問的な帰結、美学と倫理学との批判主義的な融合であった。

ついでにいうと、同じく倫理学を掲げながら、神を人間的行動の規範と仰ぐスピノザ、ライプニッツ——本書、第二章参照——を、カントは容易に認めることはできない。たとい、神を理想に求めるにしても、それでは畢竟、人間ならぬものになろうとすることではないのか。それでは必然、人間理性は自己矛盾に陥ってしまう。カントの精緻極まる理性批判の体系は、要するに人間が自己矛盾に陥らないための、周到な人間的手続きであった。美の経験も崇高のそれも、この手続きに不可欠の考察対象だったのである。

神学の体系の中には、倫理学も美学も要らない。善も美も崇高も、神の存在の位相に他ならないからである。人間は遥かにそれを仰ぎ、倣おうと努めればそれでよいのである。但し「崇高」に関していうと、神の側から『ヨハネの黙示録』が余す所なく語り尽くしてくれている神の姿は、『福音書』で説かれる仁慈の神の姿に比して、いささか畏怖すべきものではあるが。

2　天才

美学が学問的に展開して《芸術哲学》になるとき、『判断力批判』のいわゆる「芸術論」の部分は、芸術家の創造性や独創性を喧伝するための理論的なバックボーンのように見なされ、しばしば、カントの「批判」の体系を顧慮することなく扱われることもある。美学の思想をその方へ誘導するモティーフとなったのが《天才》概念だった。天才、この奔放な能産性は近代人の理想である《自由》の権化と目される。例えば、芸術家を、自己に内在する原理に則って制作する不羈《ふき》の人間へと偶像化すること、これは天才概念を基にして、初めて可能な考え方だった。この手の偶像化は様々なヴァリエーションを含みうるけれども、つまりは、須《すべか》らく芸術家を巡る神話作りだったといってよいだろう。だが天才概念はカントのものではない。イギリスから学んだものである。その上カントに即するなら、芸術家にとっての制作原理は内在的ではなく、むしろ超越的である。天才概念の拡大解釈、それはとりわけ十九世紀のドイツの哲学事情、精神文化的思潮に促されてのことだった。

十七世紀を「趣味の時代」、十八世紀を「人間的理性の時代」と総括すると、十九世紀は広い意味での「アルスの時代」といえるだろう。この世紀の半ばから西欧各地で相次いだ《万国博覧会》を想起すればよい。参加した世界の国々は、それぞれに、自国の持つ独自の技術の成果を、誇らしく陳列したのであった。アルスの時代はそのままに進行して、二十世紀には、大規模のアルス――ハイデッガーによれば「巨大な機械力の技術 Kraftmaschinentechnik」――、すなわち「テクノロジー Technology の時代」になる。上述のように、テクノロジー、人間理性と人間の技術が見事に融合した、或る意味で、近代的人間の誇るべき精華であった。“ars”と“ratio”が語源的に等しいこともあって、テクノロジーの能産性は高く価値付けられてしかるべきものだったのである。

人間の能産性、これは二つの面、合理的な能産性と非合理的なそれである。前者がテクノロジー、後者が「天才」による芸術的産出である。

しかし、二十世紀はテクノロジーがますます大規模になる一方で、テクノロジーへの無批判的な信仰、その危うさが露呈し始めた時代でもあった。人間は二度の世界大戦を経験した。特に第二次大戦はテクノロジーの戦争ともいうべく、「原子爆弾」に集約される惨禍は、人間を精神と肉体の両面で根底から震撼させた。テクノロジーの光と影が見えたのである。第二次大戦の終結後、程なくドイツで、「技術と人間」――これを“ars”と“ratio”いい換えることもできる――をテーマにした深刻なシンポジウムが開かれたのは、ゆえなきことではなかった。十八世紀的な「人間中心主義 Humanzentrismus」、「理性中心主義 Rationalisierung」への率直な反省の機会となったのである。思えば十九世紀のフマニスムス、それは“ars”と“ratio”の仕合わせな調和を体していた。テクノロジーとなって両者の連携が進捗するうちに、両者の確執が不可避になってきた。技術的に可能という“ars=τέχνη”の側と、理性的にコントロールすべきという“ratio=νοῦς”の側とが、協調できなくなってきたのである。二つの戦争は、確執と分裂の果てに他ならなかった。

それはともかく、アルスの時代、十九世紀には趣味と理性の希有の融合によって、次々に新しいものを産出する「芸術」は実に魅力的だったし、人間的理想の一つの象徴でもあった。芸術家を理想化するような時代の精神性がベースになって、今日まで続く芸術像、芸術家像が彫琢されていった。我々の持つ芸術家のイメージは、十九世紀から二十世紀の哲学的美学が、「天才」概念に種々の解釈を加えるという仕方で作り上げてきた、といって過言ではない。この時期の哲学的美学——もっともその頃、哲学的美学しかなかったのだが——、斯学の腐心したことは、善くも悪くも、芸術と芸術家に関する「神話作り」であった。そしてこの「神話」は今もなお、廃れることはなく、生きているし信じられてもいる。日本では、いつの間にか芸術家がアーティストになった。しかしアーティストたるや、かつての芸術家以上に「芸術家」なのである。テクノロジーの能産性へ懐疑の目が向くようになっても、芸術の能産性への人間的な思いは一向に変わることがないかのようである。何しろ、哲学的美学をもその一分肢と見なして憚らないくらいに、《美学》が多様になり殷賑《いんしん》を極めていることがその証拠である。

さてカントの『判断力批判』の中では、芸術概念も天才概念も、決してただに人間の能産性を論じるためのものではなかった。むしろ自然の能産性とその所産の「有機的全体性 Organismus」、別言すれば、自然の目的論的統一性を批判主義的に論じるための、必須の道具だった。

人間は、何故、自然の能産性と産出物の有機的統一を考量しなければならないのか。一言でいって、人間は人間であって、神ではないからである。

それを考量するにはしかし、「悟性推理」、カテゴリーによる思索では不十分で、「理性推理」を恃《たの》まねばならない。このことは人間に本質的なのだが、それを明らかにする上で、芸術と天才の概念が絶好の手掛かりになるのである。こう確信するカントは、『判断力批判』のあの箇所に、芸術と天才に関する考察を配したのである。カントの立場は哲学の伝統に最大の敬意を払いつつ、伝統に則って、人間の人間たる所以を吟味検討するものである。そのための手掛かりとして、「芸術 schöne Kunst」なる技術とその実践者たる「天才」と呼ばれる人間――自然の「寵児 Günstling der Natur」――は、哲学的に特別扱いされて、つまり、十分な哲学的検証を受けてしかるべきである。カントがわざわざ、イギリスから「天才」概念を借用した道理であった。

天才とは、「それを通じて自然が人間の技術に規則を与える」といわれているように、自然の一種の「機関 organum」なのだが、人間の側から見ると、それは「生得的な資質 ingenium」のように映る。とまれ、天才は「学習」を通じて培われ鍛えられていくような種類のものではない。天才は自然に「嘉《よみ》されたもの amadeus」だけが忝《かたじけな》くしうる、格別の境位である。その昔、ギリシャの神々は自分達の恣意のままに詩人を選別して、神々の世界のことどもを自在に語らせた。それと同じように、自然も全く気紛れに誰かを「天才」へ、と召喚するらしい。自然自ら、自己の内なる制作原理＝生成原理、この原理を「天才」を介して伝授してくれるのである。ただ、天才に授ける原理や規則は天才とともにあり、ともに死ぬ。天才の一挙一動に憑依するだけで概念的に確保されることはないし、当然、伝達されることもない。だから天才の制作そのものが謎だし、天才が個人的資質として具体化されたときには、神秘的で超人的なのである。だがもとより、批判主義的に規定されるべき資質としての「天才」と、個人的な資質としてのそれとは、全然別の水準にある。

天才の技術の神秘性、それはアリストテレス以来、次のように考えられてきたからである。人間は「自然 φύσις」から学ぶのであり、「学習 μάθησις」を通じて自然の「生成 γένεσις」の原理や規則を習得する。この原理にしたがって、初めて人間は自らの「技術 τέχνη」を揮うことができるのである。自然の原理、すなわち技術の原理は人間に「ロゴス λόγος」として確保され、ロゴスを通じて伝達される。ギリシャ人にとって、ロゴスとは、原理であり、論理であり、言葉であった。このように、技術は学習を通して自然を反復的に「模倣すること μίμησις」だったのである。天才概念は近代的なものだが、天才概念によって、学習によらない技術、原理や規則の判然としない技術がありうることを知った。そしてその技術を優れて人間的技術だ、と認めたのである。

概念化できない規則、ロゴスとして確保できない規則に関して、到底、悟性は関与できない。悟性は規則の能力なのである。そこで「天才」の能産性に関して、「想像力 imaginatio」の機能、ドイツ語でいえば「構想力 Einbildungskraft」の機能に関心が集まったのである。何でも、想像力の認識的意味に最初に言及したのは、イギリスのヒュームであったらしい。ドイツでは、ライプニッツたちが「理性類同物 analogon rationis」の働きに着目していた“imaginatio”にせよ“analogon rarionis”にせよ、当時の考えでは、独創的に「新しいものを作り出す」といった意味はない。大体、「記憶」によって物の「似姿 imago」を目の前に髣髴とさせる能力、“facultas imaginandi”の意味だった。ドイツでは一時期、詩人に代表される独創的な能産性に、「構想力」ではなく「創造力 Phantasie」の語を充当したことがあったが、この語もギリシャへ遡って“φαντασία”に照らすと、別段、「クリエティヴ」という意味はない。少なくとも十八世紀より前に、西欧に「創造」や「独創」という考えはなかった。それは神のもので、人間に属するものではなかったのである。

認識能力としての構想力に関して、少し注意してきたい。構想力は「感性」に属する。構想力は自分の活動のための規則を持っていないからである。構想力には、「産出的 produktiv」と「再生的 reproduktiv」の二様の働き方が考えられている。だが“imaginatio”や“φαντασία”の語から分かる通り、実際の構想力の機能は元来、「再生的」でしかなかった。『純粋理性批判』のA版では、構想力の「純粋な rein」、あるいは「超越論的な transzendetal」機能、要するに、直観と思惟とを媒介結合する構想力のア・プリオリの機能一般が「産出的」とされている。しかるに天才概念の能産性に注目されることから、規定的判断の際の構想力の媒介機能を「再生的」、芸術制作――これも一種の綜合的活動には違いない――の際の媒介機能を「産出的」と、拡大解釈される可能性が生じた。しかし、カントに徴《ちょう》すれば、この解釈は正しくない。

後述するように、直観と思惟とが一つである神、観念と実在が同一水準にある神、無限の能産性である神に、構想力は要らない。しかし人間には、第三のもの、感性と思惟、動物的なものと理性的なものを媒介するア・プリオリの能力が不可欠なのである。これぞ、まさに人間的能力だ、として。ついでにいうと、「再生的 reproduktiv」という言葉遣いは、"reproduktive Einbildungskraft"が構想力のア・ポステリオリの働き、「経験的 empirisch」であることを示している。"re-"という前綴は、「後から」、「ア・プリオリ」に対する「ア・ポステリオリ」を意味するからである。

だがカントの産出的構想力、ア・プリオリの媒介機能から、フィヒテが次のことを誘導し、結果、産出的構想力が超人的な能産性であるかの如くに拡張されたのである。フィヒテは「産出的構想力」を、人間の無意識的な活動とし、しかもこの活動から、直観の客観的内容――現象学の言葉でいえば「ノエマ的なもの」――が産出されるとした。感性に属する構想力によって、直観は単なる「受動性」ではなくなるのである。「主観的観念論」の《独我論者 Solipsist》フィヒテにすれば、当然の考え方であった。この考え方から推していくと、産出的構想力は主観の無限の産出性、無限の意味付与作用の源、と見なされうることになる。直観の客観的な内容が主観的に決定されうるのだから、構想力が創造神に見紛うばかりの能産性になっても、不思議ではなかった。

右のようなフィヒテの考えが恣意的で唐突というのではない。十八世紀から十九世紀、人間の産出力、とりわけ「詩的創作力 Phantasie」に興味が集まっていたのである。このことは、バウムガルテンの『美学 *aesthetica*』が気の利いた――当時の言葉でいえば"geistreich"な――詩の有り方に多くの頁を割いていたことからも窺える。カントも、『人間学』で、「詩的創作力」の意味での能産性について述べている。

確かに、構想力のア・プリオリの機能である「媒介作用」の具体的経験的な種々相に照らして、構想力を様々な精神的産出の源泉と解することはできない訳ではないし、そう理解して飛躍でもない。だが産出的構想力を「創造力」に仕立て、あたかも「無から有を生ぜしめる」が如き能産性へ引き上げることは、流石にカントの《批判主義》からの逸脱だった。それは別の文化的文脈、もっといえば哲学的なポリティークや文芸的思潮、観念論や浪漫主義に負っていたのである。というのも、自らの規則を持たない構想力だからこそ、規則に適わぬ独創的なものを産出しうると考えるなら、それはカントとは全く別の話になってしまうからである。

「産出的 produktiv」とはいいながら、感性に属するかぎりで構想力は本質的に受動的、いい換えれば、他から作用を受けることで機能し始めるのである。無前提的に、他へ作用を及ぼしうるようなものではない。その意味で、構想力は本質的に「再生的 reproduktiv」であって、それでよいのである。

芸術という技術の制作過程の全体を知る術はなく、而して、芸術を「論理的 logisch」に説明し尽くすことは不可能である。芸術は「非論理的 alogisch」である。だから「機械論的 mechanisch」というか「因果律的 kausalitätisch」というか、そういう仕方での説明には馴染まない。「自然」に規則を与えられてする「天才」の「芸術制作」の全体を説明できるのなら、それは「自然そのもの」を解明し尽くした、というに同義である。逆にいうと、因果律的に技術を説明してきた伝統的な技術観では、自然の能産性や有機的な全体性を捉えられないのである。

一体、伝統的な技術観は機械論的な自然を眼目にしていた。この技術観は、ギリシャ人の素朴だがしかし堅固な「実在論」に立脚したものだった。徹底した実在論者であるギリシャ人にとって、目的論的な自然の類はむしろ自明の「無条件の前提 conditio sine qua non」であって、殊更に問い立てるまでもないし、問うてみても、畢竟、「不可知論」に陥ることをギリシャ人は知っていた。蓋し、目的論はそれ自体観念論的で、決して実在論的ではないのである。さればドイツの観念論者たちが、それぞれに、合目的々な思想的秩序体系――主観的であれ客観的であれ絶対的であれ——を構築しようとしたのは、当然のことであった。そうしないことには、哲学といえども、容易に素朴な実在論から脱け出せないからである。

カントは確かに伝統的な自然観に一石を投じたし、機械論的な説明だけでは不十分であることを論証した。その意味で、彼は単純な「実在論者」ではなかった。だが彼は観念論の体系を構築しようとした訳ではなかった。実在論的に、あるいは観念論的に思索する前に、まず人間的思索の権利と射程を確認すること、これがカントの批判主義的な思索である。

批判主義的な思索をせずに済ませられるというなら、人間は単なる「動物 Tier」であって、盲目的に自然の因果律に従属するか、あるいは純粋に「理性的存在」、「霊的存在 seelisches Wesen」であって、自然の因果律的な生成と消滅を遥か下に見はるかすか、そのいずれかである。「理性を持った動物 animal rationale」である人間は、動物であるがゆえに、因果律にしたがっている。その次第を、悟性が機械論的に説明する。そして理性的、霊的であることにおいて、因果律の外にいることができる。そのことを、理性は目的論的に理解する。こういった、いわば人間的思索に基本的なことを確認するカントの思索を、「批判的観念論」などと評することは、とても正鵠を射ているとはいい難い。とまれ二つの水準で「自然」を理解することの人間的不可避性、それをレアールに示してくれるのが「天才」の技術、すなわち「芸術」である。天才は、批判主義にとって、不可欠の思索的課題であった。

天才は芸術という技術的制作の形式である。天才を具体的人間、芸術家として論じる必要はない。それどころかカントは、天才が実在的に論じられることを慮って、あらかじめ「趣味が天才の翼を剪《き》り窄《すぼ》める」ように、手を打っておいた。天才の神秘的な産出力に悟性のチェックが利くようにしておいたのである。だが十九世紀的なフマニスムスの期待の中で、哲学的美学は「形式」である天才を実在化しないと収まらなかった。面白いことに、このような敷衍を可能にする誘因は、カント自身の思索にあったのである。カントが天才を「直観的理念 ästhetische

Idee」の能力と考えていたからである。

直観的理念は構想力のア・プリオリの表象、もしくは、ア・プリオリに産出するイメージなのである。かくて、天才の産出的構想力に、「理念」さえ実在化するかのような超人的な生産性が思い見られることになる。「超人的」と目されるのは、観念を実在にできるのは創造神だけだからで、天才はまるで「神のようだ」、という訳である。芸術家をこのように称揚することは、神を論じることに準じるし、芸術を語ることは神の「天地創造」を語ることに準じる。これが「神話」でなくて何であろうか。もっとも、神の創造には材料も技術も要らないが、天才とはいえ、やはり人間である。趣味が芸術家の「翼を剪る」、すなわち、悟性が芸術に容喙《ようかい》することもありうるのである。それを苦々しく思う芸術家は「芸術は芸術のためにある ars gratia artis」と嘯く。そして批評家や一部の美学者は、芸術のかかる矜持を「善し」、とする。しかしこれらはすべて、カントの与り知らぬことだった。

3 理　念

理性の観念である理念には二種類ある。「理性理念 Vernunftidee」と先述の「直観的理念」である。カントによると、経験の中で、理念という観念に対象が与えられることは決してない。右の二種の理念に適合する経験可能な対象、実在的な対象は存在しないのである。カントはいう、理念は「いかなる直観をも超越する概念」、すなわち「理性理念」であるか、「いかなる概念にも適合しない直観」、すなわち「直観的理念」であるか、そのいずれかである、と。だが両者は決して別個のものではなく、同じ一つのものの異なった現れ、というべきである。その一つのものを、中世神学は神の「根源的直観 intuitio originaria」の対象と見なした。

神学的には、「理念」は神の直観的表象であり神の思惟する概念である。だが神にあって、直観と思惟は同一であるから、両者を区別する意味はない。神は「無限定者 ens indefinibile」で、区別の如き「限定 definitio」は無縁のことである。神において、直観も思惟も「普遍的なもの universalis」、“forma”、“species”に関係するだけなので、直観の表象も思惟の素材も全く同一なのである。そもそも、神には概念と理念の区別はない。そして可能と現実の区別もない。

ところが人間の場合、可能的経験を実在的に支え実現するのは感性と悟性、直観と思惟である。両者は互いに「異種的 ungleichartig」なので、直観と思惟の領域的区分が不可避的になる。直観は常に「特殊 singularis」に関係するだけだし、思惟は「一般 generalis」に関係するだけである。「特殊」の方にしか関われない人間的直観は、神的直観に比して、あくまでも「派生的直観 intuitus derivativus」といわざるをえない。そこでこの直観の対象には「一般化」、思惟による「普遍化」が不可欠なのである。

「一般」、「普遍」を思惟するといっても、人間の思惟はその都度具体的な材料が与えられないかぎり、換言すれば、直観に所与を提供して貰わなければ、ただ空回りするだけ、つまり「空虚 vacuus」である。直観の方も、思惟による規定を受けなければ、何を見ているか分からない、つまり「盲目 obscurus」に等しい。こんな具合で、神にとって一つである「理念」が人間的水準へ降りるとき、否応なく理念は二様の現れ方をしなければならないのである。直観の方へ寄って「直観的理念」となるか、最広義の悟性の方に寄って「理性理念」となるかのいずれかである。直観的理念が、本性上「感性」に属すべき「構想力」が表象しうる、「純粋なイメージ」とすれば、理性理念は最広義の悟性が思惟しうる「純粋な概念」である。いずれにせよ、理念は純粋に「形相的 formalis」である。而して、直観的理念は「感性的であって、決して概念にはならない」し、理性理念は「概念的であって、決して感性化できない」。約言すれば、理念が実在的水準と交叉することはないのである。

経験的水準に留まるかぎり、理念を巡るこのように持って回ったいい方は、甚だ分かり難い。カントの有名な対句に倣うと、直観的理念は盲目的直観の表象、理性理念は空虚な思惟の捏造物に過ぎないかのようである。理念とはいいながら、この種のものは何とも訳の分からない“Unding”、ナンセンスな代物のように見える。だが経験的水準において、ナンセンスとも形容矛盾とも見える所が、理念の「理念」たる所以である。理念は超絶的な表象だし概念なので、経験的水準には、何ら対応するものはない。それを経験的水準で語ろうとしても、結果、どんな努力も工夫も、しょせん、無為の試みであることが露呈してしまうのである。

経験を超える、もしくは経験的水準にないとは、要するに「認識能力」の及ぶ所ではないという意味である。認識論的にいえば、その種のものは「不可知 agnostisch」である。具体的にせよ抽象的にせよ、それが人間の経験にどのように関係しているのか、知る由もない。理念とは、差し当たりそういうものなので、一切の人間的経験に根本的ともいうべき意味を持つといわれても、直ぐには納得できない道理である。

それはそうなのだが、人間の経験は「他ならぬ人間」の経験である。されば人間の経験を「まさしく」人間の経験として保証している所以のもの、すなわち人間の経験を可能ならしめている二つの能力——感性と悟性——がよって立つ土台、あるいは基礎がなければならないだろう。基礎がしっかりしていないと、二つの能力の働きも、いつも外部の事情に左右されるし、ぐらぐらとして不安定この上ない。そういう状態では、しばしば、人間は自分を「理性的存在」と思い込んだり、単なる「動物」として振舞ったりしかねないだろう。この「基礎」、いってみれば人間的経験の人間的「根拠 Grund」ともいうべきものが「理性」であり、理念はこの理性の観念、もしくは表象である。理念は理性を体して、「人間は人間である」と、この当たり前のことを人間に拳々服膺《けんけんふくよう》させるのである。

かつて、聖トマスは「理性 ratio」を「人間を人間たらしめているもの」とし、理性の根本的な機能を「神を知りうること」に見た。人間に理性が具わっている、それは神に学び神を知り、神とともにあることができる、という意味であった。それに準《なぞら》えれば、カントにとって理性とは「人間が自分は何であるかを弁えること」といえばよいだろうか。トマスの中世的人間の理想像に比して、カントの考えはこの理想像への反省であったし、そこに彼の《批判主義》の面目躍如たるものがある。トマスにとって、人間が何故神を知らねばならないのかは、自明のことだった。神が人間に理性を授けてくれたことからも、それは明らかである。カントの批判主義は、人間がそういう存在であると、中世この方、神学が自明的に認めてきたことを、吟味し検討し反省しなければならない。

しかし正確にいうと、理念は人間の経験を可能ならしめている枠組み、あるいは経験のホリゾントに関わる極限的概念である。いうまでもないが、人間は経験の可能的な枠組みを、それ自体として経験することはできない。経験するためには、経験の外へ出て、この枠組みそのものを対象化しなければならないだろう。神なら、それは簡単なことである。人間に経験可能な世界は神自身の「産出物」であり、「全体として」神の前にある。「自分の作ったもの ens creatum」の対象化は苦もない。そして動物なら、経験の枠組みなど知る由もないだろうし、それを知ろうと望むこともなかろう。動物は総じて感覚の快・不快を目的に生存し、その目的が満たされぬときには、残念ながら「死ぬ」他はない。極限概念としての「理念」は絶対に「人間」のものでなければないし、人間の可能的経験の根底にあるべきものとして、ア・プリオリに要請されているのである。

この要請の有り方を、カントは「統制的 regulativ」という。カントは繰り返し、次のように念を押す。「理念は決して構成的 konstitutiv に使用されることはなく……もっぱら統制的に使用されるに過ぎない」、と。理念は元々神のものであった。天地創造に鑑みて、神の理念は「構成的」でなければならない。神、この無限定者に統制的なものは何も要らない。神が自らにブレーキを掛けるかどうか、そんなことの分かる道理がないのである。

だが人間は神にはなれない。カントは理念を統制的とし、カテゴリーが構成的であることと、画然と区別しなければならなかった。神の理念に本質的である「構成的原理 principium constitutionis」たる所以のものも、人間にはせいぜい「規則の類」として、すなわち、直観的所与という「表象 repraesentativum」――文字通り、神の創造したものの「代理物」である――を「概念」に変える枠組みとされるのである。カントの「批判哲学」の中では、理性によると思しい目的論的推理は統制的、カテゴリーによる悟性の機械論的推理は構成的である。理念に関するカントの厳密な意味付けによって、「事」は判然としていたのである。

ところがカントに続くドイツ観念論の思想において、理念を構成的に理解したい、別のいい方をすれば、人間的理念を神の理念に進級させようという企てが続いた。その時代のドイツのフマニスムス的要請とも相俟ってのことだったのかもしれない。これはフィヒテに始まりヘーゲルで完了する。実に思い切ったカント解釈であった。カントの批判哲学を観念論に組み替えよう、とするのだから。

理念に根本的なことは今見た通りだが、「天才」を「直観的理念」の能力と理解すると、少々奇妙な外見を呈することに気が付く。直観的理念が「構想力」の表象であることを拠所にして、理念を経験可能な水準へと実在化しうる、天才である芸術家にはそれが可能である、芸術家はかかる「奇蹟 miraculum」を成就するかのように思わせるからである。このことが「芸術哲学」となった「美学」に、次のような策略を巡らすように煽ったのである。上述のように、芸術家を神格化してみたり、芸術による以外には知るべくもない世界を開示してくれる人、啓示者に仕立てたり。このような解釈が、どれ程の妥当性を持つのか。カントに戻って確かめてみる。もとより今いったような解釈が不当というのではない。一つの解釈として、あっても構わないのである。ただカントとの整合性を確認しておくことは、無駄ではあるまい。

カントは、直観のために概念を感性化することを「直観的表示 Hypotypose」（*KdU.* §59, 255）、という。直観的表示は、概念を「視覚像へ従属させること subjectio sub adspectum」である。“ad spectum”、見ることへもたらすのである。これは直観を概念の下に「包摂すること subsumtio」のちょうど逆で、普遍をもう一度特殊化することになる。特殊の普遍化と普遍の特殊化とは、往還可能である。当然のことで、そうでなければ、幾何学の問題を解くときに任意の図を描いてみる訳にはいかない。だが概念ではなく理念の客観的実在性を、しかも認識するために感性化しようとすると、不可能を望むことになる。カントのいう通りで、理念が直観に適合することはないし、理念の直観的表示が可能なら、概念と理念の区別もない。

それを十分承知しているのだが、「産出的構想力」のイメージによってなら、ひょっとすると直観的に理念の感性化がなされうるのではないか、と思えてくる。その際、次のような留保条件を付してのことではあるけれども。理念のような超絶的概念が感性化されるのだから、それはあくまでも“species”の個別化、つまり「一つ一つ」に過ぎないこと、しかもその一つ一つがそのままで「スペキエース species」たりうるのである。例えば、セザンヌの『林檎』も梅原龍三郎の『林檎』も、それぞれに林檎のスペキエースを感性化している、というが如くに。したがって、「個別的表示が可能だ」というとしても、カテゴリーに基づく概念の「直観的表示」のように反復されることはないし、文字通りたった一回かぎりの「表示」でしかない。もっとも、そのようであることは「天才」にとって実に好都合である。さながら、天才は理念と直観をカテゴリーなしに結合することができるかのようなのだから。そして天才が芸術家に同定され、芸術家が直観的理念の産出者の如くになる。

あらためていうが、悟性概念にせよ理性概念にせよ、概念の感性化というなら、もちろん、それは構想力の職分である。そこでカントは「直観の概念化」の裏返しである「概念の感性化」に、『純粋理性批判』において遺漏なく吟味した《図式性 Schematismus》、カテゴリーの使用の規則を援用してくるのである。カテゴリーに基づいて概念を感性化することは、当然、「図式的 schematisch」である。図式的になされた直観的表示によって得られる直観像は、概念の「具体例 Beispiel」である。具体例となった個別的直観像は、「個別的 individuel」であるにも拘らず、一種の「普遍 allgemein」として通用する。外見的にはまちまちだけれども、この具体例は外見的差異を捨象され、普遍である概念の同一的反復像と遇されるのである。

それに対し、カテゴリーに基づかない概念というか「理念」、理性だけが考量しうるこの概念に、図式的な直観的表示は成立しない。ただカントによると、それらの概念、つまり理念にも何らかの直観像を「宛《あて》がう Unterlegen」ことはできる。「宛がう」、カントは先のように「ヒュポテュポーゼ」という。但し、この直観像が理念の具体例であるはずはない。カントは、この種の直観像を「象徴的 symbolisch」といっている。したがって、象徴的になら、理念を感性化できる。直観的理念は、間接的になら、理念も表示可能であることを教えてくれるのである。いみじくも、カントは「美」を「道徳的善の象徴」といったではないか。美しい形象は、「善」という理念のシンボル、「感覚的像 Sinnbild」であった。ちなみに、ドイツでは "Symbol" と "Sinnbild" とは同義と見なされうるのである。この分かり易い例からして、理念がもっぱら観念的なものでしかなかったら、すなわち「理性理念」という有り方しかなかったら、神ならぬ人間にとって、理念は「空虚のもの」に過ぎないかもしれないだろう。それでは、理念の類が一切の人間的営為の根底にあって人間的営為を支え導いていること、このことが夢物語、神話のようになってしまう。人間には、何といっても実在的水準での納得や了解程、安心できることはないのである。

さて、象徴的表示の「象徴的」とは、図式的表示からの類推、「図式的」とのアナロジーにおいて、という意味である。類比的でしかないので、象徴的表示は一回だけで反復されることはない。類似のものを幾つ作ってみても、意味がないだろう。というのも、その都度の個々の直観像は「普遍」を「代表する Vertreten」ことはできないし、個々の象徴的表示は互いに無関係である。蓋し、カテゴリーを欠いた「表示」は不規則である。ゆえに、「趣味判断」、「直観的判断」が「一にして全」なる「単称判断」であったように、象徴的表示は、「一にして全」なる表示という他はない。

だがそもそも、理念に適う直観像は存在しないと、明言されていたのではなかったか。象徴的表示を持ち出すカントは、いささかご都合主義的はないのか。そうではない。理念の感性化が全く不可能だとしたら、「理念」と

「円い四角」の如き「形容矛盾の概念」、無意味な観念との区別ができなくなってしまう。「円い四角」の如きは、図式的にも象徴的にも、全く直観的には表示不能である。このようにカントは、極めて当然のことを、「象徴的表示」を持ち出して説明したかったのだろう。要するに、理念は人間に「要請されねばならない」が決して具体的にはならないのだ、と。直観的表示の規範的形式は「図式的」なのだから、そこから多少ともずれた表示は、須《すべから》く図式的表示からの類推や類比と見なされざるをえないのである。概念の「具体例」以外のものは、どんな「感覚的像」も「象徴」である。

「類比 analogia」は次のような順序で進行する。まず、或る概念に感性的直観像を配する。これは図式的で、通常の直観的表示である。もとよりこの直観像では不十分なので、この「図式使用」を反省して、その「規則」だけを別の直観像に適用する。いうまでもないが、この適用がどんな直観に関しても可能である訳はない。右に「単称判断」と「象徴的表示」の類似性に一言したが、象徴的表示の際に判断力のしている「反省」は、直観的判断の裏返しといってよいかもしれない。直観的判断では、判断力が「直観像」を規定すべき「普遍」を反省的に自分の持ち分の中に探したのだが、象徴的表示の場合、概念に適う直観を反省的に探す、すなわち、表示の規則が適用可能かどうかを吟味し反省し続けるのである。こうしてたまたま、適用可能と判定された直観像は「理念」の象徴となる。象徴、カントによると、それは「内容が合致する訳ではないが、形式だけは一致する」、そういう稀有の直観像のことなのである。

象徴的表示において、判断力は二段階の仕事をしている。第一段階では図式的だから通常のことだが、第二段階、図式使用の規則だけを反省して普遍の特殊化を図る仕事は、さぞかし「技巧的に techinisch」になされることだろう。象徴的表示の場合、内容は全く顧慮されていないはずなのに、さも内容に即した表示であるかのように見せているからである。象徴、これこそまさに「直観像」と「概念」との境界線上にあって、正体の判然としない、実に不思議なイメージである。

象徴は、悟性から見れば感性に属していて、決して概念の具体例ではありえない。感性から見れば、象徴は不定の直観像ではなく概念によって規定されている。象徴のこの両義的な特性に、「構想力」の産出するイメージたる所以が躍如としている。本性的に感性に属するとはいえ、構想力はいわば境界線上にあり、感性的とも悟性的ともいえるような「両性具有的」な能力である。だからカントに先立って、ライプニッツ等は、かかる機能を果たしうる能力を、「感覚」以上で「悟性」以下の能力“analogon rationis”と捉えていたのである。

繰り返しておくが、象徴的表示は概念の内容には全く関与していない。だから、オリーヴの小枝を銜《くわ》えた白鳩と世界の平和との間に、内容的には格別の関係はない。象徴がレアールな意味を持ちうるのは、一定の文化的慣習の中でのことなのである。「所変ワレバ、品変ワル」とは、よくいったものではないか。

オリーヴを銜えた白鳩の例から分かるように、象徴的表示は、あたかも「理念」それ自体を顕現させたか、と紛うばかりのインパクトを与えることがある。この経験的事実から、一つの錯覚が生じる。この感性的直観像は「理念」の内容そのものを表示しているはずだ、そしてこれ程の直観的表示能力としての「構想力」の持ち主は、尋常の人間ではない、彼なら「理念」さえ表示できるだろう、という錯覚である。錯覚、つまり「天才」への思い入れである。「理念」を表示する構想力が「再生的」である訳がなく、当然「産出的」でなければならない。この象徴的表示の場合、「一つ一つ」であることは却って、天才の作品の「独創性 Originalität」の徴《しるし》になる。「オリジネール originär」、“origin”に由来するこの語は、「始まり」を意味している。天才の所産、彼の表示する理念は新しい世界、新しい時代を開きうる、という訳である。先に、ちょっと触れたことである。

だが残念ながら、この考えは正しく錯覚以外の何物でもない。理念は直観的に表示されるべくもない。「象徴的に」とはいえ、一度直観的表示がなされると、既に理念は特殊化されてしまったのである。特殊化可能な理念、どう考えても、形容矛盾だろう。それは決して理念ではなく、高々「理念のようなもの」に過ぎない。プラトンの用語を借りれば、「イデア ἰδέα」ではなく「エイコス εἰκός」である。象徴的表示は「理念のようなもの」を感性化した。しかし「理念」の内容に鑑みれば、象徴的表示は、全く「似て非なるもの」を提示しているかもしれないのである。

カントの批判哲学の体系の中では、理念の直観的表示が象徴的、而して、内容に関係なくただ形式的なものであって十分だし、むしろそうでなければならない。理念の直観的表示が可能なら、「超感性的基体」や「可想的存在」を想定するまでもない。卓越した産出的構想力を持つ天才がいれば、すべてが実現されてしまうから、それらは「超感性的」でも「可想的」でもないのである。そうであれば、『判断力批判』はいわゆる「天才論」で閉じられるべきだろう。「目的論的判断力の批判」は全くの蛇足に終わってしまう。目的論的世界、そんなものは「天才」の想念の中にあれば、十分だからである。

「象徴」が即「真実在」であった、そんな例はたった一つしかない。地上に生を得た神の子イエスの存在である。このイエスでさえ、《三位一体 trinitas》の教義が確立するまで、神の象徴的実在ではあっても、真実在ではなかったのである。カントの「批判の体系」に不可欠の「直観的判断力の批判」の部分が、いつの間にか、独立した一種の美学論へと換骨奪胎されてしまったのである。《美学》の学問的ストラテジーのなせる業だったろう。カントの「批判の体系」に忠実であろうとすると、美学的ストラテジーをなかなか黙許できない。というのも、「産出的構想力」や「天才」の拡大解釈に戸惑ってしまうからである。

しかし翻って思うに、よしんばカントからは逸脱するかもしれないけれども、右に見た「錯覚」は必ずしも悪いことではない。むしろ十八、十九世紀、フマニスムスの時代に人間精神を鼓舞するものでさえあった。錯覚、「イリュージョン illusion」とは「遊んでいる in ludo」という意味でもある。「天才」を神のような創造者に見立てる、この知的な「遊び ludus」、否、「錯覚 illusion」の中でフマニスムスの時代を謳歌していたとすれば、それはそれで人間らしいではないか。

結び

何度もいうように、『判断力批判』のキーワードの一つは「美は道徳的善の象徴」という言葉である。端的にいって、この「美」は「自然の美 das Naturschöne」で決して「芸術の美 das Kunstschöne」ではない、否、有りえないのである。だから美の判定能力である「趣味」が感性的なもの、すなわち「現象」である機械論的自然の向こうに臨み見るのは、「可想的存在」たる目的論的自然である。しょせん人為に過ぎない「芸術美」の向こうに「可想的存在」を思い見るなど、カントからすれば、僭越の極みだったろう。可想的存在は文字通り「経験なす能わざるもの」であり、人知及ばざる自然の営為に即して、思い見られるばかりである。人為である「芸術」も一種人知及ばざる営為だ、というのは自然の営為からの比喩でしかない。その証拠に、カントは「自然美」に関して、主観は「無関心的 interesselos」であるのに、「芸術美」には「関心が伴う」と考えていたのである。自然に対しては徒手、虚心で臨むよりないが、人為には大いに人間的興味、関心、要するに“Interesse”を働かせても宜しいのである。人為には当然、何らかの意図や目的があるからである。とまれ、カントの「直観的判断力の批判」は自然美の哲学ではありえても、芸術美の哲学ではないし、況《いわ》んや芸術哲学であるはずもなかった。

最後に「可想的存在」に、若干言及しておきたい。カントは最初「可想的存在」と「超感性的基体」とを区別していたが、やがて、ほとんど同義的に使用するようになった“intelligible”の観念も“noumenon”の観念も、元を辿るとギリシャ語の「理性」や「知性」に当たる「ヌース νοῦς」の語に由来していたのである。但し、「可想的存在」は第一義的には「現象ではないもの」、「悟性が表象しうるだけで、感性的直観には現れることのないもの」の謂いだった。「円い四角」といった形容矛盾の観念も、可想的存在でありえた訳である。《批判》以前のカントは、可想的存在を、カテゴリーの適用の可否で考えていたようである。だが「批判」を通じて、可想的存在を「超感性的基体」と同義的とするようになる。

可想的存在の意味改変の契機は、「道徳的世界」としての《叡智界》を考量しなければならなくなったからである（具体的には *KdU*, §76, §83, §84など参照）。叡智界、それは「道徳的世界であって、道徳的法則だけが支配する目的の国である。確かに人間はこの国に属しているのだけれども、もっぱら理性的存在、もしくは超感性的人間としてなのである」、とカントはいう。ここでは“Vernünftiges”と“homo noumenon”とが同義的に使われている。人間は実在的水準では「理性を持った動物 animal rationale」であって、叡智界でのみ「理性的存在 ens rationale」なのである。

「目的の国」、叡智界は理念的世界、まさに「可想的世界」で実在の国ではないから、カテゴリーの適用できない世界である。そのゆえにカントは、その世界の存在者、「可想的存在」を理念的水準へ移して、「超感性的基体」としなければならなかったのである。換言すれば、認識能力の射程から、欲求能力の射程へ移さねばならなかったのである。認識能力の射程から欲求能力の射程へ移せない、もっぱら認識能力の中でしか考えられないような「可想的存在」、円い四角のような形容矛盾の観念は「全く無意味なもの Unding」に堕することになる。

ここから分かるが、美の経験も崇高の経験も「自然界」と「叡智界」とを架橋する希有の人間的経験である。カントが批判主義的に導出した「天才」は、「自然界」を経由して「叡智界」から人間世界へ遣わされた「伝令使 κῆρυξ」の如くであった。この伝令使の役割を神の「降臨 adventus」、イエスの出現のようにうけ取るとき、例えば、観念論的な芸術哲学が始まるのである。

第七章　「目的論的判断力の批判」の研究

カントは《批判》の体系を、何故「目的論的判断力の批判」で以て完結しなければならなかったのか。いうまでもなく、彼の哲学体系からしても、哲学史的に見ても、それが当然だったからである。決して「直観的判断力の批判」、つまり「趣味判断」の批判で閉じることはできなかった。これから、そのあたりの事情を、少し考察してみたい。ここに一章を立てられるのは、学としての《美学》が、しばしば、「目的論的判断力の批判」を閑却して、それを敢えて異としていないように思えるからである。

1

美学の世界では、総じて思索の眼差しは「直観的判断力の批判」へ集中する。悟性と理性、自然概念と自由概念を媒介する《目的論的判断力》よりも、感性、もしくは構想力と悟性を媒介する《直観的判断力》を重視する。美学、この近代的な学問は、むしろそのことに、積極的に学問的意義を認めてきたように思う。感性が悟性に従属することなく、認識能力として互いに拮抗し合い、遂には調和的ともいうべき協同状態、“Zusammenspiel”に至る直観的判断、すなわち《趣味判断 Geschmacksurteil》において、「人間 animal rationale」の本質が見事に顕在化しているという訳である。人間的本質の顕在、それを人間は「快 Lustgefühl」と感じ取り、「生きているという実感がいや増す Beförderung des Lebensgefühls」とカントはいう。

美学が“aesthetica”、文字通り「感性の学」なら、斯学が考究すべきはこれ、直観的判断力の謎である。以下、本章において「趣味判断」の語を用いず、もっぱら「直観的判断」ということにする。直観的判断は、「ただに理性的であるだけでなく感性的でもある」、という近代的人間像の面目である。されば、感性と理性を媒介する「崇高」の感情の分析も含めて、直観的判断力の批判は、カントが後の思想世界に及ぼした影響の中でも、特筆すべきものであった。これを美学界の一般的な見解と評して、恐らく大過あるまい。

その一方で、目的論的判断力に関していうと、「判断力」の機能が、もっぱら西欧の伝統的な「形而上学」の文脈で考察されているように見えなくもない。形而上学の伝統、西欧思想における神学的思索のことである。だから次のようないい方までが、もっとも、と思えるくらいなのである。カントは「直観的判断力の批判」によって近代的人間像を際立たせながら、「目的論的判断力の批判」によって、その人間像を再び形而上学の枠組みの中へ連れ戻してしまった、十八世紀的な人間を十七世紀的な人間へと、いってみれば“homo aesthetico-rationalis”を“homo ethico-rationalis”へと連れ戻したのだ、と。カントの哲学的体系への配慮のために、あたかも直観的判断力は目的論的判断力の先導役を割り振られたようではないか。体系への配慮、ご存知の通り、自然と自由、理論理性と実践理性との「乖離」——それは外見上のことで、理性に本質的なことではなかったのだが——をどのように調停して、理性批判を首尾一貫したものに仕上げるか、確かにそれはカント自身の哲学的課題であった。

いかにも、二十世紀前半までの「理性中心主義 Rationalisierung」に替わって「感性中心主義 Ästhetisierung」と思しい思想的傾向が台頭してくると——ポストモダンの時代である——、今見たようなカントへのクレームも、哲学的になかなかにもっともらしく聞こえるのである。

だがこの手の主張がカント思想をいささか逸脱していることは、論を俟たない。カントの思索の中で、二種類の「判断力」がある訳ではなく、一つの判断力が二様に、つまり「規定的」と「反省的」という風に働くだけなのである。判断力の反省的な働き方は、さらに、「直観的」と「目的論的」の二つに分かれる。判断力の「規定的」と「反省的」、そして反省的働きにおける「直観的」と「目的論的」、どれも人間にとって本質的な機能なので、どれが人間にとって重要なのかといった問いはほとんど意味がない。どちらかが重要なら、そちらだけを縷説すればよく、重要でないものに労を費やすまでもあるまい。どの機能を欠いても、それは人間の「判断力」ではない、ということなのである。而《しこう》して、『判断力批判』の前半部と後半部のいずれが重要かという問いは、カントの嫡流を以て任じた《存在論》の哲学者N・ハルトマンの言葉を借りて形容すれば、「暇潰しの問い müßige Frage」である。美学のするカント解釈には、幾分か、ストラテジーを凝らし過ぎるきらいがなくはなかった。有体をいうと、カントの「自然美の理論」を「芸術美の理論」へ、十八世紀的美学を十九世紀から二十世紀の芸術哲学へ展開せんがための美学的な解釈のゆえである。

それはともかくカントにとって、直観的判断力の批判をし、次いで目的論的判断力の批判をする、というこの順序は不可避的だった。『純粋理性批判』と『実践理性批判』の順序が、そして『純粋理性批判』では、「超越論的感性論」と「超越論的論理学」が「超越論的弁証論」に、順序的に先行しなければならなかったように。感性を論じ、悟性を論じ、しかる後に理性を論じる。この順序はアリストテレス以来の西欧の学問的な伝統が指定したものであった。この順序のために、大きくは《理論理性》に対する《実践理性》の優位、「自然」に対する「自由」の優位が説かれる。小さくは、目的論的判断力の方が直観的判断力よりも高位のように見える。直観的判断力か目的論的判断力か、かかる「あれかこれか」の議論に関しては、超越論的弁証論を欠いて純粋理性への「批判」は完遂されないし、超越論的弁証論だけでは、「理性批判」が「批判」とは名ばかりの、空虚な「思弁 speculatio」に大差ないことを示せば、沙汰止みになるだろう。

空虚な思弁に堕さない、それは哲学的思索が実践的意味を有するということである。思えばギリシャ哲学は、端的にいって、実在論に基づく実践哲学であった。キリスト教神学は神の自由意志を根底的理念にする観念論の哲学であった。しかし、この観念論は実在論以上に実在的で、実践的な拘束性を有していた。いずれの場合を見ても、西欧思想においては「自由」が第一義的だったのである。もちろん、カントはこの伝統を遵守した。

カントのする《批判》は、人間の諸学問を人間存在そのものに基礎付けることである。その第一歩が「第一哲学 prima philosophia」、すなわち「形而上学」の基礎付けである。右に触れたように、この作業を、カントは西欧形而上学の伝統に則って遂行した。彼は哲学の伝統に忠実だったが、もとよりそのことと「批判」の実践と矛盾しはしない。

形而上学の一つの典型である神学的な学問体系の中で、存在者全体――神、人間、自然――の考察は次の三つ、《神論 theologia》、《霊魂論 psychologia》、《宇宙論 cosmologia》に分けられる。人間の知的な眼差しはまず周りの自然に向き、自然探求がなされる。次に「自然を探求する」という人間の特権と自由――ハイデッガーの言葉でいえば「存在的存在論的優位 ontisch-ontologischer Vorrang」――が尋ねられる。そして最後に、人間にこのような特権と自由を与えてくれたものが理念的に要請されてくる。全能者たる神である。神、この究極的存在から、人間的営為を含めて地上的な一切の事象が演繹可能であることを理解して、人間の哲学的探求が完了する。このような学的探求と体系化を通して、人間の特権と自由の内実は学問的規定を得た。アリストテレスに始まり、キリスト教神学で方向を定められ、デカルトの「省察 meditatio」を閲して最終的にライプニッツ＝ヴォルフの十七世紀的な集大成へと連なる、真に長い人間的思索の道程であった。

だがカントには、この思索的伝統そのものの見直しが緊要のことになった。神学に代わる人間学を創始しなければならないし、そのための必要十分な準備が急務になる。《批判》である。但し、「批判」、神によって無前提的に与えられたと目されてきたことを、人間存在に根拠付け直すという試みは、それが学的実践であるかぎり、形而上学的伝統の即するより他に、とるべき方途はなかった。否、むしろこういうべきだろう、具体的なものから抽象的なものへ、特殊から普遍へ、自然から自由へ、要するに「自然学」から「形而上学」へという学的関心の方向性は、人間の「知」の有り様に合致していたのである。「神学」というこの壮大な形而上学的構築物も、畢竟、人間の知的方向性に適って生まれたのである。自然に係る「直観的判断力の批判」から自由に係る「目的論的判断力の批判」へ、敢えていうなら『判断力批判』における「批判的美学」から「批判的倫理学」への順序は、今いった人間の思索的必然性のしからしめる所だった。

こう考えてくると、《美学》が「目的論的判断力の批判」をほとんど話題にしないことは、それ相当の学問的な策略のように思えてくる。

ところで一般に美学の徒は、しばしば「カント美学」という表現を用いるのだが、「カント美学」というのは後からの呼称であって、厳密には「カント美学」なるものは存在しない。もちろん、カントが“Ästhetik”の語を十九世紀以降の美学の徒と同じ意味では使用していない。このことに贅言は要るまい。ついでながら“ästhetisch”の語を、カント哲学の文脈の中で「美的」と訳すことの妥当性は、本来検討されてしかるべきなのである。少なくとも「批判哲学」の中で、件の語に「美的」という、幾らか価値論的な意味を索《もと》めることが妥当かどうか。カントにあるのは「美の判定能力」としての《趣味 Geschmack》の批判である。趣味判断は「直観的判断」、“ästhetisch”な判断であるが、その“ästhetisch”に関しては、まず『純粋理性批判』で遺漏なく考察されねばならなかった。「直観 Anschauung」がその純粋性、つまり「純粋直観」という様相において質されたのである。「純粋 rein」という形相的水準で論じる、すなわち質量的問題を一切排して直観が「超越論的な transzendental」水準で扱われるので、当該の部分は《超越論的感性論 transzendentale Ästhetik》と呼ばれる。ここでは、アリストテレスの『自然学』に倣って時間と空間が、しかし自然学的にではなく、直観の「形式」として分析される。

元来“Ästhetik”の語は「感性論」の意味で使用されるべきなのに、ドイツ人は例外的にこの語を「趣味の批判」の意味で用いている、とカントはバウムガルテンを槍玉に挙げている。カントの非難にも拘らず、彼の術語「趣味判断」よりも“Ästhetik”の方が美学界の術語として定着したのは、いささか皮肉な仕儀ではあった。美学が芸術哲学になり、美学の関心が鑑賞者の「趣味」より、芸術家の制作意図の方へ向き始めたことと、軌を一にしていた。ともあれ、趣味判断をその純粋性に関して徹底的に吟味することが『判断力批判』の仕事になった。認識能力としての「感性＝直観」の機能に関しては『純粋理性批判』で委細が尽くされているから、直観的判断力の分析論ではそれに倣い、もっぱら直観的判断の位相が吟味検討され、その次第が論証されるのである。美学の世界では「直観的判断力の批判」、「崇高の分析論」、技術及び天才の技術としての「芸術」を論じた部分を含めて、「カント美学」という習いである。

カント美学という呼称は、端なくも次のことを是認している、美学は一特殊専門学科である、と。専門学科であれば、人間の或る特殊な活動領域を扱ってよいし、その特殊性を際立たせるための学問的ストラテジーがあっても構わないだろう。だから『判断力批判』が批判の体系を顧慮せずに読まれるとしても、美学世界の中では、必ずしも難詰されることはない。直観的判断力の機能は確かに特殊的であるから、この「特殊性」を専門的に考察する学的努力があってもよいし、この特殊性が人間のほとんど注目もされてこなかった新しい側面――“homo aestheticus”というイメージ――に気付かせるものであるなら、むしろ特殊性の研究は多とすべきだろう。美学は人間のそのような面にスポットを当てる、新しい学問として展開してきたのである。かくて『判断力批判』への美学的対応にも、美学はそれなりの「説明責任 accountability」を果たしうる。

直観的判断、趣味判断が、特殊的であることにおいてそのまま普遍へ通じることを、カント自身が示唆している。決して単なる特殊的判断というだけではない。カント曰く、「美は道徳的善の象徴」なのである。個々の美は美であるという特殊相において、「善」という普遍を体している、善の理念が象徴的に顕現しているのである。だから、象徴の象徴たる所以を詳細に意味付けておけば、美の判定である「直観的判断」の研究は「善」の研究へも敷衍可能だろう。美学の対象である“homo aestheticus”が同時に“homo aesthetico-ethicus”であると規定できれば、《芸術哲学》に変貌する前の、十八世紀的な「美学」の仕事は終わる。

もっとも、カントをそこまで敷衍できるのは、そもそもカントが「体系」を顧慮して美を考察していた証拠なのである。ここで体系的とは、ギリシャ以来の「真・善・美の統一」を念頭に置く、という意味である。とまれ「直観的判断力の批判」で吟味されるのは、普遍が象徴的に「顕現」しているということ、見方を換えると、「天才」を介して普遍が象徴的に提示されているという事態である。象徴的提示にカントは“Hypotypose”の語を充てている。ギリシャ語の語義的意味を汲んだ、実に的確な言葉である。そしてカントはこの語を「宛がう Unterlegen」と訳している。“ὑποτύπωσις”「特殊の下に普遍が潜む」、「特殊に普遍を宛がう」という意味になる。

ところが「ヒュポテュポーゼ」の問題は、本書の別の箇所――本書、第六章――で扱ったように、芸術の議論、人間の創造性の議論の中で、天才の能産性、特殊と普遍の水準を跨ぎ越す程の創造性の問題へと換骨奪胎される。芸術哲学のストラテジーである。そもそも「ヒュポテュポーゼ」は広い背景を持った言葉である。その正確な意味付けは、やはりカントの思想全体を――十九世紀的フレーズを借りると、「全き人間 der ganze Mensch」を展望しつつ批判を遂行すること――眺望しなければ、容易ではない。語の意味を美学という一学科に局限して解釈することは難しい。一学科の中では、どうしても全体を展望するマクロな視点をとることが容易でなく、ややもすれば部分に拘泥し、いささか付会的にもなりがちである。

さて「特殊 singularis」と「普遍 generalis」との関係が直観的判断の場合には、「図式的 schematisch」でなく「象徴的 symbolisch」である。そのためこの事態、すなわち美の判定を陳述する「判断」、趣味判断の妥当性と有効性に関して、カントは「主観的に普遍妥当的である」とか、「目的を持たないのに合目的々である」などと、理解し辛い規定を与えねばならなかった。このような分かり難い表現は、批判哲学の全体を顧慮し、しかも批判哲学が哲学の伝統に準拠したものであることを承知して、ようやく納得できるのである。

一体、「普遍妥当的 allgemeingültig」や「合目的々 zweckmäßig」という表現は、哲学的伝統にあっては普通のいい方である。但しその場合、普遍性や目的の概念は本質的に客観的水準に関して使用される。そして客観は、人間に対峙する絶対的存在の水準、端的に「神」や「自然」を意味するのである。「目的」、それは客観的な絶対的存在、神の持つ宇宙像や自然の自からなる内的秩序を構成している所以のものである。近代以降、自然のような合目的々統一体は「有機体 Organismus」と呼ばれることになり、やがて、十九世紀の後半から「自然科学」の専門的な研究領域になる。有機体の有り方が、全体として、「合目的々」だし、ゆえに客観的に「普遍妥当的」なのである。ちなみにカントが標榜する目的論的自然、理念としての自然をこの「有機体」と総括できる自然のことだといって、恐らく大過あるまい。ギリシャ時代には、合目的々な秩序を人間は“φύσις”と理解し、キリスト教神学では、「神の意志 Gotteswille」の表れと理解してきた。合目的々とは、ピュシスに適う、神意に適うという意味で、当然、普遍妥当的でなければならなかった。普遍妥当的、合目的々、これらは実在的世界を論じる実在論的な語彙だったのである。

カントは客観に関して使用されるべきこれらの語彙を、主観の心意識の状態へ援用した。というのも、「批判」という人間の主観を吟味する哲学的手続きに、専門的な術語がなかったからである。そこでカントは、厳しい留保条件を付けた上で、伝統的な語彙を転用する他はなかった。留保条件、すなわちそれらの語彙が実在的な意味を持たない、全く形式的な規定のために使用される、ということである。それでもなお、カントの用語法は、いかにも形容矛盾のように映ったのである。止むをえないことではあった。

寄り道をして、「芸術哲学」へ変貌した美学に関しても一考しておこう。ヘーゲル以降、すっかりこっちの方が主流になった。芸術哲学となった美学はポリティークというか、殊更に「目的論的判断力の批判」から思索の目を逸らしたように思う。それより前にヘーゲルは目的論的な思索を必要としない「芸術哲学」を構築していたのである。従来の自然美の哲学と芸術美の哲学——但し、芸術は自然の「模倣 Nachahmung」であると考える——は、自然そのものの「結構 Struktur」を考察しなければならないし、そのためには、目的論的な思索が必要である。ヘーゲルは「精神」に「自然」を内在化させた。思い切った遣り方であった。結果、自然は精神の実在的な位相として「顕現する Erscheinen」とされ、精神を規定すれば、自と自然を規定できることになったのである。精神的営為である《芸術》が《自然》の上に立つ。「理念の感性的顕現 sinnliches Scheinen der Idee」と定義された「美」は、自然美ではなく芸術美でなければならなくなったのである。ヘーゲルが素っ気なくいったように「自然の美は不定 unbestimmt の美」、つまり得体の知れない美であるに過ぎない訳である。

しかしご存知の通り、「技術」にせよ「芸術」にせよ、これらは哲学史的な概念ではない。哲学史的にこれらの概念を辿ることはできないのである。「芸術」は、カントとほぼ同じ時代に生まれたばかりの全く新しい概念で、しかも芸術の元になる「技術 ars」は、「機械的技術 artes mechanicae」の方に属している。これは身体的な訓練によって習得すべき技術である。学問の系譜である「自由な技術 artes liberales」とは、少なくとも十七世紀まで、無縁の所にあった。二様の「技術 ars」は物を扱う技術と観念を扱う技術という風に、はっきり分けられていた。哲学史の文脈の中に「芸術」の概念がなくて当然だったのである。だから「芸術」に関する部分に注目して、『判断力批判』を芸術哲学へのプロレゴメナとして読もうというのは、カントに忠実な思索の目には、甚だ大胆な試みと映ったのである。

芸術哲学の学問的な策略は、「芸術」が人間的自由を実現する最高の方途の一つ、学問的探求や道徳的実践に匹敵するものだ、と称揚する。もしくは、芸術もまた、独自の真理——バウムガルテンが既に「感性的真理 veritas aesthetica」の語で以て、「美 pulchritudo」を徴表していた——を探求する、広い意味での認識活動と見なす。要するに、芸術を内在的原理に基づく自律的活動と評価するのである。「内在的原理に基づく」、それが芸術の自由と自立を保証する。かくて、「芸術哲学」へ変貌した「美学」は、哲学的伝統に即する「目的論」に、学的支援を求めなくても済むことになる。芸術の原理の探求は、自から、芸術的目的論を含んでいるからである。

この美学的なストラテジーの下、直観的判断力は、あたかも芸術という合目的々活動の「合目的性」を判定する能力へと摩り替えられるのである。そういう文脈において、"ästhetish"の語が「美的」という意味合いを持ち始めた。しかし「直観的」の語意を拡大しようとすると、直観的判断と認識判断との区別も判然とはしなくなる。芸術制作が芸術的認識といわれたりするし、「芸術的真理」という表現も必ずしも奇異ではなくなるからである。ここまで行くと、既にヘーゲルの芸術哲学的プランを大きく踏み出してしまう。要するに、二十世紀的な学の事情の反映である。

もっとも、少し遡ってライプニッツにしたがうと、神の《天地創造 creatio》の意図、神意を解読するのが「目的論」である。それに倣えば、芸術哲学が「芸術的目的論」といったものであっても、別に不思議ではない。芸術哲学が芸術的創造の目的を解明しようとするかぎりで。この芸術哲学の内部では、直観的判断と目的論的判断を区別するのは難しくなる。あるいは、区別が必要でなくなるのかもしれない。芸術の判定能力たる「直観的判断」は、芸術制作の目的を見通しているからである。さらにいえば、芸術創造を成就する芸術家、それを「天才」という神人同一体に同定することで、とりわけ「目的論的判断力」に一章を立てる意味がなくなるのである。何故なら、この芸術哲学は、一種の形而上学、芸術の形而上学だからである。カントの「目的論的判断力の批判」は、形而上学の「批判」に不可欠のものであった。しかしそれ自体で形而上学的である思想が自己批判を含むはずがないだろう。

2

カントに戻ろう。

カント自身、「判断力を批判するという場合、この批判に本質的に属するべきは、直観的判断力の批判の部分である」(*KdU*. Einl. L)といっている。『判断力批判』の前半部の方が重要で、後半部はその付録のように聞こえるではないか。その理由を、「判断力が自然を反省するときに根底に置くべき原理を、完全にア・プリオリに含んでいるのは直観的判断力だけだからである」(*KdU*. Einl. L)、と説明している。認識という「規定的判断」の場合、悟性は自らの法則をア・プリオリに「自然」に適用する。このケースに似て、直観的判断の場合にも、判断のための原理、「主観的原理」がそのまま、自然にも妥当するかの如くだから、とカントはいうのである。カントの右の言葉と本章でのカント理解、すなわち「直観的判断力の批判」と「目的論的判断力の批判」との間に優劣関係はない、とする考えとの整合性を質さねばならない。判断力そのものの定款へ戻って考えてみる。

《判断力 vis aestimativa》は、スコラ哲学において、事象そのものを、その価値に即して正しく判定する能力とされていた。別言すれば、判断力は事象に即して創造主である神の意図、「神の摂理 providentia」を正しく判定し、以てそれを読み取る能力であった。ここに明らかに「判断力」は、トマス的意味での「理性」、「神を知る能力」の位相と見なされている。そして、判断力は事象という特殊を神意という普遍の下に「包摂し規定する」、という考え方が現れている。

中世の哲学的世界観は、目的論的であった。およそ、目的は意志によって定立されるのだが、「世界」を存在せしめる究極的な意志は、すなわち「神意」である。神は世界を合目的々に創造したので、事象の価値、存在理由は須《すべから》く、神意の顕現と判定されねばならない。判断力のかかる定款にしたがって、カントは自らの「判断力」を、「特殊を、普遍に包摂されるべきもの、として思考するア・プリオリの能力」、と定義したのである。

判断力の機能の仕方は、上述の二通り。まず普遍があって、与えられた特殊を普遍の下に包摂するか、あるいは、特殊だけしか与えられずこの特殊を包摂すべき普遍を探すか、そのいずれかである。中世的神学においては、一切の事象が目的論的世界観の下、神の普遍に包摂されるのだから規定的判断、反省的判断の区別はない。神意の内に特殊と普遍の区別はないからである。神学的に規定されていたことが、神ならぬ人間に援用されるとき、判断力に機能の二重性を認め、その差異に注目せざるをえなくなるのである。

規定的判断の場合、判断に先立って悟性の普遍的法則が指定されている。したがってこの判断は客観的で、判断力は自分のための法則を必要とはしない。『第一批判』で扱われたのは、規定的に働く判断力の仕事だった。反省的判断力が機能する場合、判断力にはよるべき普遍が指定されないから、判断力はその都度、自分自身、すなわち悟性の持ち分の中に、普遍たるべき概念を渉猟するのである。判断力は自分自身の内側へ向き直って自分を省みる。文字通り"reflexio"である。というのも判断が成立しなければ、人間の経験が成立していないというに同義だからである。この辺《あた》りの考え方を、カントはアリストテレスに準拠している。経験の可能根拠、ア・プリオリの構造を闡明するカントの《批判》にとって、反省的判断力のア・プリオリの機能を遺漏なく質すことは、『第三批判』の一書を以てようやく成就しうる、つまりそれ程の大業であった。反省的判断力、それは人間に不可避的で、まさに人間が人間であることを熟知せしめるのである。蓋し規定的判断は神を範例にできるが、反省的判断は神に範を仰ぐことはできないのである。

さて、判断力は「感性、もしくは構想力と悟性」が協同してする働きであるか、「理性と悟性」が協同するか、いずれかである。いずれにしても、判断は異種的な能力の協同活動である。規定的判断の場合、イニシアティヴをとるのは悟性、規則や法則の能力である。反省的判断では、そうはいかない。感性との関係であるにせよ理性との関係であるにせよ、悟性は新しい規則、法則を探すのである。探し方、探求の条件にしたがって、反省的判断力の機能が「直観的 aestheticus」と「目的論的 teleologicus」に分かれる。一般的にいって、悟性の「法則探し」を保証する原理は「合法則性 Gesetzmäßigkeit」であり、特に反省的に働く場合には「合目的性 Zweckmäßigkeit」である。

反省的判断の際にも、悟性は何らかの法則を探し、それをその都度一回かぎりの法則として指定できる。規定的判断において、悟性の法則指定が「合法則性」の原理に則っていることと、形式的には矛盾しない。もっとも、反省的判断の原理である「合目的性」は、一回ごとに有効で反復不可能な指定をするだけ。規定的判断の場合とまるで違うのである。確かに判断力の原理が後見を務めているのだが、この後見はあくまでも判断を「主観的に支えている」だけである。規定的判断におけるように、合法則性の原理を客観、つまり「自然」へ拡張することも適用することもできない。反省的判断の原理、「合目的性」は単に主観的である。カントはいう、「自然の対象に関する反省は、反省の方を自然へ適合させるのであって、自然が我々の条件にしたがっているのではない。自然からすれば、我々の条件は全くの偶然なのである」（*KdU*, Einl. XXVII）。

とはいえ、反省的判断力の二様の働きを可能にする「自然の合目的性」の原理は真に巧妙なものである。全く主観的でしかないこの原理は、客観である「自然」全体を、あたかも「合目的々な秩序をなしているかのように」見立てているのである。いい換えると、《物自体 Ding an sich》という不可知的な自然を、全体として、人間に経験可能な対象に仕立て上げるという驚嘆すべき原理なのである。それも道理、中世神学的に見れば、そしてこの神学を近代的に総括したライプニッツ的に見ても、自然の合目的性の原理は、神の《天地創造》のプランの一相貌に他ならない。このプランの下に「創造された自然 natura creativa」――あるいは“natura naturata”――が合目的々秩序をなしていない訳がない。そうでないなら、被造物が創造者の意志に背いたことになる。

とまれ、ニュートンが彼の「自然哲学 philosophia naturalis」で解明したのは、自然へと「客観化された神意」、すなわち「合目的性」であった。ニュートンは合目的性を、例の《万有引力 gravitas universalis》の法則の下に統一的に理解した。彼にとって合目的性の原理は、端的に、自然の客観性の原理だったし、そうでないなら、およそ「原理」と称しうるものではなかった。彼の「自然哲学」、「物理学」は被造物に即した神学、「裏返しの神学」とでもいうようなものであった。それは数式で叙述された形而上学だったのである。形而上学を「批判する」――ハイデッガーは、それを形而上学の「新たな基礎付け neue Begründung」と呼んだ――カントは、この原理を主観的でしかも形式的な使用に留めたのである。しかしこのような限定的な使用、もしくは局限化は、伝統的な神学的思索に照らせば、原理の大胆な操作ではあった。

ところで、目的の概念そのものが直観的水準で把握されることはない。目的は実践理性の「主宰 Verwalten」の下で実現される。目的が理論理性の水準、認識の水準で無媒介的に現象してくることはない。理論理性は「意志」が定立した目的の全体、合目的々な連関を、「合法則的」と総括できるだけである。この総括は、目的の措定や実現に較べれば、むしろ反省的確認というのが適当だろう。いってみれば、この総括は、目的が「規則に適っている」、と後付けているに等しい。順序が逆になっているのである。当然、規則が「目的に適うべき」なのである。この事情は目的論的判断にも反映されている。

上述のように、神の意志による目的の定立と実現、すなわち「天地創造」を神がする「自然」の「提示

praesentatio」というなら、それに比して、人間のなしうることとは、神の提示物である「自然」を自分の前に置いてその意味、要するに神意を読み解くことである。神意の読み解きを、人間は理論理性の管轄の下で認識能力を動員して行う。そして「判断を下す」のである。「……は……」である、と。読み解き、判断として陳述すること、この「人間的」ともいうべき営為は、しかし神から見れば、しょせん「再提示 repraesentatio」の水準でのものでしかない。「判断 iudicium」は、須《すべから》く“repraesentatio”の水準の問題である。

正確にいえば規定的判断は神だけに可能である。普遍者である神が自らの観念を実在化した「特殊なもの singularis」、個々の「存在者 ens」を「自分のものである」と認定する判断だけが、真正の規定的判断である。そもそも、神の「産出行為」が理念を実在へ、普遍を特殊へと「限定すること definitio」であった。神に、反省的判断は無用だし、それどころか、反省的判断は矛盾でさえある。だが人間の判断は、否応なく「規定的」か「反省的」か、に分かれざるをえない。人間に無条件的に「普遍」が与えられる訳ではないし、況《いわ》んや、普遍である「観念」がそのまま「実在」である訳がない。人間に無条件的に与えられているのは、ア・プリオリの「形式」――神にあって一つである「形相 forma」と「質量 materia」の形相的側面――だけ、純粋直観や純粋悟性概念……等々だけなのである。この次第を、カントは次のように術語化した。すなわち、神の水準の実在的な普遍性と人間の水準の形式的な普遍性、二様の「普遍性」の間の絶対的隔絶を示す「超越的 transzendent」の語の代わりに、しかしこの語を顰《ひそみ》にした「超越論的 transzendental」という語で、カントは人間一般の諸能力に通底するア・プリオリテートを把捉したのである。

直観的でない反省的判断力の働き、悟性と理性の協同が「目的論的」と呼ばれるのは、理性の提示する「合目的性の原理」からして、当然である。この判断が「目的」に関するからといって、判断は「実践的 praktisch」ではなく「理論的 theoretisch」、もしくは「静観的 kontemplativ」である。直観的判断のように「快・不快の感情」によるのではない。

直観的判断は、自然の合目的性を主観の「快感情」として感得する。直観的判断は二重の意味で、「調和 Harmonie」ともいうべきものを含んでいる。一つは、表象を契機にして活動し始める認識諸能力、構想力と悟性との「調和的遊動」、今一つは、表象を契機にして臨まれる、自然の合目的々な秩序と認識活動との調和である。二重の調和が一致的に成立している、そのことが快と実感され、心情を高揚させるのである。主観と客観、内と外との形式的な一致であるにも拘らず、合目的性の感得は「生きている」、という「生命感 Lebensgefühl」の高まりとなって主観を鼓舞する。それが、直観的判断の形式的だが、しかしレアールな人間的意味である。繰り返すと、形式的合目的性に則るだけの単称判断だが、今いったように、「快」という確かなレアリテートを持っている。直観的判断において、形式的なものがそのままレアールな快をなす、という一種の奇蹟が出来しているのである。

もっとも、直観的判断の事態そのもの、何故この事態が「快」なのかを、もとより当の直観的判断は知らない。快を実感したそのとき、もうこの判断は既に完了してしまっている。一回ごとに完了し閉じてしまうので、直観的判断は何回体験してもその都度別の判断、「単称判断」でしかない。直観的判断の事態そのものを主宰し総括できるものは、理性が直接的に関与する目的論的判断力を措いて、他にはない。されば、目的論的判断力が、この事態を反省的に総括しなければならない。単称判断が快をもたらす、このことは人間にとってこの上ない恩寵であるけれども、正体が分からないので、またしばしば、危険でもある。反省と総括は原理の能力である理性が、「判断力」に与えた「合目的性の原理」の妥当性を、悟性と協同してする自己検証といってよいだろう。

さて、自然の合目的性は、人間にとっては、判断力の、しかも徹頭徹尾、主観的な原理である。この原理は「無限に多様な仕方で現象する」自然という個々の特殊を、その都度一回かぎりの概念、普遍の如きものへともたらす。その都度一回的なのに、何度も別個の直観的判断が成立するので、判断を支える「合目的性」の原理から推して、人間は次のように思い込んでしまう。自然の中に秩序があって、それが自然全体を合目的々統一体、上述の《有機体》に仕上げているのであろう、と。そして有機体は単なる観念の類ではなく、絶対的に客観的な実在でなければならない、とも。

それにしても、「自然目的 Zweck der Natur」とはいささか矛盾したいい方である。目的は意志という主観的精神性の中に存在するだけで、自然のような客観の中に存在する訳がないではないか。否、そうではない。否、むしろ、そうだからこそというべきか。人間は、自らのする（主観的な）目的設定とその実現、すなわち「判断」の成立からの「類推 Analogia」によって、自然の「生成 Werden」の中に自からなる目的秩序を思い見るのである。この類推を通して、人間の方があれこれと忖度していることを忘れてしまい、却って自然の方が「人間の認識能力を慮《おもんぱか》ってくれている認めさえする」（*KdU.* Einl. L）、とカントはいっている。要するに、自然の中に実在的な目的があって、それが人間の方に現象している、自然が単なるカオスのはずがない、という風に人間は認めるのである。

確かに人間は、自然の中に「技術」を揮う「デーミウールゴス」がいて、見事に自然を造形し技術の目的を成就している、と考えてしまう。造化の妙、自然の秀抜な造形、自然の美に触れるとき、「驚嘆 Wunder」とともに造化の神の技量の計り知れなさを讃嘆する。そこでカントは、直観的判断の対象である「自然美」を、人間は「合目的性の概念の形式的な、すなわち単なる主観的な例示 exhibitio と見なす」が、その一方で「自然目的」を、「合目的性の概念の実在的な、すなわち客観的な証示と見なす」（*KdU.* Einl. XLIX）というのである。

ここに至って、ようやく本章の冒頭の言葉まで、戻ってきた。カントのいうのは以下のことである。「自然の合目的性」はあくまでも主観的原理に過ぎないし、主観的に有効でしかないのだが、直観的判断の場合、客観に触発された主観の快・不快というレアールな感情において、この原理の有効性があたかも客観の方から出てきたかのようである、と。したがって、直観的判断力が、自然の合目的性の原理を「形式的に」自然に適用したことは、誤りでも不遜でもなかったのである。

直観的判断、趣味判断は真に奇妙というか、ソフィスティケートされた事態である。突飛な譬えかもしれないけれども、我々は趣味判断と聞くと何とはなく小話にある、「筋向い住む男に、毎日、鰻を焼く匂いを嗅がれている鰻屋のオヤジが、晦日に鰻の嗅ぎ代を請求にいったところ、男はチャリンという小銭の音で支払った」、という洒落た話を思い出すのである。

余談はさて措いて、目的論的判断力は、或る自然事象が「自然目的といった理念にしたがって判定されるための、条件を示すだけ」である。この条件の下、直観的判断力は「合目的性の原理」を形式的に自然に適用した訳だが、目的論的判断力は、この原理を、いささかも自然へ適用する訳ではない。だが目的論的判断によって、人間は、何故直観的判断が快・不快という確かなレアリテートを持ちうるのか、を知ることができる。すなわち、直観的判断が上述の二重の調和的な快であること、そしてその理由が、合目的性の原理が提示する条件、つまり客観への「形式的適用」という条件を完全に満たしていたからだ、と知るのである。ここからして、自然を反省する際に、自然の合目的性の原理を「自然」に対してア・プリオリに適用するのは直観的判断力だけであることが分かる。

だから次のようにいえばよい。目的論的判断力は、直観的判断力のする個々の「自然反省」を統一的に反省する能力、個々の直観的判断を常に後ろで支えるア・プリオリの能力、判断を判断する能力である、と。自然を「反省する能力」としての「反省的判断力」を論じる場合、目的論的判断力は《批判》の中心主題にはなりえない。蓋し、目的論的判断力は、「自然を反省する能力を、反省する」ことを任務とし、反省的判断におけるプロンプターといった役どころを演じているからである。しかしこのプロンプターがいないと、直観的判断力はシナリオもなしに「独り芝居」を演じていることに、なりかねないのである。

『純粋理性批判』において、「超越論的要素論 transzendentale Elementslehre」が「超越論的弁証論 transzendentale Dialektik」を欠くことができないように、換言すると認識能力の批判が「原理の能力」である「理性の批判」を欠かせないように、『判断力批判』において、「直観的判断力の批判」は「目的論的判断力の批判」を欠くことはできないのである。『純粋理性批判』と『判断力批判』の構造がパラレルになっているのは、決して偶然ではない。「目的論的判断力の批判」がないことには、直観的判断力の働きに絶対的な足場がなくなってしまう。直観的判断が不安定であるという事情は、カントの「批判の体系」の内部でもともより、西欧形而上学の伝統に鑑みて黙認できないことだった。判断論一般として見れば、「直観的判断」は「規定的判断」、神のする判断の特例的なケース、まさに人間的ケースとして扱われるべきものだったからである。いみじくもカントがいうように「美は人間だけに妥当する」のであり、ゆえに直観的判断は、人間のする判断なのである。

本章冒頭のカントの言葉は、こういいたかったのである。「判断力の批判」において、「直観的判断力の批判」と「目的論的判断力の批判」とでは、《批判》に供せられる場所が違うのだ、と。而して二つの判断力の上位下位など、少しも問題になってはいないのである。道理で、引用した箇所でカントは「批判」の語に、わざわざ、不定冠詞を使っている。"in der Kritik der Urteilskraft"といわずに"in einer Kritik der Urteilskraft"といっているのである(*KdU*, Einl. L)。もしこれが誤植でないなら、カントの意図ははっきりしている。二様の反省的判断力は、それぞれにしかるべき場所で「批判」に供されねばならないことをいっているのである。反省的判断力の個々の「批判」はいわば「一つの批判 eine Kritik」であって、それぞれの「批判」を合わせて《判断力の批判 die Kritik》をなしているのである。

3

『判断力批判』の目的の一つ、それも大きな一つは、「判断力」がア・プリオリの原理を持つことを示すと同時に、この原理がやはり「統制的 regulativ」なだけなのか、それともこの場合は「構成的 konstituitiv」なのか、を吟味することだった。それは哲学が「神学」から「人間学」へと根本的な転換を遂げ始めた近代、哲学にとって不可避的な緊要事であった。カントが《批判》として遂行したのは、この吟味に他ならなかった。判断力の原理が統制的か構成的かの吟味は、当然、一貫して持ち続けられたカントの、哲学的課題に不可欠の一相貌であった。

カントのいわゆる《コペルニクス的転回》は、畢竟するに、神の本質の方から人間の本質を決定しようとするのか、逆に、人間の本質の方から神の本質を標榜するのか、別言すれば、創造者の側から被造物の意味を規定するのか、被造物の側から創造者の意味を考察するのか、という哲学的なパラダイムの変換だった。それによって初めて、精神性に対する物質性、人間に即していえば身体とか感性の意味を問題にしなければならなくなる。旧来のパラダイムに則るかぎり、物質性や身体性は人間の堕落の要因でしかなく、殊更に哲学的議論の俎上に上せるべき話題ではなかった。

神から人間を規定する、普遍から特殊を思考することは、すべて演繹的に進行する。その際、思考には構成的原理があれば十分である。神は被造物の一切を「包摂する subsumieren」極限概念だから、「神から人間へ」という思考の方向に、統制的原理は要らない。そもそも、神にとって「構成的か統制的か」という区別は全く無意味だし、神の思考の中で、概念と理念の区別もない。だが人間という「特殊」が神という「普遍」を標榜し考量するとき、事態は反転する。ために、幾つも厄介なことが生じ、哲学は思考そのものを通じてそれを整理していかねばならないことになる。

例えば、「思考可能だが経験不可能なもの」が出てきたり、「思考不能だが経験可能なもの」が出てきたりするのである。前者では、数学における「虚数 imaginary number」や究極的な平和の如き「超絶的な理念」がそれに当たるだろう。後者では、端的に「美」がそうだろう。「美の学が存在するのではなく、美の批判が存在するだけである」（*KdU*. §44）と、カントのいう通りである。経験不可能なものをどれだけ思考してみても――「虚数」を定義した上で、それを「操作すること operation」は自から別、これは数学的世界の内部での話である――、無為の遊び事にさえならないだろう。そこで、思考可能でしかも経験不可能であっても、それが本質的に人間的意味を持つかどうか、の十分な吟味と反省が不可欠になる。そして意味あるものを、文字通り無意味なものから区別して確保する。かくて、「無意味な概念」と「理念」、「いかなる内包 intention も持たない概念」と「無限の外延 extention を有する概念」が区別されるのである。「円い四角」の類は前者であり、「恒久の世界平和」は後者である。

この区別を統括する原理は統制的でなければならない。何故なら、超絶的概念を構成的な原理に則って考察してみても、「無限進行」に陥るだけで、思考を止める便がない。分かり易くいえば、統制的原理は人間に思考を打ち切らせる原理であり、何故打ち切らねばならないのか、を知らしめる原理である。統制的原理がなければ、或る表象に関して人間はもっぱら構成的原理の下、カテゴリーを駆使して普遍者の如くに振舞いながら徒労のうちに疲弊し、しかも何の得る所もなく終わる。特殊的存在が普遍者の振りをしたことへの、無残な代償である。誇るべき思考の能力とそれを実践するという自由が却って人間を苦しめ、人間を矛盾に陥れる結果になってしまったのである。だから統制的原理は、人間の自由をまさに人間のものとして、水準を確保し保証する原理といっていいだろう。

自由に関わる統制的原理は実践理性のものである。構成的原理の管轄下、悟性の思考においては、「理念」を「無限の外延を有する概念」という風に捉えるよりないのだが、かかる概念は概念としては矛盾である。そんな概念では、到底、規定の用を足せない。そこであらためて、かかる概念を「悟性の概念」ではなく「理性の概念」、すなわち「理念」と考えねばならない。人間の諸能力の中で、無限なものに対峙できるのは理性だけである。その理性でさえ、無限を「構成しうる」といった夢を見て自己喪失にならないように、統制的に自己規制を加える必要がある。さもないと、人間が人間でなくなってしまうからである。人間が人間でなくなる、神になれない以上、それは残酷な「無」でしかない。もし単なる動物であれば、何も悩むことはないのだから。これらの事情は、神という無限者から有限な存在である人間を規定しようとしていたときには、全く思いも寄らないことであった。「無へ落ちる casus in nihilo」、畢竟ニヒリズム。しかしこれはやがて来る、新しい人間の苦悶の姿だったかもしれない。ドストエフスキーが夙《つと》に予感していたように。

もう一度、判断力に戻る。直感的判断は快・不快の感情に基づく判断だった。厳密には、「判断する Urteilen」というより単に「判定する Beurteilen」というべきかもしれないが、とまれ判断であるかぎりで、それは直観と概念、構想力と悟性の一致である。ただこの概念が不定であるために、この判断はもっぱら主観的に妥当するだけで、規定的判断たりえなかった。したがって、この判断の場合、構成的原理が有効だったのかどうかも、判然とはしない。判断が成立したのだから、多分、有効だったに違いない。だがそのことよりも、むしろ判断力の原理が、しかも統制的な仕方で機能していることだけが際立つのである。合目的性の原理だけで、必要にして十分なのである。

合目的性の形式があるだけで、実質的には何の意味を持たなくてもよい。否それどころか、客観への実質的な影響を及ぼさないことこそ、直観的判断における主観の快感情の源泉といってよい。実質的な影響力を持つと、主観の快は「欲求能力」の充足の快になってしまうからである。花の美しさが誘起した快感情を実質的に確認するために、その花を摘んでしまうと、もう二度とその花は直観的判断の対象にはなりえない。花は萎《しお》れて枯れてしまう。

まことに以て直観的判断は不思議というべく、悟性法則による規定的判断の限界のあたりに成立するとも、感覚器官だけによる感性的経験の辺境にあるともいえるのである。かかる事情、人間の認識能力の境界的な事象を扱う術《すべ》を、哲学の歴史は全く知らなかった。直観的判断の機能は、哲学にとって、文字通り新しい関心事となった訳だが、哲学的問題として論じる以上、哲学の伝統的な概念を駆使し伝統的な思索に即して考察しなければならない。カントがいかに難渋したか、分かろうというものである。

カントはバウムガルテンのようにはできなかった。「直観的判断 iudicium aestheticum」の意味を、「論理的判断 iudicium logicum」の前段階、あるいはこの判断へ至るための不可欠の通路のように考えることは、カントにはできなかった。哲学的伝統の助けを借りて、直観的判断を価値付けることは、それ程難しいことではない。直観的判断と論理的判断とを一連の同種的な過程と見なすのである。もっとも、「感覚 sensus」の過程と「論理 ratio」の過程を同種的と見なすのは、甚だ大胆な着想ではあったろう。だから論理的思考から「類推的」、あるいは「比例的」、要するに“per analogia”に感性的思考の如きを演繹したのだろう。しかしカントのような認識能力の「二分法 Dichotomie」ではなく、当時、「理性類同物 analogon rationis」という中間項が人間的能力として想定されていたから、件の演繹は思考の非合理的な跳躍というものではなかった。

とまれ、「美」を「感性的認識の完全性 perfectio cognitionis sensitivae」と定義することで、バウムガルテンは直観的判断——彼の場合、感性的認識——を形而上学的思索の中へ手繰り入れることができた。端的にいって、彼は美と完全性を結合して、美を完全性の相貌と捉えたのである。美は完全性のある段階、「感覚 sensus」の把握しうる範囲での完全性であって、「理性 ratio」の把握する完全性に比すると、「不完全 imperfectus」である。感覚は確かに認識するのだけれども、どうしても不完全な認識というよりなく、この認識の届く最高のものが「美」という訳である。バウムガルテンの思想には、ライプニッツのそれのように、「連続性 continuum」の考えがある。不完全から完全へ、存在論的に連続的な推移があり、その推移は現象的には醜から美への推移とパラレルであるし、認識的には不真から真理への移行とパラレルである。要するにバウムガルテンにおいて、思考の根底にまず真善美一体の《実体 substans》が定立されているのである。かかる「形而上学的実体」、それは「神」であり、当然、バウムガルテンの「美の思想」は、《神学》の変奏曲であった。

これまで見てきたように、カントは神学の方から考えることはしない。直観的判断という主観的な快の類に、「完全性」のような形而上学的な概念を援用するのでは、本末転倒も甚だしいのである。完全性とは、絶対的超越者である神にあってのみ十全に実現されている、と見なすべき「理想 Ideal」である。それを無反省に人間に適用する誤りを質す、これが《批判》の仕事だった。美と完全性を、快という実在的水準と完全性という理念的水準を、差し当たり切り離さねばならない。実際「連続的」と考量したバウムガルテンにおいても、どこまでが「美」でどこからが「真理」か、つまり、どこまでが「感覚」による不完全な認識で、どこからが「理性」による完全な認識か、そこの所が全くすっきりしないのである。

批判主義のカントは、「完全性」の代わりに「合目的性」の観念を、しかも形式的な面だけを顧慮して直観的判断、美の判定のケースに援用したのである。もっとも、合目的性の観念が援用されることも、「直観的判断力」の批判だけを問題にするときには、幾分か唐突に見える。直観的判断を、規定的判断の特例と見なしてここへ組み入れ、「合法則性」の観念だけで済ますことも不可能ではないからである。「合目的性」が援用されるには、確かな理由がなければならないのである。それを質す前に、「判断」と「真理」に関して、少し注意しておきたい。

「判断 ἀπόφανσις」はアリストテレス以来、「真理 ἀλήθεια」を陳述する形式だった。アリストテレスによって、真理は判断という形式をとって哲学的議論の対象になったのである。彼の思考方式は、やがて、トマスに継承されて有名な真理概念が成立する。曰く、「真理トハ知性ト事象トノ一致デアル veritas adaequatio intelectus et rei」。「一致 adaequatio」の語は、ギリシャ語の「相等 ὁμοίωσις」のラテン語訳である。しかしこの訳語はアリストテレスの射程を逸脱していた、とハイデッガーは指摘している。そのことに関して、別の所で論じられたことがある（拙稿「芸術と真理」――『芸術学の射程』、シリーズ〈芸術学フォーラム〉第一巻、勁草書房、一九九五年、所収――を参照されたい）。そして“adaequatio”は“Übereinstimmung”とドイツ語訳されたのである。カントが直観的判断を「構想力と悟性の一致Übereinstimmung」というとき、判断と真理との伝統的な関係に留意していること、それは明らかである。

そのことは措いて、「真理」が「判断」の実質的意味とされるようになるのは、中世神学からだろう。そのとき初めて、真理の「定在existentia」とか真理の「本質essentia」といった区別に留意せざるをえなくなる。様々な仕方で現象する真理が真理の定在で、畢竟、それ等は真理の本質とでもいうべきものに収斂する、という風にである。このことを例えばハイデッガーは、難解な論文「真理の本質das Wesen der Wahrheit」において、“die Wahrheit der Wahrheiten”と表現している。真理の多数性、これは「真理」が純粋に「論理学」の範囲の問題であるかぎり、生じることのない新しい問題であった。新しい問題も、本質である「神の真理」と現象する「被造物の真理」、すなわち真理の「水準」を考えると、分かりよい問題となる。

このような真理観が生まれる前、五世紀にアウグスティヌスは、「神において、すべての真理が変化することのない根源的真理に統一される。我々は神の中に真理を知る」と考えていた。彼は、だからこそ、「真理は時間を超えて永遠である」――『宗教的真理について』――と考えていたのである。神は時間を超えている、されば「時間」とは被造物の存在を計る尺度とされるのである。カントが『純粋理性批判』の冒頭に「超越論的感性論」を配し、しかも感性論が「時間」を「直観の形式」としたことは、見方を換えると、人間の一切の経験は被造物の全体、「宇宙」に関してしか成立しないことを意味していたのである。

さてアウグスティヌスをうけて、トマスとスコラ哲学が「知性と事象の一致」という真理概念を確立した。この真理は「超越論的真理 veritas transcendentalis」とされ、スコラ哲学はこの真理を、概念的に規定された「実体性 entitas」とした。事象の「存在 esse」の意味は真理として把捉できる、とした訳である。かくて、概念と事象とが、実在的水準で「同等 aequus」と見なされることになったのである。「概念と事象との一致」という形而上学的な真理観は、詰まる所、神の意志と被造物の存在との一致を「範例」にしたものだった。もとより、神が創造したこの世界に、神意に沿わないものが存在する訳はない。ゆえに、事象を知ることはそのまま、神を知ることだったのである。

神学的確信の下、事象に関して人間が獲得する様々な知、すなわち認識的成果としての概念、そのどれであっても、神が自らを開示する仕方に対応しているし、神に関する知である。唯、適うべくんば、「明晰・判明な」神の概念に至りたい。明晰判明な概念、それは端的に神から出た光、決して人間を欺くことのない「理性の光 lumen rationale」に導かれて到達しうる「絶対的真理」である。これで分かるように、人間の知的営為は誤ることなく真理の本質へ至ること、神の知へ至ることとされるのである。人間には、真理に至るために、神の恩寵によって様々な能力が与えられている。このことを総括的にいえば、トマスの上述の定義、人間の「理性とは神を知る能力」ということになる。思想の根底に、「信 credo」と「知 intelligo」の一致という理想状態が想定されていた。認識能力と事象の一致は、事象を媒介にして可能となるべき、人間と神との一致である。この一致こそ「真理の真理」ともいうべきものであった。この真理観を括弧に入れ、人間の経験の場合、「信」と「知」を別水準の問題――欲求能力と認識能力――とすべきだ、としたのがカントの《理性批判》だったのである。

神学的伝統の中に留まっていたバウムガルテンは、まさにその伝統のゆえに、美を「感性的認識の完全性」と定義しつつも、美を、人間にとって最高のものと認めることはできなかった。理性的認識の完全性、つまり真理へ向かうように從慂しなければならなかった。美の水準に留まっては、最終的な真理、神との十全な一致を放棄することになるからである。最終的な真理に至って、ようやく客観的真理を獲得するのである。美と真理を同一視してしまう、それでは主観的な思い込みの域を出ず、獲得したものは「真理らしいもの veri-similis」、プラトンの言葉でいえば “εἰκός” に過ぎない。バウムガルテンのかかる主張は、それはそれで、きわめてもっともなものだった。

神に基づく真理論を、カントは、人間の分に相応しい真理論に変換しなければならなかった。それはその通りなのである。けれども、美の事態を直観的判断という「判断」の形式で把捉するために、どうしても、カントは「事象と知性の一致」という真理概念によらざるをえなかった。ただカントは、この真理概念を認識諸能力の一致という主観的な水準に限定し、この概念を客観へ実質的に適用することを、注意深く避けたのである。バウムガルテンが彼の水準でもっともな主張をしていることを、カントは必ずしも認めていない。『純粋理性批判』における、ライプニッツ＝ヴォルフ学派への厳しい論断から十分に察することができる。互いの問題設定が全く異なることを承知しておかねばならない。カントの遣り方は根本的というか、「ラディカル radical」であった。

カントの思想的徹底性を示す具体例は、枚挙に暇がない。一例だが、シラーは美を巡る「直観的判断」の事情――認識能力の「自由な遊動 freies Spiel」――を「人間的自由」の典型と評価して、美の問題を自由の実現という実践的水準へ敷衍し拡大しようとした。そして行き詰まってしまった。というのも、実践的水準で見た場合、直観的判断の事態は実在とも仮象とも区別の仕様がないからである。シラーの頓挫は、いってしまえば、哲学的伝統とカントの批判哲学をどこかで混同した結果であり、もちろんカントに責任はない。しかしシラーをその気にさせて誤らせる程、カントの《批判》の思想は目新しく、いささか誤解され易いものだったのかもしれない。

4

これまでの論述を経て、やっと「目的論的判断力の批判」の入口に到達した。これ程の準備が必要なくらいに、今日、美学界では目的論の馴染みは薄いのである。美学の徒のする論考なので、本章で目的論的判断力の批判そのもの中へ入ることはしない。

ところで、西欧思想の伝統からすれば「目的論的判断」の方が分かり易く、却って「直観的判断」の方は余程理解し難かっただろう。「目的論」を哲学の問題として提起したのはヴォルフが最初らしいが、「目的論的」な考え方は哲学とともに古い。「判断」の定款に則れば、直観的判断を広義の認識判断に組み入れる他はないだろうが、《因果律》が有効でないので、単純に「規定的」ということはできない。「因果律」というカテゴリーが使用できないにも拘らず、悟性が関与し、重要な役割を果たしている。そういう奇妙な判断を、カントが「感情」の問題と捉え直したのは、なかなかの賢察であった。

感情を「快・不快」といったり、「生命感情」といったりするカントの念頭には、どうやら「感情」を古代や中世的意味、すなわち「心情や生命が促進されたり抑制されたりする、という意識」としての心理学的生理学的意味合い——もっとも当時、まだ今日的意味でのこれらの学はなかったけれども——があったのではないだろうか。ギリシャ語の「パトス πάθος」やラテン語の“tactus”、“affectes”は「感情」と訳されるが、これらの語は総じて、人間にとっての「受動性」を意味している。元々、ギリシャ語の“αἴσθησις”は感覚と感情とを意味していた。感情が受動性と同義的に理解されていたので、当時、感情の心理学的意味にはそれ程重きを置かれてはいなかったのだろう。実際、「心理学」が哲学の重要なテーマなるのは、十九世紀も後半になってからのことである。とまれようやくカントの頃に、「感情」が“seitiment”の語で示されるような、いわばより積極的な人間的意味を持ち始めたのである。

“sentimental”は“empfindlich”といった程の意味だった。感覚器官の鋭さを示す語で、フランスから——“sens”、“sentir”、“sentiment”——イギリスへ伝わり、それがドイツに入ったのである。感覚器官の働きの鋭鈍を示す語が、イギリスにおいて、精神的な意味での「感受性」の意味へ敷衍された。その頃から、“sentimental”は近代的な人間の心情の機微を表す言葉になった。その意味を併せ持って、この語はドイツに入った。“sentimentalisch”である。ご存知のように、シラーはこの語を心理学的というより、むしろ世界観的な意味で使用した——本書、第八章参照——。

ただカントが「快・不快」というとき、感情の意味を世界観的な意味にまで拡張する積りはなかっただろう。カントは「快・不快の感情」による「直観的判断」を、「自然＝神の所産」の判定だけに適用できると考えていたはずである。直観的判断の妥当性を「芸術作品」のような人為の判定にまで及ぼすことを、恐らくカントは思ってもみなかった。どう考えても、「直観的判断」を芸術作品の判定へ援用すると、直観的判断がその定款ともども歪んでしまうのである。「関心を伴わない満足 Wohlgefallen ohne Interesse」という直観的判断の定義は、この判断の対象が「自然」だからこそ成立する。このことに贅言は必要あるまい。

しかしカント以降、「感情」の人間的意味が広がるにつれて、直観的判断の内実を巡って、いろいろと新しい解釈が可能になる。「美」の判定の際の主観の「快感情」の問題と、「美」の核心である「道徳的善の象徴」とを切り離して考えてもよいとするなどが、典型的な例だろう。直観的なものと道徳的なものとが結び合っている、これが「直観的判断」の要諦であったし、直観的判断が目的論的判断を後見に戴く理由であった。直観的判断と目的論的判断を別にしてよいのなら、『判断力批判』のあの箇所に、カントが何故「崇高の分析論」の一節を置いたか、サッパリ訳が分からなくなってしまうのである。

「快・不快の感情」というだけなら、むしろ感覚器官の「快適さ Angenehmlichkeit」の方が、遥かに端的で分かり易い。道徳的な水準に至ってしまえば、もうこの快感は感覚的なものと関係していないからである。

さて「因果律」によって説明されうる自然、それは「機械論的な mechanisch」自然である。規定的判断が有効である範囲での自然は、この「機械論的に」統一されている自然である。この自然に対してなら、悟性のカテゴリーと、カテゴリーの使用を主宰する「合法則性」で十分である。

上述のニュートンが「万有引力の法則」の下に統括した自然はこれ、現象的には機械論的に説明できる自然だった。そして現象的自然の後ろに、目的論的に統一されるべき宇宙、「大自然」の理念が控えている。ニュートンは「自然学 philosophia naturalis」の立場上、神の「創造」の成果、宇宙だけに議論を限定した。ライプニッツは「創造」の意志と成果を分けて論じている。創造主である神を「立法家」と「建築家」、プランナーと実作家の二側面で捉えているのである。そして前者の神に「目的論的な」、後者の神に「機械論的な」思索を充当した。目的論的な思索が形而上学的なら、機械論的な思索は自然科学的、ということになるだろう。もっとも、ライプニッツはこの二重の側面を、神を究極の様相とする「モナド monade」の一元論に解消した。ゆえに、機械論と目的論を実在的水準で融合してしまった、とカントの厳しい批判を蒙らねばならなかったのである。

機械論は自然を生きた「有機体 Organismus」と見ずに、機械のように「部分 Teil」の集合と捉える。要するに、諸部分の因果律的結合体と見るのである。直観的判断力の対象領域は、認識的判断力の対象が機械論的自然であるのに比して、当然、有機的自然である。有機的自然を統一的に扱いうるのは、目的論、宇宙全体を有機的統一体として捉え、神の創造的意志を考量する目的論である。

直観的判断力のようにもっぱら認識能力の活動に関する事態に、神の「天地創造」の意志を汲まんとする目的論的な思索を充当する、何とも大袈裟なことになるものである。しかし直観的判断が自然を対象にしているかぎり、カントにはこれ以外の方策はない。かかる方策を講じるカントは、きわめて首尾一貫していた。機械論の背後で目的論が支える、現象の後ろに本質がある、という伝統通りの思考の進みを、批判主義においてなお、カントも遵守していたからである。但し、目的論の水準、本質の水準を実在的に扱わず、形式的に扱うという根本的な方法的留保をした上でではあるが。

機械論的に扱うべき自然が、事、直観的判断にあっては機械論的に説明できないことを示し、以てその自然を目的論の水準へ移行させる。こうしてカントは、同じ「自然」を媒介に、直観的判断と目的論的判断を一つの原理、合目的性の原理の下に収めたのである。一つの原理の下に統べることができる、それは「合目的性」の原理の下、カントの言葉でいうと、直観的判断は「自然の形式的合目的性を判定 beurteilen し……」、一方目的論的判断は「自然の実在的合目的性を判定する」かの如く、だからである。あらためて注意しておくべきは、この「判定」もしくは「評価」、“Beurteilung”は自然の「構成 Konstituiren」でも「規定 Bestimmen」でもないことである。反省的判断力の職分は自然を「説明する Erklären」ことではなく、ただ「解釈する Deuten」するに過ぎない。“Erklären”と“Deuten”、カントの時代の意味では、前者が「事象の原因を提示すること Darlegen」であるのに対し、後者は「事象の意味を捉えること Erfassen」であった。要するに、“Deuten”は事象の「原因 Ursache」にまで踏み込まないのである。反省的判断が事象にレアールな影響を及ぼさない所以であった。

ここで「解釈 Deuten」、それは「自然の中に悟性のようなものがいて、それがすべてのものを、一定の法則へと特殊化している」かのように自然を理解する、という意味である。自然の中に造化の神がいて、独自の技術を揮って「多様なものを統一させているかのようである」とか、悟性のようなものがあって、独自の規則に則って「すべてをそれぞれに相応しい法則へと特殊化する」などと、反省的判断力のする解釈は、先にも見たように、なかなかソフィスティケートされたものだった。ライプニッツが「立法家としての神」と「建築家としての神」に便宜上区別した上で、神の側から論じたことを、カントは被造物である人間の側から論じるのだから、それもやむをえない仕儀であった。

しかし反省的判断力が自然の「判定」のために樹てる「合目的性の原理」のソフィスティケートなというか、本質的に仮象的、「アルス・オプ als-ob」的な性格のゆえに、カントがこの原理の適用領域を"Kunst"に指定した理由が見えてくるのである。快・不快という感情状態で、心情能力が合目的性というア・プリオリの原理に基づいて機能する。判断力は図らずも認識諸力の「協同」という状態に至るのである。直観的判断、目的論的判断のたびに、反省的判断は意図することなく——意図的にできるのなら、規定的判断である——、「技術」というか「技巧」というか、要するに"Kunst"を弄するのだろう。つまり合目的性の原理は、この"Kunst"にだけ適用できる、主観的なものなのである。

この"Kunst"をどう訳すべきか。自然に属するものでない以上、人間的意図による訳ではないが、差し当たり「人為」とでも訳すことになろうか。人為と訳すことにして、それでは「人為」とは何の謂いか。判断力の原理はただ判断力を機能させるためだけに有効、今見た通り、反省的判断の実践のための「技巧」を主宰するだけである。もとより、規定的判断の場合に、技巧など全く必要ない。したがって、「人為 Kunst」の意味は、次のようである、すなわち、「快・不快の感情」というもっぱら主観的なものが、それ自体で、自然という客観的なものを「判定しうる beurteilen können」。この「しうる können」を「人為 Kunst」にとって基本的なことである、と認める他はなさそうである。実際、"Kunst"の語は"können"に由来しているのである。

しかし、ア・プリオリの原理の適用領域である「自然」と「自由」と同列の所に、「人為 Kunst」が並ぶのはいかにも奇妙だし、唐突のように思える。だが反省的判断力の不思議な機能を考えると、必ずしも奇妙ではないのである。主観的条件である「人為Kunst」を「類推的にanalogisch」自然の内に潜むかの如き「技術Kunst」に対応させる、反省的判断力は、そのような「技術」を駆使しているのかもしれないのだから。

判断力のかかる技術にこそ、むしろカントの遂行した《批判》、神学を「範例exemplar」とする形而上学を、人間を場とする学問へと基礎付け直す、学の《コペルニクス的転回》の真骨頂を見ることができないだろうか。判断力の「技術Kunst」は「機械論」と「目的論」とが交叉するインターチェンジ、批判主義的に導き出された「学」のインターチェンジのように思えるのである。ライプニッツが「モナドの一元論」でなし終えた、と信じた機械論と目的論の「融合」を批判して、カントは両者を媒介したのである。《モナド論monadelogie》は両者の融合ではなく、一つの同じ実在的な水準を表裏両面から眺めて統一するものだった。だからカントは批判したのである。

ちなみに、カントのこの「人為Kunst」、この「技術Kunst」を「芸術」等と解しては、カントの思想を閑却した余りにも今日的な曲解である。カントにおいて、芸術は"Kunst"ではない。"schöne Kunst"なのである。そして重要なのは"Kunst"ではなく"schön"である。

反省的判断力が「自然」を判定する際、自然の諸事象を「因果律」との「類推Analogie」で行う。「判定Beurteilen」、これも一種の「判断Urteilen」であり、規定、あるいは「意味付けBedeuten」なので、判定も、因果律に倣うよりない。ゆえに、「目的」にしたがって因果律的に「自然」に対処している訳だが、この判定の場合、目的概念から諸事象の「存在理由ratio entis」を誘導することはできない。反省的判断力は「自然を解釈するDeuten」に過ぎず、自然には何の実在的な影響も及ばない。その意味で、確かに「合目的性の原理」は「構成的」には無力である。だが「構成的に無力であること」が、この原理が「統制的である」ことを示唆している。

ここから推して、判断力が反省的に機能する際の「原理」を提示する「理性」はどうやら「理論理性」ではなく「実践理性」であるらしい。要するにこの場合、「理性」は「理論的theoretisch」にではなく「実践的praktisch」

に振舞っているようなのである。実践理性の原理に支えられていたから、直観的判断が「生きているという実感がいや増す」という実践的な快とされたことと、平仄が合う。直観的判断は「理論理性」には制御しかねる、厄介なものである。認識の水準で強引に制御してしまえば、直観的判断を認識判断、規定的判断にしてしまうからである。どうしても、実践理性の手を借りる、もしくは実践理性に席を譲らねばならない。直観的判断の具体例として、「美」と「崇高」が取り上げられ分析されたのは当然であった。「崇高」の感情は直観と理性が手を結ぶときに成立する、とされる。ここに理性が関与してこざるをえない事情はカントが十全に解明した。つまりカントにとって、「崇高の分析」は《目的論的判断力の批判》への見事な伏線だったのである。「崇高」の事態において一度後ろへ退いた「悟性」は、目的論的判断のとき、再び前面に出て、実践理性と協同作業をすることになる。目的論的判断は直観を場にする判断ではないからである。判断であるかぎり悟性が関わらないはずはい。しかも直観を場としないとなると、目的論的判断には悟性だけの綜合、"synthesis intellectualis" が存分に機能しているのであろう。そうとしか考えられないが、しかしその次第はよく分からない。というのも、ここでは "synthesis intellectualis" が「機械的 mechanisch」になされている訳ではないからである。

実践理性が出てきたことで、何故、目的論的判断力の批判が《倫理学》を含まねばならないのか、を納得できる。有機的自然の一員としての「人間」の「生」のあり方として、"ἦθος" があらためて問われねばならないからである。そして「美は道徳的善の象徴である」という定義が、直観的判断と目的論的判断の水準を媒介融合する、いかに適切な表現だったかも、分かってくるのである。

最後に蛇足を付す。美学が『判断力批判』の中から「目的論的判断力の批判」を切り離す、それは美学の事情による学問的なストラテジーである。それはカントの全く与り知らぬ所だったろう。カントにとっては、思いもよらぬ扱いだったに違いない。もちろん、誰が仕組んでこんな方向へ進めた訳でもない。美学がその方向へ動いてしまったのである。しかしときにカントに戻って、『判断力批判』の全体の意味を吟味することも《美学》の仕事だろう。美学は西欧哲学の学的伝統の中から、生まれるべくして生まれた学問だからである。

註

引用したカントの文章は、Kant, I.：*Kritik der Urteilakraft* の "Einleitung" 部分から。《Die philosophische Bibliotek》Bd. 39a 所収。特に引用箇所を明示せずに、地の文章の中に入れてしまった所も多いことを、お断りしておく。

なお、カントの "Hypotypose" に関して一言。カントにおいて、それは「概念の感性化」の謂いである。原語の "ὑποτύπωσις" に溯ると、この語は「基本になるものを写し、パターン、代理的表象……」などを意味する。カントは原義を汲んでいる。すなわち「基本になるもの＝概念」に、何らかの直観像として「形を宛がう＝感性化」、これが "Hypotypose" である。

第八章　シラー・美学の受難者

はじめに

シラーに関して、若干の考察を試みる。シラーの哲学的思索は、総じて、「美学」という専門学科に属している。したがって、彼の思想の本意は美学史的に辿られるべきである。そして「美学」がほぼ彼の同時代に成立した新しい学問であることを思えば、シラーの思想は哲学史的に、また西欧の文化的伝統に照らして理解されるべきだろう。そのような巨視的視点ももとより、彼の「美学」に限定してみれば、その基本的部分をカントに負っていた。端的にいえば、彼は自説をカントの解釈として、もしくはカントを「変えられるべきは変えるmutatis mutandis」という仕方で構築したのである。だから「カント美学」の美学史的な展開を考えるとき、シラーの思想が話題に供せられるのは、自然の成り行きである。

ところで、興味深いことがある。二十世紀初頭のドイツの哲学辞典を覗くと、《美学》の項に次のようにある。「美学はシラーによって学の市民権を獲得したのである」、と。カントでもヘーゲルでもなく、その中間にいたシラーが「美学に市民権を与えた」とする記述は、現在の学の状況を思うと、いささか奇異に感じられる。シラーが美学史上の重要な思想家の一人であることに、異論はない。だが学としての美学の成立に関し、彼がこれ程の枢要の役割を果たしたとする見解は、今日、必ずしも美学的な常識とは認め難いのではないだろうか。実際、最近の美学辞典の類に当たってみても、一体、シラーの思想に詳細に立ち入っているものはないくらいである。ちなみに、A・スーリオ等が記述編集した一九九〇年版『美学語彙集』には、二、三の項目の中にシラーの考えが、しかも要約の要約といった体で紹介されているに過ぎない。それがフランスで編まれたもので、ドイツではないことを割引くべきかもしれないが、事は美学の成立に関するのである。その点に関して、独仏の間で見方が大きく変わることはないはずである。要するに、シラーの美学は過去において範例的なものの一つだった、というのがスーリオらの見解だろうし、それが昨今の美学界の一般的なシラー観でもあろう。しかし、哲学的美学に留まって見ると、一世紀前のドイツの哲学辞典の言説は全く正当であったように思う。この辞典の編まれた当時、美学は哲学的美学でしかなかったし、哲学的美学は西欧哲学の伝統の中でしか生まれなかったのである。

この一世紀で美学が、否、美学をその不可欠の一分肢とする哲学そのものが、少なからず変貌したことになる。美学は様変わりし、哲学的美学は今や美学界の一隅で密かに――それとも強《したた》かに、か――孤塁を守っているような状態である。だからシラーの功績を美学史上のエピソードと見なして憚らなくなったのだろう。美学のこの有体、この為体《ていたらく》は――無論、悪い意味でいっているのではない――、シラーの思想の評価や意味付けと見事に符合しているのである。

1

さて、シラーは「カント美学」、すなわち「趣味の批判 Geschmackskritik」への反省の試みとして、自らの美学を始め、そしてほとんどそれに終始したように思える。カントが美の「主観的原理」を批判主義的に論じたのに対し、シラーは美の「客観的原理」の確立を構想したのであった。美の客観的原理、それは従来「神」に帰されるべきもの、形而上学的思索に属するものだった。その形而上学に《コペルニクス的転回》を以て臨んだカントは、せいぜい、美の「主観的原理」を論じるに留まった。それ以上の踏み出しは元の形而上学に逆戻りしかねないからである。カントに「美の客観的原理」を掲げて挑むというシラーの企て（"Kallias, oder über die Schönheit," 1793）は、カント美学の"mutatis mutandis"どころか、むしろ「換骨奪胎」の趣さえ否めない。後述するように、シラーにはそうしなければならない理由があったのだが、カント美学を拠とするかぎり、それが少しく無謀な試みだったことも、美学史的には認めねばならないだろう。美の客観的原理を掲げることは、カント以降、学としての方法論的錯誤を問われるおそれさえあったのである。というのも、『判断力批判』の第四四節で、カントは「美の学は存在しない、美の批判が存在するだけだ」と断じているのである。その理由は、カントによれば、神学的世界観を別にすると、美の学を学として保証すべき客観的原理を索《もと》めようがないからである。

とまれ、シラーの主要な概念である「現象における自由」、「現象における自律」は、右の構想の下にシラーが提示したものだった。これらの概念を理論的な担保にしてシラーは、「美学」を広い意味での実践的な人間学、それも本来的な意味での「フマニスト」へと人間を陶冶する学に仕立てたかったのである。

カントに倣って、美は人間の「全体性 Totalität」、例えば「感性」と「悟性」、「動物的な本性 tierische Natur」

と「精神的な本性 geistige Natur」との融和的統一を可能にする、とシラーは信じる。繰り返すと、「美的教育 ästhetische Erziehung」を通じて「感性的人間 homo aestheticus」が同時に「倫理的人間 homo ethicus」でもある、そういう人間を実現できる、と考えていたのである。美の経験が感性的人間と倫理的人間とを必要十分に媒介する、それをカントが教えてくれた。この二側面がバランスを保っている状態、それをシラーは人間の「全体性」と捉えて、人間の「ビルドゥング Bildung」の目標にした。

ついでながら、"Bildung"、日本語に訳すのが容易でない、しかしなかなか含蓄のある言葉である。日本では、しばしば、「教養」と訳されるが、余り適訳ではなさそうである。ビルドゥングは外からの教育や訓導の結果として得られるものではなく、人間にとっての内面的な問題だからである。何でも、ゲーテが「精神的な自己形成」といった意味で、初めてこの言葉を使い始めたそうである。「生きる Leben」上での理念的目標を掲げ、その実現を図るという精神的な「傾向性」――《宗教改革》以降の、人間精神の新しい有り方――を培うこと、これがビルドゥングである。そしてゲーテの作品をはじめ、ドイツでいわゆる「ビルドゥンクスロマン Bildungsroman」が著されることになった。これを「教養小説」などと訳しては、身も蓋もない。

閑話休題、美の経験に具わるビルドゥングの力を吟味し解明することが、「美学」の重要な任務でありうるのではないか。こう考えれば、美学は当然、倫理学と両立しうるし、むしろ両立しなければならない。人間の倫理性の涵養や陶冶に資するなら、美学は一種の教育哲学でもありうるだろう。こんな風に、シラーの美学的構想は外延的に拡張できるが、拡張のためには、是非とも美の客観的原理が要請されねばならない。もし彼の美学的展望を支える美の原理が主観的なものでしかなければ、彼の構想自体、単なる思い込みや夢想に終わりかねない。確かにその通りなのである。この問題を質さねばならない。

カントの哲学、彼の「批判の体系」を、キリスト教神学の否定的媒介を通じて、新たに哲学的人間学の基礎を据えること、と解することもできる。それを遺漏なく遂行するには、「人間とは何か」を闡明する必要があるし、そのためにこそ、人間経験の主観的側面の分析が不可欠になる。経験の客観的側面は「創造神」によって一方的に人間に与えられているので、この側面の分析はどこまでいっても人間学にはなりえない。神学や形而上学になってしまうのである。こう考えるカントにとって、美の経験も例外ではない。美の経験の客観的側面、美の経験の「対象」を論じようとすると、どうしても創造主たる神に戻ってしまう。ゆえに、カントは美の客観的原理を語れないのではなく、語らないのである。ここに「批判哲学」の一環としての美学、すなわちカントの「趣味批判」とシラーの、いわば実践的人間学をも視野に入れた、美学プランとの相違が際立っている。

シラーは美学を理論的な学と理解しつつ、理論的なものの意味や価値は実践的世界に指針を与えうる、と期待したのである。人間を感動させることを旨とする詩作品の作り手、シラーならではの思いだったろう。理論と実践の融合を図る彼の美学が「フマニスムス Humanismus」の成就、つまりトータルな人間形成のための「教育論」であろうとする、それは別に不思議ではないし、僭越でもなかった。この考え方は決してシラーだけのものではない。ソクラテス以来、西欧の文化的な伝統であった。ギリシャ以来、実践哲学は理論哲学より優位にあるし、畢竟、実践哲学は政治学であり、教育哲学だったのである。

シラーは美学の目的に関して次のようにいう、「趣味」の「本性を探求すること、そして趣味の境界を適切に線引きすることである」、と。卓越した詩人の思索であるにも拘らず、シラーの美学は詩人＝芸術家を育成するためのものではない。美と芸術の判定のため、分別ある鑑賞者のためのもの、というべきだろう。美を適切に判定することによって、人間は感覚的な充足を覚えるだけでなく、精神的にも洗練され陶冶される。素晴らしい演奏を聴いたときや、見事な工芸品を眺め手に取ったときの爽快感の内実は、まさにこれだろう。美の経験は心身の一体的な喜悦というべく、良い鑑賞者は真のフマニストになる。「知を愛するもの φιλόσοφος」は「美を愛するもの

φιλόκαλος」である、というギリシャの考え方に連なっている。

だが「感覚Empfindung」に関してシラーは、「これについて哲学すること、そして芸術は感覚に関係しているので、芸術を哲学すること程難しいことはない」、と率直に認めている。美学は難しい学問だ、という訳である。如何にも、美学は人間の学であって神学ではない。だから「感覚」を論じなければならないのだけれども、哲学が神学として思索を遂行してきたかぎりで、哲学としての美学に、感覚を論じるための十分の手立てがなかったのである。カントが『感性論aesthetica』の名で「美」を論じるのは訝しい、と当時のドイツの思想界にクレームを付けたのは、この当たりの事情を顧慮してのことだったに違いない。

カントにしたがうと、「感覚することEmpfinden」とそれについて「考えることDenken」とは全く別のこと、感覚と思惟とは互いに「種が違う」のである。思惟は本質的に感覚の「何たるかを知らないnescio quid」。本質的に知りえないことに関して、何をいっても、しょせん「知Wissen」たりえない。プラトンの言葉を借りると「ドクサδόξα」であって、「知ἐπιστήμη」に至ることはない。だから美学を「感覚や芸術に関する学」というだけでは、西欧哲学の伝統からして、まだ学問とは認められないという懸念が払拭されない。そこでシラーは美学を学とする保証を「倫理的なもの」に求めたのである。倫理的なものの哲学的な考察は、既にギリシャにおいて、徹底的になされていたからである。かくしてシラーはカントの有名な「美」の定義、美は「道徳的善の象徴Symbol des sittlich Gutenである」という定義を自分流に解釈し、敷衍しようとした。それが「美学」である、と確信したからだろう。

自分流に……？　そう、カントが美と善の関係を「象徴的」といったのに対して、シラーははっきり「美」を「現象における自由Freiheit in der Erscheinung」と「実在的」水準で捉え直すのである。象徴的というのでは、形式上の類似性といった程度の、漠然とした繋がりのようにうけ取られかねない。シラーは積極的に、「美において道徳的善が現象している」、と考えたいのである。こう理解すれば、確かにカントの定義が実質的な意味を帯びるだろう。だがシラーの解釈はいささかソフィスティケートされたものだった。具体的な説明の段になると、彼は幾分かトーン・ダウンするのである。

シラーはいう、大切なことは対象が「自由と見えること frei ersheinen」なのであって、「必ずしも本当にそうではなくてもよい nicht wirklich」。要は、対象が自由であるように見えればそれでよいのである。それはそうだろう、美において本当に「道徳的善」が現象しているのなら、美と善とは「同一不二」、あるいは「美の本質は善」ということになる。美と善が同一なら、「趣味」の境界を線引きするまでもない訳である。しかし、自由であるという「見掛け」があればそれで十分、ということになると、「真の自由」、「仮象的自由」、「虚の自由」の区別は付かなくなってしまう。求められている「自由」が真実か、それとも単なる錯覚なのか、それが判然としないようでは、困るのである。シラーのいう「客観的原理」、そこでもやはり観念と実在、理念と現象という困難な問題がすっきりと解決されてはいないのである。美は善の象徴、とするカントの定義にシラーは自分流の解釈を試みたのだが、この解釈によって彼は、カントが設けた思想的な枠組みを超え出た訳ではなかった。むしろ、却って問題を厄介なものにしたようにさえ見えるのである。カントの後で思索した人であるシラーは、カントが敷設した思索のレールから、決して外れることはなかった。まして、レールを敷き替えることはできなかった。

シラーの後の人であるヘーゲル、観念論と同一性の哲学に基づいて美学――彼の場合、美学はもう「芸術哲学」でなければならないのだが――を詳述したヘーゲルに、先人シラーはどのように映ったのだろうか。ここがヘーゲル哲学そのものを論じる場所でないのは、残念である。というのも、ヘーゲルの美学は彼の「哲学」の典型的な具現形式である、とされているからである。ヘーゲルのシラー評価はその哲学から、論理必然的に導出されたからである。

美的教育を中心にするシラーの美学、人間を美的に陶冶することで本来的なフマニスムスの社会を実現しようとする美学的プランは、ヘーゲルの眼には、一種の「イロニー Ironie」と見えたようなのである。イロニー、ギリシャに遡って「猫被り εἰρωνεία」の謂いである。ソクラテスの例の「問答術」に由来する——一種の策略として——この言葉にも、適切な訳語を充当し難い。英語で“irony”というと「皮肉」と訳すのが通例だが、ドイツ語の場合、就中《なかんずく》、「浪漫的イロニー romantische Ironie」となると、「皮肉」という訳語ではとても捕捉しきれない程の深い思想と、独特の哀感を湛えている。ヘーゲルはシラーの「美的教育」のプランを「浪漫的イロニー」と一纏めに扱い、しかもその先触れに見立てている。

もちろん、浪漫的イロニーもソクラテスの「エイローネイア εἰρωνεία」の精神を継承している。ご存知の通り、ソクラテスは問答の相手を《無知の知》へ導く。すなわち相手が自分の「無知 ἀμαθία」に気付くようにと、わざと相手より無知である振りをする。「猫を被る」のである。この術策、タクティクスは皮肉でも冷笑的でもない。相手を「真の知」へ導くための機略であって、相手に対するディオゲネス、あの樽に棲んでいた賢人の「シニシズム cynicism」と同じではない。「猫を被る」ことができるのは、知的に相手より優位に立っているからである。「猫被り」の意味をうけて、浪漫的イロニーの語は、人間精神の或る境位を示すことになる。例えば、こんな具合である。すなわち、自分はいかなる制度的な価値にも束縛されることなくその種の価値観の上にいるのだ、という自負心、あるいは、常に新たに自分の行為を律していけるので決して既定的な事象に屈伏することはない、という気概、あるいは、どんな法則や規範にも縛られずまるで遊んでいるかのように現実の上を浮遊する、という精神の高踏……等々、一言でいえば、人間精神の韜晦《とうかい》である。

浪漫的イロニーをポジティヴに見れば、確かに、現実に対する精神の優越である。だがネガティヴに見ると、一種の知的な戯れと大差はなく、終わりのない自己否定、現実逃避のための弁証にもなりかねない。ソクラテスの

のためのタクティクスだったが、浪漫的イロニーは何のための手段なのだろうか。そこの所が今一つよく分らない。

どうも、手段のようなものとは思えないのである。“Romantik”、この語が教える通り、浪漫主義は古代ローマに、さらに古代ギリシャに、いずれにしても今はもうない過去に「理想 das Ideale」を索《もと》めるのである。もとより、それは単なるノスタルジアや安っぽい懐古趣味ではない。切実な精神性の発露なのである。だが熱心に過去を追慕すればする程、過去と現在、理想と現実の乖離を実感せざるをえない。過ぎた時間を呼び戻すこと能わず、という悲哀を思い知らされる羽目になる。果てしなく理想を追い求める熱情が、その背後に、叶わぬ望みを望むという醒めた意識を潜めているのでは、到底、浪漫的イロニーが何かのタクティクスたりえないだろう。理想を求める熱い思い、その理想が叶わぬ夢であると直感する諦念、この相反するものが同じ一つの精神の内を揺曳するのである。文字通り「皮肉なことに」、浪漫的な自我は自分の精神的な境位を知ってしまって、もう無知ではない、否、無知にはなれないのである。否応なく、浪漫的イロニーは二つの視線、過去への熱い視線と現実への冷めた視線を持たざるをえない。したがって、あのドン・キホーテのように無垢でも脳天気でもありえない。彼の行状が“quixotic”という言葉となって遺った程のロマンティスト、あるいは「夢想家 Phantast」だったとしたら、キホーテの二世紀後の人間である浪漫主義者はどこかしら影を負ってしまった。ドイツという国柄のせいだったのか。

とまれ詩や文学、要するに芸術的なモティーフとして捉えれば、確かに浪漫的イロニーは近代的な精神性を反映し、徴標してさえいる。けれども、それはあくまでも芸術世界という「虚構」の中でのことである。現実の問題、実践哲学の問題として理解しようとすると、浪漫的イロニーは破綻の論理としか思われない。浪漫的な自我は、しばしば、現実の上を漂う。ややもすれば現実から足が離れ、そしてそのことによって、当の自我が苛まれるのである。この自己矛盾を現実的に解消することはできない。勢い、浪漫的自我はいや増して夢想へ逃避することになる。

浪漫主義はもとよりアナクロニズムの類ではないし、間違いなく時代のフマニスムスの表れであった。しかし実際に政治参加する、といった能動性に欠けていた、否、恐らくポリティークにも積極的にはなれなかったのだろう。結局、浪漫主義は芸術的思潮以上のものにはならなかった。

右に見たのは、いわばヘーゲル的な「浪漫主義観」である。彼は、シラーの「美的教育」のプランを、「浪漫的イロニー」の前哨と見ていたのである。芸術の精神史的な使命は「古代ギリシャ」において既に完了した、とするヘーゲルには、シラーの構想、今というこの時代に、「芸術」を通じて人間性を改革し望ましい人間へと訓育しようとする企て自体、「猫被り」と思えたのである。今の時代に、芸術の本質及び使命を知らずに美的教育を「熱心に」説くのでは、「無邪気に innocens」というに等しい。しかし、シラーは決して無邪気ではない。真剣である。そこでヘーゲルからすると、芸術による人間性の陶冶を説くシラーの「美的教育」への思い入れこそ、ソクラテス的な「エイローネイア」によって、無謀さをあばかれるべきなのである。

ヘーゲルの芸術観から推して、シラーの「美的教育論」は次のように総括されるだろう。シラーが芸術による陶冶という熱い眼差ししか持っていなければ、単純にいって時代錯誤である。シラーが芸術の使命と美的教育の限界を弁えながら、敢えて自らの教育論を展開するのなら、彼は醒めた眼差しを持っている訳で、シラー自身が近代的イロニー、浪漫的イロニーを体現しているのである。いずれにしても、ヘーゲルの芸術哲学はシラーの美学を時代的なものと見なし、積極的に評価することはなかった。もっとも、ヘーゲルの思索の俎上に上せられて積極的な評価を受ける思想、少なくとも彼の同時代に、そんな思想はあるべくもなかったのであるが。

確かにシラーの美学を公平に眺めると、ヘーゲルの評価は妥当なように思える。だが、美的・芸術的な諸事象についての——二十世紀の初頭、《美的範疇論》として一しきり美学界を賑わすことになる——シラーの卓抜な洞察は、今でも、十分瞠目するに足るものである。例えば、「崇高」に関する彼の論述は、今日のエコロジーを巡る議論に有効な指針を与えるとして、しばしば、参考にされるのである。また、文芸のモティーフとしての「悲劇的 tragisch」や「悲愴 pathetisch」の洞察は実に鋭い。詩人なればこそのことと思わせられる。シラー美学のこういった個別的に重要な成果を認めた上で一般的にいうと、トータルでしかも的確な評価はヘーゲルによってなされた。ヘーゲルの評価は、シラー美学の中枢と要諦にヘーゲル自身の美学を以て対峙する、すなわち「対決 Auseinandersetzung」から生じた、まさに思想的対決の結果だったのである。小論の冒頭に見たように、昨今、シラー美学はトータルには既に過去のものになり、もっぱら個別的な問題に関して、彼の卓見が参考に供され引き合いに出される、そういう事情であるのかもしれない。

2

ここであらためて、シラーの「美的教育論」の文化的背景を見ることにする。

“aestheticus”と“ethicus”の融合、「動物的傾向性 Neigung」と「人間的な責務 Pflicht」の本来的な調和に至って、人間は有るべき「全体性 Totalität」を保つことができる。本来的なとは、理想的人間へ向かうという資質を、およそすべての人間は自らの内に具えている、という意味である。「有るべき」とはいうが、「全体性」はむしろ人間精神の「自然の natürlich」、すなわち本来的な姿なのである。“Sollen”ではなく“Sein”の水準のことなのである。かかる精神の状態を、シラーは「美しい魂 schöne Seele」と呼んだ。フランスのルソーの“belle âme”に倣ったのである。

「美しい魂」の意味する所を辿ると、ギリシャの「人間観」にまで遡りうる。かの「善美思想」、《カロカガティア καλοκαγαθία》である。とはいっても、「美しい魂」と「カロカガトス」が同じである訳はない。古代のギリシャ人と近代人ルソーやシラーとの間にキリスト教の人間観が存する。当然のことだが、カロカガトスに比して、美しい魂にはキリスト教的要因、キリスト教的倫理観が関与している。極端ないい方をすれば、「人間の国」の住人と「神の国」の住人との「エートス ἦθος」の違いが存するのである。そのカロカガトス、「美しくて善い人」、いい換えれば社会人として「立派な人物」のことで、気高く見事な生涯を全うする人間のことである。この点だけ見れば、二つの倫理観に大差ないようだけれども、ギリシャにかぎらず古代には、一般に独特の《観相学 physiognomy》があった。魂や精神の健全さは人間の外見、形姿や容貌に表れる、という考え方である。立派な形姿が立派な精神性、「心延《ば》え」の直接的な表れと認められればこそ、ギリシャにおいて、しばしば、人間の形姿や美醜は問題にされたのである。「人品骨柄卑しからず」といった具合で。例えば哲人パルメニデスは、高齢で頭にすっかり霜を戴いていたが、「その容貌は美しく上品であった」、と伝えられている。彼より若く、例のパラドックスで有名なゼノンは、「身の丈勝れ、見るからに美しかった」そうである。こういう「観相学」はキリスト教的倫理観とは無縁だった。キリスト教の神は肉体を持たないからである。

往時のギリシャ人たちは自分の周りにカロカガトス、傑出した人物を目の当たりにしていたのである。ギリシャ世界には「理想的な人間」が現に存在し、その挙措振舞いによって、彼らが人間的理想を実現していた。したがって理想と現実といった区別も、さして問題にはならなかっただろう。だがシラーの時代には、カロカガトスにせよ美しい魂にせよ、それらは現に存在している訳ではなく、文字通り、人間的な理想となっていた。だからシラーは「美しい魂」という理想を寓意的に語る他はなかったのである。

シラーはこの「理想」を『聖書』の中の「善きサマリア人」(「ルカ伝」X. 29–37)のエピソードから借りてきている。サマリア人の行為を例にして、カントのいう美の「無関心性 Interesselosigkeit」の観念を受けつつ、シラーは「美しい魂」の無私・無心・無欲の精神的境位を明かしてみせるのである。シラーは、人間には「カロカガトス」や「美しい魂」への志向が具わっている、と信じていたから、それらの人間的境位は実現されるべき理想であった。それらは決して夢想の対象ではない。画餅の類ではなく、人間的生のレアールな目標であった。この理想主義的な信念のゆえに、シラーは「美的教育」の実践的意義を自らの「美学」に中心に据えたのである。

だが本来的にカロカガトスたるべき人間も、現実世界にあっては往々にして、そしてときには否応なく、本能的な感性的衝動に駆られてしまうし、形式的な陋習《ろうしゅう》に泥《なず》んだ禁欲的理性によって金縛りになってしまうものである。前者の人間的状態を、シラーは「野生人 Wilde」と呼び、後者を「野蛮人 Barbar」と呼んだ。"Wilde"、この語の語源ははっきりしないが、多分「森林 Wald」に由来するのだろう。「野生人」は人里離れて暮らしていて、人的交流も乏しいままに自分勝手に振舞うようになった人、といった所だろうか。「野蛮人 Barbar」の方ははっきりしている。「バルバロス βάρβαρος」、きちんとしたギリシャ語を話せない人間、ギリシャ人から見て、「異文化人」のことである。カロカガトスや美しい魂の理想から見て、彼らは真の文化人や文明人とはいえない。もっぱら見掛けの形式に捉われ、またそれだけを重視して、柔軟に事態に対応することができない人間である。いずれの人間もそのままでよい訳はなく、真の「社会人 κοινωνός」であるためには教育が必要である。プラトンによると、「カロカガティア」は「最善のものを選択しようとする精神の状態」とされているが、その意味は当然、社会人としての最善を尽くすということであった。

心身の調和を目指す「美的教育」によって、人間精神が美しく善い状態になる。フランス語の「美しい beau、belle」はラテン語の「善い bonus」に発している。美即善、ここにもカロカガティアの考えを見ることができる。というよりむしろ話は逆で、ギリシャ語、ラテン語の場合、「美しい」と「善い」が意味の上で重なっていたから「カロカガティア」の思想が生まれたのだろう。余談だが、ハイデッガーは「言葉は存在の家」といっている。とりわけギリシャ語に関心と造詣の深かったハイデッガーである。彼の言葉には含蓄がある。ハイデッガーはこうもいっている、「ギリシャ人は自分達の経験に名前を付けたのである」、と。名前、すなわち言葉である。人間の様々な存在経験が言葉の中に蓄えられ守られつつ、代々人間に伝承されてきた、ということなのだろう。美と善は本質的に近しい、と感じられていたことが分かる。

とまれ野生人たちが「素材衝動 Stofftrieb」、感性的物理的な欲求の衝迫に抗うことができず、本能のままに奔放に行動する社会、野蛮人＝異文化人たちが硬直した理性にがんじがらめになって、「形式衝動 Formtrieb」のままに賢《さか》しらな分別を振り翳す社会、どれもこれも、人間社会とは名ばかりの「無教養、ほったらかし ungebildet」の社会である。そんな社会はフマニスムスの社会、理想の社会とは程遠い。真のフマニストの社会、美しい魂が統治する社会を実現するための教育の「範例 *παράδειγμα*」を、当然、シラーもソクラテスの教育観に学んだ。その際、ギリシャ的な教育観に、シラーは新しい見方を加えた。それが有名な「遊戯衝動 Spielstrieb」である。「遊び」にあって、人間は「素材的なもの」にも「形式的なもの」にも束縛されることなく、自由に有りのままの事象と関わるのである。遊んでいるときだけ、人間は「本来的な」人間、シラーの言葉でいえば「これぞ人間 der Mensch ganz」なのである。

ご存知の通りソクラテス、この精神のカロカガトスは――醜男で形姿の点ではカロカガトスとはいえなかったらしい――教育の目的を、人間に本来具わっているものを「有りのままに取り出すこと」とし、教育はそのための「技術 *τέχνη*」、自分の母の生業に見立てて「産婆術 *μαιευτική*」と考えていた。爾来、ソクラテスの教育観は西欧において根底的な思想になった。シラーにかぎらず、教育論を提起したい者には、これ以外に原理たりうるものはないのである。これ以外の原理と思しきものは、畢竟、どれも野生人に阿《おもね》るが如く、自由の名の下の「放任主義」の容認か、異文化人たちが声高に叫び立て無理強いする教育の形式主義、固陋《ころう》な教条主義の宣揚に大差ない。

もう一度いうと、「美しい魂」は教育の目標であり、理想だった。それに対し、「カロカガティア」はかつて確かに現実だった。ここに、「理想主義 Idealismus」の教育と「実在論 Realismus」に立脚するギリシャの教育——「現実主義」というのでは適切ではない——との差が顕著になり、いろいろのことが見えてくる。理想主義と実在論では教育のあり方が根本的に異なる。理想主義は教育を可能性の水準で考量する。その際、理想と現実の間を、例えばアリストテレスのように、「全く同一物のものの異なる位相」とは考えない。理想主義は「可能性」の方に多くを認め、「現実」は可能性のために否定的に媒介されるべき様相、と見なされがちである。そうなると、「産婆術」としての教育論にも、自から異なった意味づけがなされるだろう。「有るがまま」を是とする「産婆術」は、いってしまえば、実在論的な人間観においてこそ、十全に意味を主張できた。理想主義の立場では、教育は必要に応じて精神や身体に改良を加えることもあってしかるべきである。常に、理想は現実を変更させることによってしか達成されないのである。宗教改革以降、この考え方が当然のことになった。

理想と現実、教育の根底に存するこの問題は、シラーの美的教育の根幹に触れる。この問題の難しさは、シラーの別の思索の中にも、はっきりと現れているのである。それは「文芸 Dichtung」の有り様を論じる箇所、そこにおいて、「古典文芸」と「当代文芸」の相違という形で際立っている。

シラーの憧憬すべき当代のカロカガトス、競って敵わぬ、しかし心のライヴァルはゲーテであった。現実を素直に肯定できるゲーテ、彼の生粋の「無邪気さ Naivität」、「無垢さ Innozenz」に較べて、理想を標榜しながら、必ずしもそれを素直に肯定することができない自分、絶えず心が揺れ動く自分を、シラーは“sentimentalisch”と感じていた。「センティメンタル」、イギリスから入ってきたこの言葉は何とも訳し難いが、十八世紀知識人の一部に特有の、西欧的な心持ち、「心情 Gemüt」を表していた。シラーには共感する所があったのだろう。

確かに勝れて近代的な特徴であろう。“sentimentalisch”は「敏感な」とか「感じ易い」という意味だが、現実にせよ理想にせよ、それに全幅の信頼を置いて泰然としているという訳にはいかず、ときには「信頼」といったことにさえ懐疑的にならざるをえない心情を形容している。信頼とは、変化の向こうにある不動のものへの思いだからである。“sentimental”、今日、この語の意味は大分変化して、十八世紀的なニュアンスを汲み取ることは難しくなった。しかしシラーが古典文学と当代文学とを、“naiv”と“sentimentalisch”の語で対照させたとき、これらの語は世界観的な意味を込めて用いられた。時代の心情は時代の世界観を映していたのである。

“sentimentalisch”な心情と不可分に結び付いた美的教育のプラン、シラーの教育の理想は何とはない脆さを否めない。この点を看破したヘーゲルは、上述のように、シラーのプランを「浪漫的イロニー」の前哨と見たのである。浪漫主義は“sentimentalisch”である必要はない。あるいはもう“sentimentalisch”であることを意識しないくらいに、“sentimentalisch”なのだというべきかもしれない。いずれにせよ、浪漫主義は、芸術的な虚構の中で、自らの熱い理想を語り理想の世界を拵《こしら》えて、かつての詩人がそうしたように、芸術愛好家たち——その昔なら詩人の周りに集う聴衆たち——をこの理想世界へ誘えば、それでよいのである。浪漫主義は、別段、実践哲学である必要はない。ここが古《いにしえ》の詩人たちと浪漫主義との大きな相違である。その上《かみ》、詩人は最高の教育者でもあったのだから。

教育を論じるには、シラーはいささか“sentimentalisch”であり過ぎたのだろう。“naiv”と“sentimentalisch”、古典的と当代＝近代的、実在論と理想主義、これらは互いに、そう簡単に融合できるはずもなかった。シラーはまさにこれら対立するものの境界線上に立っていた。美的教育のプランが目論見通りに実現されないのも、道理といえば道理だった。だがシラーのプランとその実現に関わる彼の苦衷、それは今でも教育の本質に触れている。

3

シラーが実在論と理想主義の境界にいたこと、それは様々な形を取って彼の「美学」に表れている。その二、三の例を紹介しておこう。

シラーは明らかに「異文化人」より「野生人」の方に好意を持っていた。野生人はナイーヴな人間で、ナイーヴゆえに無分別なのである。何分にも「ほったらかしungebildet」だったから、人間的分別が付くこともなかった。だから、教育的効果が期待できるのではないか。野生人には、まだ“Bildung”の可能性があるのではないか。感性的衝動の赴くままに振舞いがちの野生人の場合、感性的なものの独走を上手に制御すれば、彼らの魂を「美しい魂」へ陶冶できるかもしれない。彼らは変に“sentimentalisch”でなく、本質的に“naiv”、「生なり」だからである。感性的な鋭さを活かす美的教育に期待ができそうではないか。

異文化人は頑迷な近代人とでもいおうか。しかし近代的理性の豊かな可能性にはさほど関心を示さないし、理性の声に耳を貸さない。彼ら流の「近代」に凝り固まってしまったらしい。もっぱら理性のモノトーンの響きしか耳に入らないから、理性と対話ができないのである。その上固陋《ころう》な理性主義者は、えてして、感性的なものを蔑視し忌避する。そしてそのことに、理性人としての矜持を感じてさえいるのである。感性的なものの蔑視となると、異文化人は美に感興を覚えない人間で、彼らに美的教育の効果を望めないだろう。蓋し、プラトンによれば「美は上級感覚における快」である。

美の素晴らしさを知ろうとしない人間とは何か。カントは「美は人間にこそ相応しい」といっているのである。だから「美」という最高の人間的価値に背を向けて頓着しない人間――「美の嫌いな人μισόκαλος」ではないとしても、「美を愛する人φιλόκαλος」ではない――は「異文化人」、「非理性人」で、シラーには度し難かったのだろう。

さて、そもそも、「美しい魂」には或る種の困難さが付き纏っている。それは「美しい魂」という理想の根底に本質的に「女性的なもの das Weibliche」、もっといえば「母性的なもの das Mütterliche」が存するからである。

恐らく、この女性的特質は聖母マリアの「本質性 essentia」に結晶していると思われる。中世、《マリア崇拝》という独特の信仰心や畏敬の想いのあったことはよく知られている。マリア崇拝が中世的な騎士道精神 Rittertum——キリスト教的な武士道とでもいおうか——を培った。マリアに象徴される女性的特質への想いは、ずっと西欧社会の水面下にあったが、倫理的意味で特に顕在化することはなかった。社会は男性的社会だったからである。倫理もまた男性社会の倫理だった。倫理的とは社会の「慣習」や「仕来り mos」に適っている、"moralisch" ということだが、その社会が男性社会なら、"moralisch" とはすなわち「男性的 männlich」の謂いとなる。女性的特質が「倫理」の水準まで上ってこなくても、それはそれで仕方なかっただろう。まして、「女性的なもの」が制度的な教育の目標に掲げられることはなかった。「美しい魂」の由来を勘案すると、女性的なものがトータルな人間という理想状態の指標になり、美的教育の眼目になる……、これはなかなか理解し難いことだった。

「美しい魂」に女性的なものが本質的である所以は、美しい魂の表出が「優美 Anmut」であることに見出すことができる。シラーは論文「優美と尊厳 Anmut und Würde」で、女性的特質と男性的特質とを対照させている。優美、その範例的なものは概してギリシャ以来、「三美神 Grazien」に見られてきた。三美神は輝き、喜び、開花の寓意である。彼女たちの「美しさ」は生きる素晴らしさの表れである。生の喜悦、生の歓喜、これは生命を産み出す女性にこそ似つかわしい。三美神は、ボッティチェルリの『春』の中で、生の喜びを輪舞で軽やかに体現している。時代は違うけれど、あたかも、ヴィヴァルディの『春』に乗って舞っているかのように。

ところで「優美」の語はラテン語の "venustus"、「ヴィーナス venus」に由来している。"venus" の語源を辿ると、欲求、人間を惹き付ける、といった意味になるらしい。"venus" の語根が英語の "wish" やドイツ語の "Wunsch"、「希望」に連なることは興味深い。ヴィーナスはギリシャの女神アプロディテーに同定されている。美と愛の女神で、愛の神エロースの母と目されている。アプロディテーの典雅で豊饒な美は、三美神とともに、造形芸術の格好のモティーフであった。アプロディテーに具わる異教的な奔放さが浄化されて静謐の気品を帯びてきたとき、聖母マリアのイメージが仄見えてくる。優美さの典型をマリアに見るのは、西欧の伝統の中で培われてきた、女性への美意識のしからしめる所だった。

「美しい魂」、その優美さには母性の表れである無償の愛、本質的な「優しさ」が溢れている。母性の「優しさ gratia」は生物一般にとって「本能的 naturalis」といってしまえば確かにそれまでだが、この優しさは端的に「自然的」である。しかもこの場合、「自然」にはラテン語の“natura”よりも、ギリシャ語の“φύσις”の方がぴったりくるように思えるのである。母性の優しさ、それは自からなる自然の理想状態であって、人間的努力の目標でも結果でもない。感性と悟性、動物的本性と精神的本性を陶冶して至った融和状態とは、全く別の水準にある。約言すれば、「倫理的なもの」、右に見た「男性的なもの」では到底測ることはできないのである。

西欧において、近代までほぼ例外なく、社会の実践的徳目は男性的価値観に基づくものだった。社会における最大の価値は「徳 ἀρετή」である。徳、この語は元来「男らしさ、勇気 ἀνδρεία」の意味であり、要するに「男 ἀνήρ」に発する。それはラテン語でも同じで——“virtus”は“vir”に由来する——、「男らしさ virtus」は広く美徳一般を意味する。ギリシャ語の「徳 ἀρετή」は「戦争と破壊の神アレス ἄρης」から出る。アレスと語源的に繋がる語に「アリストス ἄριστος」などがあるが、「第一の」とか「最高の」といった意味である。ついでにいえば、「アリストクラティア ἀριστοκρατία」とは、最高の政治、貴族政治を意味していた。ちなみにアレスは、ローマでは「軍神マルス Mars」である。古のギリシャ人が「善」とか「徳」の観念を懐いたとき、彼らは「戦場における勇気」のことを表象したらしい。しかも「男らしさ」は世界のほとんどの国々で社会的徳目の範例として、最高善とさえ認められていた。だが男らしさに由来する「徳」の観念は少しずつ変容し、敷衍されていく。既にアリストテレスにおいて、徳は「戦場における勇気」であるだけでなく、むしろ「理性に適った活動ができるようにと、鍛えられ培われた魂の状態」を意味しているのである。

理性に適うこと、それは人間として「正しく振舞うこと δικαιόω」であり、それが「正義 δίκη」なのである。正義は神によって定められ、それを遵守するようにと人間の魂に割り当てられている。「正しく振舞うこと」は人間にとって「自然 φύσις」であった。正義に則って社会を維持運営するべく、人間は常に神によって試されている。神の正義に導かれて、揺らぐことなく行動することが勇気だし、徳なのである。この正義、これは「規律 θέμις」として護られ、やがて、明文化されて「法律 νόμος」になる。「戦争 μάχη」も常に神のための戦いであり、ゆえに「正義」のための戦いでなければならなかった。かくて、勇気、徳は須く神の命にしたがうこと、法律を守ることであった。このような考え方はギリシャにかぎったことではなく、大方の古代国家に共通していた。

ギリシャ以来、倫理的なもの道徳的なものは男性的な価値観に負っていたが、当然、女性的徳目もあったはずである。だがしかしそれを言表する言葉はなかった。だからであろう、例えば“virtus”「男らしさ」の語が、そのままで、女性的徳目に援用される。貞節、貞淑の意味でも使われるようになるのである。戦場に赴く訳ではないけれども、健気に「銃後を守る」女性の姿を、戦う男性に重ねて“virtus”の語で総括したのだろうか。女性に特有の「貞節さ」、それならラテン語の“castus”の方が“virtus”より相応しいように思う。純粋な、清らかなという意味である。“castus”の語源を辿るとギリシャ語の「カタロス καθαρός」に至る。「カタロス」から「カタルシス κάθαρσις」、清める、汚れを祓う、の意味が出てくる。この意味をアリストテレスが『詩学』のキーワードの一つ、心の「カタルシス」として採用したのは周知の通り。もっとも、カタルシス、医学的には「腹くだし」の意味だった。周知の通り、アリストテレスの「カタルシス」は心に下剤をかけて、心をすっきりさせることだった。

純である浄である、という“castus”のイメージは、いかにも、「聖母マリア」にぴったりである。マリアを知るべくもなかったギリシャ人は、理想の女性の姿を、《トロイア戦争》の漂泊の英雄オデッセウスの妻、決して「二夫にまみえず」、ひたすら、夫の帰還を待ち続けた貞節のペネロペイアに見たのである。
“virtus”の語に求められる女性的理想と“gratia”の語の求められるそれ、当世風にいい換えると「制度的な性 gender」としての理想と「自然的な性 sex」としての理想になるのかもしれない。こう考えると、制度的な理想が制度的な教育に馴染むものであることは、よく分かる。制度としての「教育」は社会的な徳目である“virtus”を掲げて、男性には「男らしくあれ」女性には「女らしくあれ」、と唱導するのである。自然的性に即すれば、人間といえども雄であり雌である。雄に「男らしく」、雌に「女らしく」と期待する。期待の仕方され方に、それぞれの社会の文化的特性が反映されている。教育という制度の下に、文化的特性はそれに相応しい人間を涵養していくのである。近代まで、「政治」に参画すること、国家の管理運営に携わるのは男性だけだった。そのことの是非を云々する積りはない。事実として国家社会が戦争に明け暮れ、戦うことが社会の構成員の第一の責務であったのなら、戦うものだけが国家社会を管理運営して、それで当然でもあったのである。詰まる所、制度としての教育は、国家の維持のためのものだったからである。

シラーの構想する「美的教育」は、もとより社会制度に基づく教育、国家教育ではない。先述のように、シラーは美的教育を制度の根底にあるべき「ビルドゥング」、人間自身の「成長 παιδεία」に関わるものと考えていた。ビルドゥングへの配慮を欠いた教育制度は、ややもすれば「異文化人」を蔓延《はびこ》らせ「野生人」を見捨ててしまう、そのことをシラーは十分承知していた。

だが人間は共同体をなして生きる動物、「社会的動物 animal sociale」である。パイデイア、人間の成長それ自体、個人的出来事であって同時に社会的出来事である。本来的なフマニスムスの実現は、ただに個人の人間的完成の問題に留まらず、人間社会の完成の問題である。フマニスムスは社会的承認があって初めて、真のフマニスムスたりうる……、と人間と社会との相互的な関係を考量して、シラーはこんな風な結論に達した。本来的なフマニスムスに適う人間、「本当の人間 der wahrhaftige Mensch」を理想的な国家という形で表象できるのではないか。
個人と国家、現代の代議制の下では否応なく対立すべきものとなり、両者の良好な関係はもう、「解消されざる矛盾」、とでもいう他はない。シラーの頃、既に個人と国家は対立し始めていたし、対立が深刻なものになりつつあった。ゆえにこそシラーは、むしろ両者は本来対立すべきものではないはず、と考えたかったのである。

シラーにとって「国家 Staat」とは、「個々の主観の多様が結合され統一された普遍的で範例的な形式」である。主観の多様、えてして個人の考え方が放散して収拾が付かなくなる——衆愚政治はその最たるものだろう——のだが、それを調和的な状態へ導く。その際、多様性が国家のために否定され抹殺されてしまうことなく、主観がそれ自体として尊重される。フマニスムである。個人と国家、ミクロコスモスとマクロコスモスは、ピュタゴラス派の「宇宙」のように、見事に調和し矛盾なく両立する。個人の水準で感性と悟性、自然と精神が調和できるように、国家において、個人と全体、権利と義務が調和しうる。互いに「異種的な ungleichartig」ものが「一致共同する Übereinspielen」、これはカントが教えるように、よい趣味の涵養、美的教育を通じてのビルドゥングによって実現可能、とシラーは望み見たのである。そして可能根拠を人間の「遊戯衝動」に索《もと》めた。もちろん遊戯衝動を掲げるとき、シラーはカントの「趣味判断」の定義である認識能力の“freies spiel”と、「美」の規定である道徳的善との関係を念頭に置いていた。

シラーは理想的な国家像を、美的人間に重ね合わせた。理想国家、国民という「多」が国家という「一」の下に統合され、しかもその「一」が必要十分に「多」を代表する国家である。シラーは「理想国家」のモデルを古代ギリシャの「直接民主制 δημοκρατία」に見ずに、「君主制 μοναρχία」、それも近代的な「立憲君主制」に見た。直接民主制は、立派な「指導者 ἄρχων」がいないと、たちどころに、「多」による収拾の付かない混乱に陥ってしまう。野生人が恣《ほしいまま》に振舞う国家、あるいは、異文化人が差配する不毛の形式主義が幅を利かすような国家がそれである。ならば、「多」が「一」を戴く君主制がよいのではないか。但し、その君主は「専制君主」であってはならない。専制君主はその名前の通り、「デスポテース δεσπότης」、国民を自分の奴隷扱いしかねないからである。また、「絶対君主」であってもならない。その下では、国民は単なる臣民でしかないだろう。かくてシラーにとって、英邁な君主の統治する「立憲君主制」が近代国家の理想形態、と望まれたのである。

この国でなら、君主と国民との間に調和が実現されるだろう。したがって、「美的教育」は立憲君主国家を実現するために格好の方途であり、国家を維持するための支柱であるべきである。美的教育は調和のための教育だからである。シラーの『美的教育論』は「往復書簡 Korrespondenz」の形式をとっている。相手はデンマークの皇太子、やがて、王位に就く人であったという。「勇将の下に弱卒なし」、英明な君主の下に愚民のいるはずはない、という考え方である。皇太子に向け、美的教育を通じて、シラーは国家のビルドゥングを説いたのである。

美的教育の目標に「美しい魂」が標榜される。だが、美しい魂には女性的特質が顕著である。理想国家の君主となるべき人に、「美しい魂」を慫慂する……、どう考えても理解し難い。君主たるべき人間に、聖母マリアのような優しさと「慈愛 benevolentia」を望んだのだろうか。否である。

上述の通り、「美しい魂」、「優美さ」に体現される女性的特質は、概して「自然的性」の表れであった。自然的性としての女性的特質、それは元来、教育といった形で国家や社会が関与、干渉することを許さない水準のものである。優美の典型、聖母マリアは神によって「選ばれた、召された女性」である。教育によって育てられ、社会的制度的に承認されて「聖母」になった訳ではない。「聖母」はステータスではないのである。美しい魂は人間の存在の根底に関わる「存在論的本質 ontologisches Wesen」ともいうべきものである。ギリシャ以来、常に「存在」は「認識」に優位である。存在に関わる問題は認識に関わる問題に優先する。教育に関しても、この原則は当て嵌まるだろう。教育が社会的な制度の中で実践されるよりないかぎり、人間の存在論的な本質にまで関わることには種々の問題がある。制度的な教育でないはずの「美的教育」でさえ、教育そのもの問題に無関係ではありえなかった。シラーはそれを十分承知していた。

シラーの思想の中では、「美しい魂」は最終的に「崇高な魂 erhabene Seele」へと自己展開することになる。「美」に次いで「崇高」を話題にする、これはカントと同じである。そしてシラーは「崇高」を、カント以上に精細に分析している。恐らく「崇高」の分析に関してシラーのそれ以上のものはない、といって過言ではあるまい。崇高な魂、内なる理性が外なる自然に勝利するというこの精神状態、克己のうちに到達するこの状態なら、教育の具体的な目標になりうるかもしれない。そこにシラーの期待がある訳だが、それを論理として縷説するには、カントの崇高論の範囲に留まってはいられなかった。

崇高の感情、内なるものが外に勝利する、という優越の感情である。もちろん、勝利といっても理性的なものが感覚的なものを、形式が素材を制圧するのではない。そうでないと、内なる規則の類を無理やりに外なる自然へ押しつけて、あたかも自然を支配したかの如くに、得々としている異文化人の心性と「崇高な魂」との区別が付き難い。内なるものの勝利はあくまでも内面的である。決して十分な形で外へ現れることはない。ときには、否、むしろ総じて、外見的にはこの勝利が屈辱的な敗北のようにさえ見える。崇高というより悲劇的とさえ映るのである。外見に現れる勝利者、戦争の英雄なら造形的に表現し易いのだが、崇高の魂はそう簡単にはいかない。だから概して、文芸の領域のものとされてきたのである。伝ロンギノスの「崇高論」を嚆矢とするかぎりで、ずっとそうだった。ただし、そこでは、「崇高」は詩作上の文体や表現の問題であった。

シラーは「崇高な魂」の代表的な例をラオコーン、「受難的 pathetisch」ともいうべく、気高い精神性を貫いたトロイアの司祭の言行に見た。ラオコーンの群像は「崇高さ」を見事に表現した希有の造形作品である。「優美」、この女性的特質に対し、シラーは「崇高」を堅忍不抜の精神性、外面との戦いに耐え抜いて遂に内面的勝利に至るという「勇気」、つまり、男性的特質に見たのである。この「崇高」は、人間対自然の中で克ち得られるカントの「崇高」ではない。カントの場合、崇高の感情の対象、つまり「外なるもの」は、数学的であれ力学的であれ、文字通り「自然」であって決して「人為」ではなかった。シラーの場合、崇高に係る「外なるもの」は人間的事情の絡んだ自然、ヘーゲル風の言葉遣いをすると、「精神化された自然」、「客観的精神 objektiver Geist」の水準である。人間対制度、人間対社会、要するに人間対人間の葛藤の中で至りうるのである。だからラオコーンの「勲《いさおし》 Leistung」に見られるように、「自然」の犠牲の上に、精神の勝利が燦然と光るのである。感性的なものは超感性的なものに、肉体は精神に殉じなければならない。もっとも、そうだからこそ、崇高が教育の目標たりうるのである。

しかし、教育の目標となって、優美が崇高へと自己展開すると考えられるとき、まるで崇高が優美の上位概念のような観を呈し、男性的なものを女性的なものの上に見る、という伝統的な習慣が、再び頭を擡《もた》げているように見えるのである。「美しい魂」が「崇高な魂」へと展開する、という論理が分からない訳ではない。だが教育の問題として考えてみると、「美しい魂」から「崇高な魂」への展開は、いささか矛盾を孕んでいる。「生きる喜び」——カントのいう“Lebensgefühl”の促進——を実感する「美」の経験が「崇高」の体験へ、「勇気」と称えられているとはいいながら、最終的には死の諦観へと進むべきなら、このような論理展開を、近代以降、宗教改革以降の人間は容易に納得することはできまい。もとより、シラーは「美的教育」を通じて、国家のための死を督励したのではない。死を督励するような教育、それへの懸念からシラーは美的教育を標榜したはずである。

優美と尊厳に関して、シラーは次のように考えていたのである。「優美」しか存在しない世界は一つの理想郷だろうが、その世界では、却って人間に課せられた「自由 Freiheit=Unbedingtheit」への使命に気付かれることがない。無為自然、図らずも自由が実現されてしまって、それに気付くまでもないのである。「優美」の国は単純に「生の充実」の世界である。

「尊厳」しか存在しない世界では、「自由」への使命が意識され志向されていながら、ついに実現されることはない。自由のために数多くの「崇高な魂」が犠牲になって、なおやはり実現されないという「悲壮」の世界である。「尊厳」の国は永遠に「救済を求め続ける」世界なのである。だから、優美と尊厳は互いに他を要求し合うべき、とシラーは考えたのだろう。

　論理としてはまさにその通りだが、優美と尊厳はいわば「対蹠的 gegensätzlich」で、両者の融合は一人の人間、一個の国家において遂に「見果てぬ夢」なのである。もしくは、国家や社会に課せられた永遠の課題、というべきかもしれない。永遠の課題を説く、これがシラーの「美的教育」の有体ではなかったか。

　シラーの「美的教育」に窺える困難さ、今から思うと、それは美や崇高……など、いわゆる《美的範疇》を実践的な水準にもたらし意味付けようとした――だからこそ、彼はカントの解釈や敷衍を試みたのである――所にあったのではないだろうか。その困難さは、畢竟、彼の「美学」そのものに本質的に随伴していたのである。シラーの「美学」は、純粋に理論的な考察と実践的な関心とが交錯して、幾分整合性に欠ける所もある。それは彼が時代の直中にあって、作家であり理論家でもあるという立場から「美学」に取り組んだ証拠でもあった。

　さて、カントとゲーテはシラーの偉大な対極であった。哲学的思索と文芸的創造性の。この巨峰の間にあって苦悩するシラーは、まさに彼自身の存在が「浪漫的イロニー」の先触れであったのかもしれない。ヘーゲルの見立ては皮肉が利いていて、実に辛辣である。しかしシラーが「美学」のあるべき姿――「趣味批判」でもなく「芸術哲学」でもない――を模索し自律的な学問ならしめようとした努力を、一世紀前の哲学辞典は、「美学に市民権を与えた」、と評した。この辞典の編集者である後世の学者は、シラーの同時代人のヘーゲルよりも、シラーをずっと客観的に見ることができたのである。

　この辞典の編集者よりさらに後の人間には、シラーは“pathetisch”、「美学」という「受難 πάθος」を負った人だったように思えるのである。美学者としての彼は「美しい魂」の人ではなく、「崇高な魂」の人ではなかっただろうか。そう感じさせる所が、シラーの「美学」の魅力だと思われるのである。

結び

思えば、シラーは僅か二百年程の前の人である。そのシラーにとって、プラトンやアリストテレスは、二千年以上も昔の人であるにも拘らず、思想的問題を共有できたし、その意味で彼等は決して過去の人ではなかった。しかし今では、正直な所、シラーでさえ随分昔の人のように感じられる。この二百年の間に、何かが根本的に変わって、歴史的なものの見方が顛倒してしまったのかもしれない。美学の世界で、シラーの『美的教育論』は今日、古い時代の美学へのノスタルジックな思いを喚起する程のものでしかないかのようである。

今日の精神的世界を、シラーはどう見るのだろうか。「野性人」と見紛う“homo aestheticus”と、「異文化人」と思しい“homo ethicus”が合体したかのような「経済的人間 homo economicus」や「テクノロジー的人間 homo technologicus」だけが、世界の「グローバル化」の名の下に跳梁して、世界をモノトーンで味気ないものにする。今いわれている「グローバル化」は数量化、計量化可能なものだけを尺度にする、世界の均質化に過ぎない。その一方で当代の「美的人間 homo aestheticus」は美よりも、むしろグロテスクなもの、下卑たもの、一言でいって「キッチュ das Kitsch」の方に興味があるらしい。芸術作品はだんだんと美しくなくなっている。さながら、美や崇高はかつての哲学的美学の考察対象であり、ヘーゲルに代表される芸術哲学の対象であったかの如くに。そして当代の「倫理的人間 homo ethicus」は「本質責任 responsibility」に思いを巡らす前に、もっぱら「説明責任 accountability」の妥当性で済まそうとしている。ちなみに“responsibility”とは、神の召命に「胸を張って応《こた》えることができる responsible」という意味である。シラーは「遠くなりにけり」である。

シラーの「美的教育論」は残念ながら破綻の論理だったか、あるいは一場の夢物語だった。しかしそこから学ぶべきは、およそ教育論にあって、失敗し破綻する論理に、妥協を許さず真に人間のあるべき姿を探求するものが多いということである。ときに、その仮借のなさは論者自身に還ってくる。ソクラテスの場合がそうであったように。もちろん、ソクラテスの思想は破綻の論理ではない。しかし自分らの命を賭した夢物語ではなかったか。彼の夢が人間の真実の姿を見ていたからこそ、彼の夢は後代、繰り返し哲学的テーマとなって戻ってくるのである。私見を許して戴けば、シラーの美学的な仕事にも、その趣があるように思われるのである。私が彼を"pathetisch"と呼びたい所以である。

もっとも、当代の"homo economicus"や"homo technologicus"にはもう、シラーから学ぶものはないのかもしれない。もし彼らの下でシラーがすっかり閑却されているとしたら、恐らく、彼らは人間における、そして「人間にとっての大事なもの Das Menschlichbedeutungsvolle」を閑却しているのである。その大事なものとは何か、それをしもシラーは思索したのであり、詩作したのであった。

註

ヘーゲルは彼の『美学講義』の随所でシラーに言及している。詩作品を取り上げて、論評もしている。シラーの美学に関して、「イントロダクション Einleitung」で集中的に述べられている。
Hegel, G. W. F. : *Vorlesung über die Ästhetik*, "Einleitung in die Ästhetik," S. 103-108ff.（Bassange 版）
シラーの著作、sämtliche Werke（Winkler Verlag München）、その第五巻に美学的著作が集められている。

第九章　弁証法について

――カントとヘーゲル――

はじめに

この表題の下で、別段、新しい話題が提供される訳ではない。ヘーゲルの芸術哲学に関する知識、それも彼の思想の根幹に関わる方法論を、少し整理してみようというだけである。つまり「弁証法 Dialektik」に関しての一考察である。古来、弁論や思索の傑出した方法である弁証法、それを巡ってカントとヘーゲルの間でどのような異同があったか、その異同が彼らの思想にどんな形で顕在化しているか、それを辿ってみるのである。カントは「弁証法」をもっぱら《批判哲学》の枠内で使用した。一方、ヘーゲルは「弁証法」を人間精神の発展の有り方にまで敷衍し、人間精神の世界観的展開を解明するための要鍵とした。ヘーゲルは「弁証法」のゆえに、彼の哲学体系を構築できた。そして芸術哲学は「精神哲学」の体系に不可欠の一分肢だった。

さて美学の世界でヘーゲルの思想を論じるとき、ほぼ間違いなく一つの問題に集中して考察されるように思う。いわゆる《芸術終焉論 Endlehre der Kunst》、もしくは「芸術過去説 Vergangenheitslehre der Kunst」である。

「終焉論」が端倪《たんげい》すべからざる美学的難問である理由は、その哲学的必然性と芸術の現実のギャップ、いうなれば、芸術の理念と現実との乖離を容易に埋められない所にある。そのため終焉論は、一方で哲学が芸術に打ち付けたスティグマのようであり、他方で哲学にとっての「アキレウスの踵」のようでもある。美学を志すものは――本章で「美学」とは「哲学的美学」のことである――哲学的理念を尊重して「終焉論」を肯定するか、芸術の現実を顧慮して「終焉論」を否定するか、難しい二者択一を迫られるのである。この問題を巡って、哲学の方からも芸術の方からも、それぞれの立場から巧妙な妥協点を探る、というような訳にはいかない。その手の折衷案があるのなら、そもそも、終焉論がスティグマでもアキレウスの踵でもなかっただろう。

ところで、当たり前のことだけれども、終焉論を問題にせざるをえないのはヘーゲル以降の美学にとってであり、ヘーゲル以降の芸術にとってである。少なくともヘーゲルにおいて、「終焉論」の哲学的必然性と芸術の現実との間に何の矛盾も齟齬もなかった。ヘーゲルによれば、芸術は古代ギリシャの時代にその精神史的な使命を完了してしまったからである。だからといって、その後も芸術が独自の発展を遂げるであろうことを、ヘーゲルは少しも否定してはいない。そして古代ギリシャから二千年余を経た時代を生きるヘーゲルが、どのような時代、どのようなジャンルの芸術に個人的な興味を持っていたか、それは全く趣味の問題で、彼の哲学的問題ではなかった。

人がどんな趣味を持とうと、互いの趣味の是非を論じ合おうと、それは各人の自由である。趣味の良否が時代を生きる人間の精神形成に作用を及ぼすことを誰でも知っている。実際、十七世紀の頃から貴族の館の「サロン」を中心にして、趣味の良否が議論されたようである。だがヘーゲルは明言している、「趣味の涵養は決して美学の目的ではない」（*Ästhetik*, XII. S. 38）と。趣味の陶冶や涵養の議論なら、学の実践的な領域、そこで詳細になされればよい。だから例えばヘーゲルが、十七世紀オランダの風景画に「絵画」の一つの典型を見ていたことと、古代ギリシャにおいて「芸術は使命を終えた」と哲学的に結論付けたこととの間に、いささかの矛盾もない。芸術哲学に肝心なことは、趣味的な水準のことではないからである。

要はこうなのである、ヘーゲルにとって矛盾でも何でもなかったことが、ヘーゲル以降、矛盾とも齟齬とも感じられるようになってきたのである。この感覚は時代の芸術に関する哲学的思想にまで広がり、遂には、ヘーゲル美学との対決もやむなし、とする哲学的決断に至る。このように、意図すると否とを問わず、ヘーゲル以降の哲学的美学は、何らかの形でヘーゲルの「芸術哲学」との「対決 Auseinandersetzung」を余儀なくされているのである。

もっとも、本章において、ヘーゲル美学に関わる様々な思想的対決、ヘーゲルとヘーゲル以降の対決を問題にする積りはない。ここでは哲学史の観点から、「終焉論」の哲学的必然性を確認するというだけである。したがって論点は「ヘーゲル以前とヘーゲル」ということになる。ちなみに彼の『美学講義』には、『歴史哲学』とともに、ヘーゲル哲学の本質と結構とが最も簡明直截に表れているといわれている。それなら、きわめて好都合である。芸術の世界を場にしているとはいえ、「美学」の中に現れてくる問題はヘーゲル哲学の要諦に関するものばかり、と考えてよいからである。その上、ヘーゲル哲学が内蔵する問題は独り彼だけのものではなく、むしろ西欧哲学の問題であり続けたからである。

今日の芸術事情の方からヘーゲル美学を忖度し斟酌するとき、えてして閑却されがちなことがある。それはヘーゲルの芸術哲学が具えている、そしてヘーゲルの方からいえば、自分の哲学へと「アウフヘーベン Aufheben」された西欧哲学の伝統である。ヘーゲルの哲学は紛れもなくこの伝統に連なっていて、しかも十九世紀初頭に成立した。彼の哲学の中で、哲学史という思想的な財産がどのように取捨選択され、どのように改訂補遺を受けたか。このことを抜きにして、ヘーゲルの芸術哲学を現代に引き寄せて論じるのでは、却ってヘーゲルに善意の誤解をすることになったり、あるいは必要以上の非難を浴びせたりすることにもなりかねない。ヘーゲル哲学が「黙示録的な」預言性、先見性を持っていた、それは周知のことだろう。だが端的にいって、やはりヘーゲルにも、自分以後のことを知る術はなかった。ヘーゲルの知りうるのは「ヘーゲル以前の哲学」だったのである。

そう考えると、「終焉論」に関してハイデッガーのいったこと、すなわち、終焉論の背後には西欧形而上学の伝統が控えている、したがって、終焉論の当否はこの伝統を顧慮せずしては決定できない、という指摘は実に的確だった。慎重でも賢明でもあるハイデッガーは、「終焉論」についての判断を遠慮した。エポケーとでもいうか、終焉論という括弧を開かなかったのである。括弧を開くからには、断乎、西欧形而上学との対決を辞さない、その覚悟が必要だ、とハイデッガーは考えていたのである。形而上学との対決、それは「芸術」という、人間的精神活動の一領域を問題にして済むようなことではない。そもそも形而上学の伝統の中で、「芸術」が論じられることは皆無に等しかった。括弧を開かなかったのは、西欧哲学の伝統を集大成したヘーゲルへの、ハイデッガーの最高の敬意の表明だったのである。

1

ヘーゲル哲学の論理的整合性と体系の堅牢さに、異論の余地はない。彼の思想を、人間が構築した思索の金字塔の一つ、といって過言ではあるまい。だがもとよりこの金字塔を、ヘーゲルが独力で、しかも無から建設した訳ではなかった。西欧哲学の伝統がヘーゲルの思索をしっかりと支え、また思索への適切な材料を提供したのである。伝統としてヘーゲルにまで継承されてきたもの、それは哲学的問題意識とそれを論じる方法である。彼の哲学の根幹に関わる二つのものが西欧哲学の遺産だった。ハイデッガーがヘーゲルを「西欧形而上学の伝統の完成者」と見なしたのも、当然のことだった。

まず問題意識である。それについて、ガーダマーの指摘が要点をついている。ヘーゲル哲学の目的は、キリスト教の《三位一体 trinitas》の教義に哲学的な釈義を施して、その意味を解読することにある、とガーダマーは捉えたのである。三位一体の謎に挑み、この教義の真理を十全の概念にもたらすこと、それがヘーゲル哲学の本義といわれれば、そのように思われる。というのも「三位」で「一体」をなす神といえども、「神」というだけではまだ単なる呼称に過ぎず、空虚な形式に大差ないのである。述語がペルソナ、神の位相をきちんと意味付けて、「神」の何たるかを規定する。こうして初めて、神という「形式」が「内容」で充たされる。形式と内容が一つになったとき、神はもう観念的なだけでなく実在的である。ガーダマーにしたがえば、ヘーゲル哲学はキリスト教の「神」という形式に述語付けて、思索的にこの神を実在的存在にすることであった。蓋し、三位一体、これは『ヨハネの黙示録』において神自身が証《あか》するように、神の実在性の位相に他ならなかったのである。神は現にいて、人間のために様々な奇蹟を行った。『聖書』の随所にさりげなく語られている通りである。この神を論じる以上、哲学は空虚な形式を弄んでそれでよし、と済ますことはできない道理である。

とはいうものの、神、この絶対者、超論理的存在を述語付けうるものは、神の如き水準にあるものでなければならないだろう。神ならぬ身には、神の述語付け、神の実体化が適う訳がないのである。而《しこう》してヘーゲル哲学は、神を述語付けうるものの本質、思索的存在の本質を明らかにする思想なのである。結論からいうと、「述語付けられるべき神」と「述語付けうる思索的存在」との同一性――少なくとも両者が同一の存在水準にあること――を証明する思想である。ヘーゲルの思索が神の存在水準に並ぶ、この点をついて、ニーチェは「ヘーゲルは神を殺した」と告発した。それは別のこととして、ヘーゲルの場合、今いった同一性を論証するための絶対的方法が《弁証法》だったのである。弁証法は西欧思想の伝統的な論証法の一つ、それもなかなかに曰く付きの方法だった。何故、弁証法でなければならないのか。このことも、ヘーゲル哲学の核心に触れる問題である。

2

弁証法に関して、まずざっとさらっておこう。アリストテレスによると、「弁証法 διαλεκτική」はエレアのゼノン、あの「運動のパラドクス」で有名なゼノンが「弁論 ῥητορική」のための巧妙な「技術 τέχνη」として創案したものらしい。論理形式としての弁証法は「帰謬法的論理」である。それは間接証明法に属する。証明しようとする命題に矛盾する命題を立て、仮にその命題を真とすることから必然的に帰結する矛盾をあばくことによって、元の命題が真であることを証明する。つまり、矛盾の矛盾として「真である」ことを証明する、という手の込んだ論法である。ゼノンのパラドクスの巧妙さからか、弁証法はソフィストたちにお得意の論証方法であった。ソフィストたちは、問答を通して、相手を論理的に「説得すること πείθω」を生業にしている人たちである。

プラトンはパイドロスとの対話において（『パイドロス』259E–274B）、ソフィストたちの論法に関して述べている。彼らの問答は確かに論理的だけれども、唯一の真理を提示して相手を納得させるようなものではない、と。ソフィストは持てる知識を縦横に操り、ときには相手を煙に巻きつつ説き伏せてしまうのである。若いソクラテスを相手にとうとうと弁じ立てた先輩ソフィストたちの意気軒高さが、当時のソフィストの気概を良く表している。弁証法は絶対的真理を論証する方法というより、ケース・バイ・ケース、相対的真理とでもいうようなもの、別言すれば「真理らしいもの」、このいささか胡散臭いものを、その場で「真理である」と信じ込ませる方法である。だからソフィストにはお誂え向きだった。ゆえに、弁証法は「誤謬推理 παραλογισμός」と見なされたり、そうでないまでも、見せ掛けの証明や論理的な仮象を提示する手段、あるいは強《したた》かなテクニックと考えられたりもしたのである。

ソフィストの得意のこの論法を、客観的真理を見付けるための「発見術 εὑριστική」へ高めたのが、ソクラテスである。クセノフォンは『ソクラテスの想い出』の中で（『想い出』VI. v. 12）、師ソクラテスが弁証法を「真理の発見術」へ彫琢した、と報告している。問答をする、「言葉を交わす διαλέγεσθαι」とは、一緒に考えつつ「選り分ける διαλέγω」ことである。話題にしている事柄に関して、互いに協力して客観的な真理、両者が異論なく了解し合える真理を選り出すのである。弁証法とはこのように、真理発見のための適切な言葉の遣り取り、そしてさらにはそのための「技術」である、とソクラテスは考えていた。

ソクラテスをうけたプラトンは端的に、弁証法を、概念形成のための論理的哲学的な方法と規定した。イデア論に典型的に窺われる。プラトンは「弁証法」を、低次の個別的な概念から出発して高次の普遍的な概念へ上昇するための、「分割 διαίρεσις」と「綜合 συναγωγή」という思考方法に仕上げた。『パイドロス』に詳しいが（『パイドロス』266B-D）、弁証法はもう説得や真理発見の「技術」というだけではなく、それ自体、一つの「知」もしくは「学」である。分割と綜合による「論理学」、これは後にヘーゲルのものになった。

だがアリストテレスは、「弁証法」を完璧な論理形式とは認めなかった。彼からすれば、弁証法は「蓋然的証明」なのである。弁証法の証明には、《論点先取り τό ἐξ ἀρχήν》、証明されざる「仮定 πρότασις」が最初から当然のように入り込んでいる（『分析論前書』I. 1. 22. 24a）。「真理らしいもの」が、あたかも真理のような顔をして、証明の中に入り込んでいる。このことがアリストテレスには気掛かりなのである。もちろん、プラトンの弁証法は、ソフィストたちがわざわざ無頓着にしておいた――これこそまさにソフィスト的な技巧である――「存在 οὐσία」と「仮象 φάντασμα」の間を画然とさせている。だがプラトンのいう「イデア」は厄介な代物である。イデアを弁証法的にしか説明できない、それではソフィストたちの「修辞」と変わらないのではないか。アリストテレスが拘る所以である。結局、師プラトンの「弁証法」も、アリストテレスは純粋に論理的な証明法と認めることはできなかった。「真理 ἀλήθεια」と「真理らしいもの εἰκός」とを媒介する論法に留まる、と評価するよりなかったのである。

弁証法を別の面からも把捉しておく。弁証法は否定を媒介にして論理を展開する遣り方である。したがって、どこかに「絶対的に肯定的なもの」を措定しておかないことには、弁証法は論証方法としての威力を示せない。すなわち、ただの詭弁か、徒《いたずら》に否定を繰り返すだけの、無意味な空論に堕する。絶対的なものの設定の奈何《いかん》によって、弁証法はもっともらしくもいかがわしくもなってしまうのである。「イデア」の捉え方によって、プラトンとアリストテレス、師弟の間でさえ「弁証法」の価値付けに差が出てしまう、それが何よりの証拠になるだろう。ともあれ、否定を契機にして肯定へ導く、この入り組んだ論法はソフィストには「持って来い」の方法だった。

ソフィストたちは相手の言説、「ドクサ δόξα」に「パラドクサ παράδοξος」で応じながら、次第に相手を自分の方へ誘導する。こうして知らぬ間に、相手は自らの言説を否定して、ソフィストの言説を肯定する羽目になってしまうのである。誘導の際には、相手より多くの知識を持っていることが強みになる。ドクサに対するパラドクサは、詰まる所、知識の多寡で相手を説き伏せるためのカウンター・パンチである。ソフィストたちにとっての絶対的なもの、それは知識の量で、これが彼らの弁証法を支えているのである。しかし知識の量など、しょせん、相対的なものでしかない。ソフィストたちは、そこをソクラテスにつかれてしまった。とはいえ、ソクラテスのような強《したた》か者を別にすれば、ソフィストたちは問答の相手に、「知識の点では遠く及ばないこと」を、十分に納得させることができたのである。相手にしてみれば、これまでの自分が否定されるのである。相手を自己否定に至らしめて従前より賢くする、教育手段という意味での弁証法なら、ソフィストもソクラテスも、同じ意味でこの方法を駆使した——「無知の知」を思え——。ソクラテス自身、誰にも増して傑出したソフィストであった。ソクラテスにとって、弁証法は「説得」のための実践的手段、格好の技術だったのである。

ソクラテスとソフィストたちの違いはこうである。ソクラテスは本当の知識と見せ掛けの知識、ロゴスに基づく知識とドクサとを区別する。ソフィストはそこをわざと曖昧にしておくのである。ソクラテスはこの区別を基点にして「弁証法」、否定的媒介の論理を用い、相手を自己矛盾に陥らせる。ソクラテスは知識量の差で相手を遣り込めた訳ではなかった。相手が知識だと信じて貯め込んでいたものの実相をあばいて、彼らの持つ知識相互の矛盾に導くのである。知識の量と質との混同――ソフィスト的なテクニック――をつかれた相手は、「語るに落ちる」というか、自分の知識に足を取られて自ら蹉跌を踏むことになるのである。こうして、相手は自分の「無知」を認めざるをえない。高名なソフィストであるヒッピアスのしどろもどろ振りに、それが窺える。

弟子のプラトンは「弁証法」をただに実践の水準に留めておかず、「観想 θεωρία」の水準へ引き上げたが、善くも悪くも、これは大きな飛躍だった。その理由は、徹底した実在論者のギリシャ人の思想の中に、あたかも「観念論」が胚胎していたかのように思わせたからなのである。先述の通り、「イデア」をどう理解すべきか、この点でプラトンとアリストテレスとは必ずしも一致してはいなかった。その相違が、後世、プラトニズムとアリストテレス主義、観念論と科学的論理主義という二つの哲学的な系統へ展開していくことになる。とまれ、アリストテレスには次のように映る、イデア論を弁証法と結合させてしまったために、畢竟、イデアに関する弁証法的な論証が、いわゆる「ソフィスト的論法 σόφισμα」の気味を帯びたのではなかったか、と。イデア、「色も形もない」超感性的なもの、その意味で、人間には経験なす能わざるものを、「実在」と同じように論じる弁証法では、アリストテレスはそれを「明証的論証 ἀπόδειξις」とは認められない。経験的に確認できないもの、而して実在的でないものを、真とも偽とも判別する術がないからである。

ソクラテス、プラトン、アリストテレスと並べてみると、それぞれの立場によって、弁証法の意味付けに異同のあることが分かる。敢えていうなら、実践の人ソクラテスと理論の人アリストテレスの間にあって、プラトンは

「弁証法」に、実践的でも理論的でもあるような、幅広い意味を認めていたのだろう。もちろんこの点に関して、プラトンが自説をソクラテスの問答、という実践的な形式で開陳したことを考慮に入れておかねばならない。この筆法で叙述されるかぎり、実際の問答の場で駆使される、ソフィスト的な技巧や策略を無視することはできない道理である。しかしなまじっか実践的な場を借りて論を展開したために、その分、弁証法に純粋な論理形式という資格を与えることができない……、こういう批判はありうる。そもそも、弁証法はゼノンが「問答の技術 διαλεκτική τέχνη」として創案したものだったからである。

次代のストア派も、アリストテレスから見ての、プラトン的な曖昧さを払拭できてはいない。ストア派は「弁証法」をこう理解していた、すなわち、一方で「文法 γραμματική」や「修辞 ῥητορική」のように、言葉を使用するための技術や作法である、と。この考え方は後に《自由学芸 artes liberales》にうけ継がれて、「言葉」に関する《三学科 trivium》の中に活かされる。他方で「論理」とも、事の真偽を見抜く「技術」とも考えられていた。後の方の考え方は中世になると発展し、やがて、弁証法は一つの「知的技術 ars」、それも命題の「真偽を弁別する知 ars、veritas sive falsitas discriminare」としての「論理学」一般を意味するようになった。余談だが、「技術 ars」と「知 scientia」の近縁性については、もともと、「理性 ratio」と「技術 ars」の語源が同じ――いずれも、語幹"RA-"に発する――であることからも、十分に納得がいく。要するに技術も知も「理性」の働きに他ならないのである。

中世キリスト教神学は、神を唯一の真理とする。この真理に照らして、万象の真偽が弁別される。真か偽かのどちらとも定まらない、そんな得体の知れないものは、それ自体では全く意味を持たない。それでは真か偽かが決定される前の「宙ぶらりん」の中間状態であって、《排中律 principium exclusi tertii》がそのまま放っておく訳がない。神の下に存在するものは、真か偽かのいずれかである。ゆえに、「弁証法」は論理学、《矛盾律 principium contradictionis》によって事の「真・偽」を論証する論理学となる。

しかし矛盾律を根拠とする以上で、論の向かう所が「真・偽」の弁別とその証明であるにも拘らず、弁証法は間接的というよりない。《同一律 principium identitatis》の直接的な論理学に較べると、まだいささかなりとも「真理らしきもの veri-similis」の論理学、ソフィスト以来の意味を引き摺っていたようである。

カントが自分の「弁証法」に《仮象の論理学 Logik des Scheins》の名を与えたのは、「仮象」、神から見れば「真理らしきもの」を問題にするためであった。「仮象 Schein」、すなわち「現れる Scheinen」の意味である。後に触れるが、「現れ」すなわち「真」であるか、それとも「偽」であるか。「現れ」すなわち「実在」であるか、それとも「仮象」であるか。実在即真であるが、現れ＝現象もまた真であるか……等々、これらの問題を神学の水準ではなく人間の水準で質すこと、それがカントの批判主義であった。そのために"Scheinen"の水準――神学の水準でなら当然"Sein"の問題――、「現象 Erscheinen」の水準を問題にしなければならない。カントの場合、神学からすれば「仮象の論理学」でしかないものが、重要な哲学的意味を持たねばならなかったのである。

そしてヘーゲルは観念論の立場から、カントの「仮象の論理学」を「実在の論理学」、それも、絶対者の絶対性を論証する唯一の論理学に変えてしまった。

古代ギリシャで生まれた論理形式、否定の論理学、矛盾律に基づく論理学は、遂にヘーゲルの下で、同一性の哲学、絶対的肯定に基づく論理学のための究竟の方法となったのである。

3

ヘーゲルとの対比のために、カントを見る必要がある。カントは、人間は人間であって、それ以上でも以下でもない、という人間の事実性を哲学の基礎とすべきである、と考える。これは優れてフマニスムスの立場である。この立場から、一切の人間的経験の可能的条件、ア・プリオリの条件を、人間主観の側の事情だけに限定して分析し検討するのである。客観の側の事情に関しては、直接的に言及されることはない。客観への直接的言及は「批判主義」の立場と背馳しかねないからである。再び無批判的に神学的、もしくは形而上学的思弁を呼び戻すおそれもなくはないだろう。カントの《批判》の真意を理解するには、中世の形而上学的学問体系、神学的な学問体系を参考にするのが便利である。

キリスト教神学は「一なる創造神が無から万有を作った」という創造神話を、存在に関する唯一絶対的な原則、数学における「公理 axiom」の如くにしていた。人間も「被造物 ens creatum」なので、およそ、人間的思索はこの神話を無前提的に認めるのである。神話が、人間的思索にとっての究極的な真理とされているのである。この真理を、カントのように理念的要請と理解するにせよ、ヘーゲルのように絶対的実在性と理解するにせよ、西欧思想において、中世この方、この真理の究極的意味、あるいは公理性が否定された例はない。むしろ、公理とされる神話をどのように合理付けるか、すなわちこの公理が唯一無二であることをどのように論理化するか、それが中世以降の神学的課題だったのである。

もっとも「公理」とは、論証する必要のない前提である。公理はギリシャ語の「価値 ἀξία」に由来する。事象を思索するための根底的な前提をなす、それが公理である。公理の合理化とは、この公理から完璧で明証的な論理体系を演繹する、という意味である。

神学において、創造主と被造物、それが「存在者全体 ens in toto」と把握される。神と万有の間に絶対的なステージの差があるが、被造物である万有は全体として、一なる神の摂理に貫かれている。「無から ex nihilo」作られた万有の、存在の純粋性を損なう他律的要因はありえないからである。だからステージの違う神と万有を一纏めに、「存在者全体」といっても、「神を冒涜すること blasphemia」にはならない。但し、神は「第一原因 causa prima」、万有は「第二原因 causa secunda」の水準にあるから、「存在論的 ontologisch」には水準の超絶に架橋することは不可能である。存在論的超絶性の一方で、「存在的 ontisch」には同一水準に並びうること――「イエスの受肉 incarnatio」や人間の上に行う様々な奇蹟のお陰である――を、中世の「学者たち doctores scholastici」は神からの「愛」、神からの「恩寵」と感謝するばかりであったろう。第二原因の水準のものが、そのままで神の水準に届く訳はなかったのである。その意味では、キリスト教神学、中世的形而上学は神への信仰と感謝に支えられた学問だった。実際、当時の学者は神に仕える人たちで、決して世俗の人ではなかったのである。「哲学」さえ、「神学の下女」であった。とはいえ、哲学の助けを借りずに神学が存立できはしなかったのだが。

一体、神ならぬ身の人間は、神を直接的に思索することはできない。存在の水準を超える……、「信仰 credo」でなら可能なことも、「思索 cogito」には不可能ではないのか。そこで第二原因の水準、被造物の全体をさらに二層に分ける、という思索的創意が求められた。「魂を持つもの ens spirituale」、ゆえに端的に「霊的存在 ens caeleste」である神に一層近い存在者とそうでないものとに。

「魂」といっても、“spiritus”と“anima”では、意味の内包が大分違うのである。“spiritus”は“ψυχή”の、“anima”は“θυμός”のラテン語訳である。「アニマ anima」を持っていても、それがキリスト教的意味での「精神性 spiritualis」を帯びていなければ、それはただの「生物 animal」である。この水準のものは「無生物」ともども、人間から区別されて「宇宙 universum」、あるいは「世界」に属するとされる。ちなみに、「世界 mundus」とは「世俗的 mundanus」、つまり「聖的ではない profanus」所――“profanus”は聖なるものを祀る建物の前、建物の外、の謂い――という意味である。「魂を持つ」、それは「神性の分有 participio deitatis」である。被造物を二層に分ける遣り方は、プロティノスのいう存在者の「階層性」の考え方に似ている。そのような思索的策略を講じたことで、存在者全体は三つの層、「神―人間―生物・無生物」に分けられた。この区別と人間の位置付けによって人間、本来、神との存在水準の隔絶を託《かこ》つべきこの存在者が、見事に神に近づくことができたのである。

聖トマスらの《存在の類比 analogia entis》の思考を見るとき、キリスト教神学の思索的苦心の程が察しられる。存在の類比、もしくは「比例 ἀναλογία」はきわめてギリシャ的な「存在観」から出た考え方である。「存在する」という点で同一水準にあるからこそ、すべての存在者の間に「類比」や「比例」が成立するのである。キリスト教の「存在観」のように、存在者の間にステージの違いを認めると、比例の考え方を適用することは難しい。違いを、愛とか恩寵といった非論理的なもので埋めるよりないからである。しかしその一方で、「存在の類比」の考え方はすべての存在者を一括しうるから、思索的な方途としては重宝でもあった。トマスの苦心のお陰で、事実的には不可能でも、少なくとも権利的に、人間に、宇宙をなす「万有」との存在論的な水準の違いの跨ぎ越しを標榜できる。さながら「神のような」位置取りができるようになった。人間は「宇宙」に属しながら、宇宙の外にいるかの如き特権的な地位を得たのである。

存在者全体を階層的に区別し、それぞれの水準の存在者の有りようを考察する遣り方は「特殊形而上学 metaphysica specialis」と呼ばれ、形而上学の一つの特徴をなす。このような視点はしかし、近代以降も「特殊専門学科 Disziplien」という学問観に継承されて、今日に至っている。学際的な研究、学の領域のクロス・オーヴァーなどと喧《かまびす》しいこの頃だが、それこそむしろ専門学科的な学問観がずっと支配的だった証拠だろう。それはともかく、特殊形而上学的な視点はギリシャ人には、思い付き難かった。存在者の階層性を純粋に論理的に思考する、そういう思索はギリシャ人のものではなかったのである。「存在者を存在者として考察する contemplari ens qua ens」、論理的にはそれで十分である。存在者にランク付けをする、それは別の思考――例えば、プラトンの《イデア論》のような――によるべきものであった。しかしこのアリストテレスの視点は、「存在者一般 ens commune」をその「存在 esse」に関して吟味する視点として、「一般形而上学 metaphysica generalis」である。それどころかこの視点は近代以降、十九世紀後半から自然科学的な学問意識、科学主義となって今日、学問の客観性を保証する所以のものとさえ見なされているのである。中世以降、形而上学が「存在論」――"ontologia"という語は、十七世紀の所産――として存立するかぎりで、今いった二つの有り方をしていたが、この二つは根本において同じものだったのである。

ようやく近代になって、科学主義だけでなく、形而上学そのものが再びアリストテレス的な方向、一般形而上学の形で志向されるようになった、とハイデッガーは指摘している。形而上学の軌道修正である。それに着手した人がカントだった、とハイデッガーはいう。

カント以前、形而上学はまだ中世的であった。「霊魂論 psychologia」の命名者メランヒトン、「宇宙論 cosmologia」の命名者ヴォルフ、彼らは中世的な形而上学の枠組みから抜け出ることはなかったのである。中世、キリスト教神学の下での「存在者の階層区分」からして、「特殊形而上学」は三部で全体をなす。「神に関する学 theologia」、「霊魂＝人間に関する論 psychologia」、「宇宙に関する論 cosmologia」である。霊魂論は、近代哲学の中心となる。霊魂論＝人間論が少々砕けた形、実践的な人間論といった体裁で、十八世紀の半ばに「人間学 anthropologia」が始まる。そして十九世紀の後半には一時期、「霊魂論」が再び、まさに「人間学」として哲学世界の中枢を占めることになるが、そのとき「霊魂論」は神学的な学の構成において意味していたのとは別の学問、もっぱら人間に係る《心理学 Psychologie》になっていた。ついでに、「宇宙論」はギリシャ以来の「自然学」の精神を加味して「自然哲学」になり「近代物理学」へと展開する。そして十九世紀の末には「自然科学 Naturwissenschaft」になったのである。

特殊形而上学の体系の中で、人間は存在者全体の「真ん中 medium」において――しかし決して「中心 centrum」

ではない。中心は神である――、神と宇宙、神と世界を考察する。人間はその「中間的な位置」からして、世界に対して、神ではないのに神のようである。「被造物」として世界に属しながら、神のように世界の外から世界を睥睨《へいげい》する。それも、論理必然的に。かくて人間にはその存在論的優越性、「神性の分有」という神からの愛によって、自分を神と思い誤る素地、存在論的な「真ん中」と思索的な「中心」とを混同する可能性が生じたのである。ニーチェは、ヘーゲルの哲学でそれが現実になった、と断じたのである。一被造物に過ぎない人間が、世界の上に君臨する。近代のいわゆる「人間中心主義 Anthropo-zentrismus」のお膳立ては、形式的には中世形而上学の体系とともに出来上がっていたのである。

中世から近代への展開につれて、被造物全体における人間の存在論的特権性は強まる。そしてデカルトの下で、一段の地歩を固めた。デカルトの「懐疑 dubitatio」、人間存在の本質をとことん突き詰めようとする彼の「スケプシス scepsis」によって、「魂を持つ存在 ens spirituale」という中世的な特権は、《思惟するもの res cogitans》と実体的に捉え直される。後に見るように「コギト cogito」の十分の自己吟味、自己検証を経てのことではあるが。このコギトによって人間は全く新しい学的権利と方法を手に入れた。被造物の世界、「宇宙」を「客観化された神の摂理」として純粋に形相的な学的操作、すなわち数学的操作の対象にすることができるようになったのである。デカルトによって、「数学 mathematica」は実践的な「技術 ars」との結び付きを解かれ、形而上学に比肩できる純粋な「学問 scientia」になったのである。こうして形相的にではあるけれども、デカルトは、コギトという主観的なものに存在者全体を包括させる、という超越性を与えた。すなわち、コギトは「万有」の外にあり、外から宇宙を総括できるのである。ちょうど、創造主と被造物の関係のように。

だがデカルトは、コギトを神に仕立てよう、人間が神に取って代わろうなどと、少しも思ってはいなかった。むしろ、デカルトは心底から「神の存在証明」に腐心しなければならなかったのである。カントからすれば、どんな仕方によっても神の存在証明は不可能なのだが、デカルトにとって、証明に努めることが、自分が神ならぬもの、人間であることの証だった。神なら、わざわざ自分の存在を証明するまでもない。「啓示 revelatio」それ自体、存在証明だからである。

コギトの確立、デカルトによって中世形而上学の学問体系の構図は変容した。「霊魂論」であった“psychologia”は、人間が自分らの存在意義を検証する作業、コギトの権利確認の作業、要するに「内省 meditatio」になる。内省というコギトの作業が「第一哲学」となり、「諸学の根 radix scientiarum」と理解される。

学問の根をしっかりと据えるデカルトの思索は、カントの《批判》へうけ継がれ、諸学の「予備学 Propädeutik」ともいうべきものになる。諸学、被造物の全体を個別的特性に即して探求する多様な学問的形態のことである。例えば「アニマを持つもの」と見られるとき、人間は医学や生理学の対象になる。人間は自らの“spiritus”で、自らの“anima”を学的考察の対象にすることができるのである。しかしこの学的手続きの可能性と一において、人間存在は「思惟するもの res cogitans」と「延長するもの res extensa」へと、分裂することになるのである。これがデカルトの「アポリア」となる——本書、第二章参照——。

中世から近代への哲学の展開を裏から見ると、神学が栄光を失っていく過程であった。神学は神という形而上学的実体を思索的に把握するという「神の実在論」から、神を形相的に把握する「神の観念論」への変貌が余儀なくなったのである。神の観念論、実に奇妙ないい方だが、ニュートンの「自然哲学」がこれに当たる。ニュートンは万有、宇宙の運動変化の中に神意を瞥見する。そして被造物である万有は互いに引き合っている、と結論する。互いの「引力」が万有の親和性の表れ、而して神によって創造されたという共通の徴《しるし》である。万有の運動の原理を数学的に解明することで、間接的に神の存在を証明する。ニュートンのこの遣り方は、デカルトが拓いた学の道の上で、初めて可能になったのである。デカルトからニュートンへの数学的思索の道、これはキリスト教神学を近代物理学へと換骨奪胎する、見事な哲学的ストラテジーであった。ただ数学的コギトはあくまでも神を形相的に把握する方途であって、このコギト自体が実在的な力を持っている訳ではなかった。

コギトのこの形式的な力は、ヘーゲルの「概念 Begreifen」に至って、究極的な「実在的力 Macht」になった。概念が実在的な力を持つ、それは概念が神になり神が概念になるということである。いわば、神は人間の思惟、概念へと「受肉 incarnatio」したのである。「精神 Geist=spiritus」の受肉である。

先走ってしまった。ヘーゲルは後のこととして、カントから見ると、デカルトはまだ中世の神学的伝統から完全に脱却できた訳ではなかった。デカルトにとって、「神の実在性を証明できる」という人間的特権の類は、例の"cogito… sum"において、この"sum"、すなわち「存在 esse」に必然的に含まれていなければならない。蓋し、人間は「思惟するもの」として神に創造されたのである。もとよりそうでなければ、人間の「思惟 cogitatio」に由って来たる所がない。デカルトはカントのように、コギトの内実を《権利問題 quid juris》と《事実問題 quid facti》に分けることはなかったし、その必要性も知らなかった。知っていたら、あの《松果腺 le glande pinéale》の実在性を論証するといった空しい努力をしなかっただろう。松果腺、これは神と人間、観念と実在、権利と事実が交叉する不思議なインターチェンジである。人間、この「理性を持った動物――思惟するものであり、延長するものである――」を端的に神の如き「霊的存在」へ変身させる、松果腺はまさにそのようなブラック・ボックスだった。松果腺の不思議さ、得体の知れなさ、それは偏《ひとえ》に「理性を持った動物 animal rationale」を「半神 demi-god」に見立てたことに起因する。デカルトの「合理主義」の中に、まだ中世的形而上学は生きていたのである。デカルトばかりでなく、ニュートンの中にも中世は生きていた。

デカルトに発しニュートンに継承された「自然哲学」、これを中世哲学の方から見れば、紛れもなく神学である。ただし数理的神学であった。だからこそ、数式で表される神学体系、「自然哲学」の世界は、キリスト教神学と同等の存在意義を持つことができたし、ニュートンはそう信じていたことだろう。

しかしカントのリゴリズムは神学の伝統を、徹底的に批判しなければならない。しょせん形式的でしかありえない神の「存在証明」を、そのまま神の実在性の証明と見なす、つまり形式と実在とを同一水準に置かざるをえない思索は、神の側の思索であって人間の側の思索ではない。形式がそのまま実在になる、この飛躍、神のみがよくしうる奇蹟である。哲学は奇蹟＝神話を語ることではない。かつてソフィストたちがそうであったように「怪・力・乱・神の類を語る」、このことをソクラテスは排した。そのソクラテスに倣う、これが哲学するカントの「合理主義」、彼のリゴリズムである。デカルトの《松果腺》、カントには神話的実体に等しかった。かかる存在を誘導せざるをえないデカルトの「コギト」、それを見直すことは、カントにとって哲学的な「課題 Aufgabe」だった。コギトの「曖昧さ」というか「両義性 Zweideutigkeit」をきっちり清算すること、神の思惟のようでもあり人間の思惟のようでもある、そのような思惟をカントは、厳密に人間の思惟として定立し、基礎付けるのである。

神の思惟は「思惟」であると同時に「直観」である。中世神学は、この語に“intuitus”の語を充当した。「イントゥイトゥス intuitus」、熟視であり熟慮である。直観と思惟、直観という「実在」に関わる機能と思惟という「形式」に関わる機能が一つ、これが神の「コギト」であり「直観 intuitio」である。しかし人間の思惟はそうはいかない。直観と思惟、これが一つになることはない。そしてどちらがどちらに優位でもない。人間の思惟の本質を思惟が自己検証する、『純粋理性批判』の仕事である。

4

カントは人間の思惟の権利と義務を判然としなければならない。この思索を遂行するうちに、人間の「コギト」

が自らを「神の如くに思い込む」、すなわち大きな錯覚に陥る所以が明瞭になってくる。カントは、コギトが錯覚に陥る不可避的な理由を、《超越論的仮象 transzendentaler Schein》としてあばき出した。カントの場合、この仮象の不可避性を論証する「理性推理」が「弁証法 Dialektik」なのである。仮象の仮象たる所以を論証する、そこでカントは弁証法を「仮象の論理学 Logik des Scheins」と呼ぶ。しかし彼の弁証法は「まやかしの論法 Sophisterei」ではない。

カントによると、「超越論的仮象」とは次のことである、人間的理性は「経験」のための主観的原則を、不知不識のうちに客観的原則へと摩り替えてしまう、換言すれば、主観に属する条件を、当然のように客観的条件と信じ込んでしまう。ここに生じる避け難い錯覚、それが超越論的仮象である。例えば、理性の原理の下で悟性が概念を結合していく——"synthesis intellectualis"によって——。こうして人間の経験が拡大する。概念の結合という、経験のための主観的必然性が客観的必然性、すなわち「世界」そのものに内在する必然性と見なされてしまう。内在的必然性と超越的必然性との混同である。考えてみれば、創造主ならぬ人間に、客観の実在の必然性を知る術はない。だから人間的コギトにおいて、客観に係る事柄は、主観を媒介にし、その相関者として間接的に扱われる他はないのである。「反省」してみれば確かにその通りだが、人間の「直接的な経験」とそれへの「反省」とでは、経験の次元が違う。超越論的仮象は直接的経験の次元で生じているのである。

主観内在的な必然性と客観的超越的な必然性、認識の原則を《物自体》の必然性と信じないことには、人間の経験はその都度一回かぎりの刹那的なものに過ぎず、個々の経験の間に何の脈絡もないことになってしまうだろう。アリストテレスが『形而上学』の冒頭に述べている通り、それでは、到底、人間の経験とはいえない。人間の経験が経験として成立している、そのことの根底に、ア・プリオリに右のような錯覚が潜んでいる。錯覚が「超越論的transzendental」といわれている道理である。

錯覚、「思いなし」の仮象性を知っているのは、独り「理性」だけである。認識能力である「悟性」はそれを知るべくもない。それも当然のこと、人間の経験できる「世界」は《現象 Erscheinung》であって《物自体 Ding an sich》ではないことを、悟性は知らない。現象と物自体では存在の水準が違うし、両者を一に融合する術は全くありえない、それを知っているのは「理性」だけである。理性は不可能を知っている。それは自らの限界を知ること、否定を知ること、而して「無 nihil」を知ることである。「無」を知っていることにおいて、理性は人間的理性なのである。そしてこのことと一において、「理性」は「原理 principium」の能力でありうるのである。

しかし、むしろ神こそ「否定」、無を知っているのではないのか。神は「無から」万有を創造したではないか。確かにそうなのだが、神のする「否定」、神の知っている「無」は「肯定」、「有」が「有」であるための不可欠の契機である。したがって否定は肯定の、無は有の「位相 persona」なのである。肯定と否定、有と無、この矛盾対立を自らのペルソナとして内在化し、而して対立を超克している存在、かかる「無限定者」——肯定も否定も「限定」に他ならない——は神である。神ならぬ存在者はこの矛盾対立を、絶対に調停不可能な「現実 Realität」、としてうけ入れねばならない。矛盾を自らの存在の極限と知悉《ちしつ》する理性は、「限界がある」という現実を人間の一切の経験に先立つ「第一のこと」、何よりも「まず把握しておくべきこと principium」、すなわち「原理」と納得する。理性が《原理の能力》なのは、この意味においてなのである。

認識能力は限界を知らない。それでは危険である。認識能力に固有の危険性については、カントの《崇高の分析論》に詳述されている。限界を知るものは、そのゆえに、独特の仕方で人間諸力を督励し鼓舞する。その仕方の最たるもの、ア・プリオリに人間理性がする策略、それが《超越論的仮象》なのだといって大過あるまい。理性、否定や無を知っているものが自分を有りのままに示そうとすれば、否定を含んだ論法を用いるよりない。さてこそ、理性は「弁証法」を採用するのである。

もう少し続けよう。現象と物自体という「客観」の側の根源的な区別は、それに対応する「主観」の側の区別を不可避的にする。差し当たり、「経験する主観」とその都度の経験を「私の経験」と統括する「超越論的な主観性transzendentale Subjektivität」、すなわち《超越論的統覚 Apperzeption》との区別が、それに合致するように見える。確かに、次のように見えるのである。個別的な経験的主観が「現象」に、超越論的統覚が経験一般に通底する客観、つまり《物自体》に対応している、と。だがそうではない。超越論的統覚は経験的主観の普遍的な相である。したがって「統覚」に対応するのは《物自体》ではなく《現象一般》なのである。物自体、この究極的客観に対応するのは究極的主観、多様に働く経験的主観の根底にあって変わることのない「理性」を措いてない。

理性は原理の能力であり、「原理」を「理性概念＝理念 Idee」として提示する。理性は概念の能力ではないから、理念を提示するといっても、「要請 postulatum」という形で示すだけである。要請、それは、証明不可能だが絶対に承認しなければならないという形で課せられる、人間的経験の極限である。人間的経験に不可欠の前提は、可能的対象の極限としての「無限定者」、「無制約者」であり、例えば《物自体》もそのような存在なのである。無制約者は一切の人間的経験がそれに依拠していながら、それ自身は絶対に経験の対象にはならない。いうなれば、可能的経験のホリゾントである。当然、理念、無制約者に対応する対象は実在しない。それは「理念」が絶対に「概念」にならないことと表裏である。

もっとも、理念についての蓋然的なイメージ、象徴的なイメージなら持つことはできる。経験を手掛かりにして、理念の内実にあれこれ思いを巡らすことはできる。だが象徴は実体ではない。象徴は仮象のようでもある。この意味でも、理念は全く主観的なものなのである。事実的に主観的でしかないにも拘らず、理念は権利的に客観的であることを希求し標榜する。主観的でありながら客観的であろうとするという矛盾、それが人間の「理念」である所以だし、理念は、人間は人間以上でも以下でもないことの、端的な表れなのである。理念は密かに絶対的な「アンティポーデ antipode」、絶対的客観的超越者たらんとしつつ、しかし人間に次のように諭すのである。アンティポーデを実在的に望もうとすると、それは人間ではなくなることを望むに等しい、と。かくて、理念は人間に分を弁えさせる能力、《統制的原理 regulatives Prinzip》であることが分かる。

理念は「構成的 konstitutiv」に機能することもありうる。けれども、理念はあくまでも主観的な要請である。「構成」が世界そのもの、物自体に関わるようなものではありえない。現象世界の経験を「世界の経験」として認識させる、そのかぎりで、経験を主観的に構成する原理であるに留まる。この主観的な構成を、あたかも世界そのものの構成だ、と思いなすことが上述の通り、「仮象」という訳なのである。

さて理念であるが、三つ考えられる。一つ、思惟する主観、すなわち「コギト」に関するもの。一つ、客観、「現象としての世界」に関するもの。一つ、思惟一般に対応する対象の「理念的実在性」に関するもの。具体的にいえば、「魂」、「宇宙=世界」、そして「神」である。理念を巡る考察を、カントは中世的な神学体系、存在区分に則って実行した。それ以外に、哲学的な手本はなかった。

中世的に見れば、次のようになる。「思惟する主観」は「人間論 psychologia」において、「現象としての世界」は「宇宙論 cosmologia」において、「対象の実在性」は創造主である「神の学 theologia」において考察されるのである。神の実在性、それは宇宙の実在性に同じだったからである。神は理念というより究極の実在なので、「神」は「理念の理念 die Idee der Ideen」というのが正しかったかもしれない。神は当然別格、無前提的に「第一のもの」だった——プロティノスを思え——。

しかしデカルト以降、思惟する主観に関する「理念」が最初に来て、哲学の第一の眼目になる。思惟する主観、コギトが最初に来ることから、対象世界に関する理念は二つに分かれる。「現象」に関するものと「物自体」に関するものとに。そして神の実在性は、「コギト」によって証明されるべき事柄になるのである。デカルトが神の存在証明を、コギトによってなそうとしたのはそのゆえにであった。さらにカントが、コギトによる神の「存在証明」の不可能を明らかにし、それによって「神学」は学の座から降りた。神の「存在証明」、カントにしたがえば、学と称してそれは「信仰 credo」と「知 intelligo」の混同のする企てだったからである。

中世、信仰と知はむしろ分けられるべきではなかった。信仰の対象と知の対象は同一水準にあった。「魂」も「宇宙」も須《すべから》く神に帰されるので、それらは観念的であり実在的であった。否、観念的か実在的かという区別は余り意味がなかったのである。中世神学において、人間のする「表象」や「認識」の「外にあるもの」こそ「実在的 realis」だった。神が直接創造したものだからである。その証拠に、「表象 repraesentatio」や「認識 cognitio」の語には前綴りの「re-、co-」が付いている。前綴りは実在からの隔たりを示しているのである。要するに人間的営為に前綴りを付さねばならなかったのは、人間は「被造物」で、神と存在の水準が違うことの証拠であった。神は「究極的原因 causa ultima」であるから、「最も実在的 realissimus」でなければならない。されば表象、認識といった回り道をせずに、「直接的 sine medium」に神との交会が求められても、不思議ではなかった。信仰の直接性も知の間接性も、等しく「合理的 rationalis」だった。「観想 meditatio、θεωρία」は知的営為として実践されたのである。

要するに、中世神学、この学的営為は神中心の世界観の構築であった。神、最も実在的、而して「最も理に適った存在 ens rationalissimum」である。神が「非合理的 irrationalis」になる、それは人間の理性を唯一「理性的」と考えるようになったからで、神が人間の理性的能力の限界を超えていると自覚されるようになったからである。それは、カントが「人間理性」の本質を解析してから。正確には、彼の《理性批判》によって初めて、といってよいだろう。こうして、神は信仰の対象であって、知の対象ではなくなるのである。神が「理念」になる、それは一切の合理的なものを内に包括する非合理的な無制約者として要請されることになる、という意味だったのである。

ところで、人間の理性が提示する「統制的原理」、人間に分を弁えさせる三つの理念、「魂の不死」、「世界の始原」、「神に関する弁証法的推理」は、中世神学には全く不要のものだった。すべてが神に帰され、そしてそれで十分なので、神の存在証明さえできれば、純粋理性の《アンティノミー Antinomie》は問題になりようもなかったのである。理念を掲げることによって、この理念のゆえに人間理性は「アンティノミー」を負うことになる、皮肉なものである。例えば「世界の始原」に関するアンティノミー（『純粋理性批判』B. S. 454ff.）――「世界には時間的に始まりがあり、空間的に閉じている」、否、「世界に始まりはないし、空間的にも限界はない」――、世界は無限か有限かという問題である。大体、時間・空間という被規定性、存在論的な制約は《被造物》だけに特有のことである。無限のものは唯一神だけである。被造物が無限の訳がない。そもそも、《創造 creatio》とは観念の「無限」を実在という「有限」にすることなのである。中世神学では、「世界の有限・無限」のアンティノミーはありえなかった。要するに、神＝創造主にとって「世界は有限」、人間＝被造物にとって「世界は無限」である。

ちなみに、魂の機能であるコギトについての《誤謬推理 Paralogismus》（『純粋理性批判』B. S. 389ff.）に関しても、「世界」のアンティノミーと似たような事情がある。人間は自らのコギトに即して世界を経験＝思惟するのだが、コギトそのものを経験することは不可能である。コギトを経験するには、コギトを対象化しなければならないだろう。しかし「対象化されたコギト」を「思惟するコギト」が残るのである。こんな具合で、合わせ鏡に映る像のように、コギトの対象化には果てしがない。コギト一般をそのものとして捉えようとすると、「主観という超越論的概念から、主観そのものの絶対的統一を推理するよりない」。しかしこの「推理」によって、「主観、すなわちコギトに関してのいささかの概念も持つことはできないのである」。かかるコギトは概念ではなく理念だからである。

とはいうものの、この推理は「概念に至る」悟性推理に、いかにも似ているのである。この推理は悟性のする「推理 λογισμός」に対する推理、似て非なる推理という意味で「誤謬推理 παραλογισμός」という訳である。何分にも、この推理は概念に至ることがないのだから、「推理のようなもの」であって「推理」ではないのかもしれない。中世神学とその真理概念――“veritas adaequatio intellectus et rei”――に照らすと当然のことだが、神に比して、人間のコギトは不十分である。コギトは「世界」、被造物の全体を対象にできるだけで、世界の存在そのもの、つまり「創造主」を直接思惟することはできない。先述の通り、世界経験は表象や認識を通じて成立する。しかしこの世界経験は間接的な「神の経験」に他ならなかった。神との直接的な合一――神学的真理概念はこのことを表している――が望まれるなら、コギトには、「誤謬推理」という弁証法的な術策を弄してまで、その有効性が要求されることはなかった。「誤謬推理」もまた、近代になって人間的思惟の根本に関わる問題になるのである。

カントにおいて、弁証法は次のようなものである、すなわち、人間が人間であるために必然的に「無制約者」を要請せざるをえない、という人間に本質的な課題を論証する論理である。有限な存在が無限定者を論証する、その意味で矛盾の論理、要するに、理性自身の自己矛盾の論理学なのである。理念の人間的必然性が論証されないことには、肝心の理念が「絵に描いた餅」になりかねない。しかし理念が「本当の餅」になることはない。ここに理性の矛盾がある。矛盾であることを知るから、理性は理念を「構成的原理」ではなく「統制的原理」として人間に課すのである。統制的原理であることを論証するべく、カントは『純粋理性批判』のかなりの部分を、理念の弁証法的証明に割かねばならなかった。

5

カントが理性の自己矛盾をあばいてまで、コギトの専横を戒めようとした哲学的思索、「人間の学」の基礎付けは、ヘーゲルによって、ものの見事に一蹴されてしまった。ヘーゲルは、カントのあばいた「理性の矛盾」を解消し、理性自身の内へとアウフヘーベンしてしまった。再び、「理性」を神の如き実在と捉え直し、「理性」を、矛盾をも自分の契機にすることのできる存在にすることによって。

或る意味で、ヘーゲルはカントを跨ぎ越して中世へ戻っている。そのことはヘーゲルの《理念》を見れば分かる。中世神学の一元論の下では、理念はただ一つでよい。デカルトを経てカントの「人間中心主義」の哲学において、理念は三つ必要になる。すなわち「主観の統一＝コギト」、「客観の統一＝世界の定在」、「客観の観念性＝神」である。二元論の立場だからである。しかも理念は客観的ではなく、あくまでも主観的な要請である。カントにあって主観的、観念的な理念が、ヘーゲルの思索では客観的、実在的にならねばならない。観念と実在との水準の絶対的隔絶がアウフヘーベンされないことには、ヘーゲル哲学は完成しないのである。

実在的になった理念を、ヘーゲルは《理想 das Ideal》という。理想とは、様々な形を取って志向され、そして実現されるべき人間の《自由》のことである。ヘーゲルの哲学は、自由を志向しそれを実現していく人間の「精神の哲学 Philosophie des Geistes」、その意味で、これもまたフマニスムスの哲学なのである。人間の索《もと》める「理想」は、究極的には、神の如き絶対的自由である。神が実在的に目指されるべき目標、而して人間が神になろうとする哲学という点で、形式的には、ヘーゲル哲学は中世に戻っている。ヘーゲルの「精神 Geist」、この語は明らかに“spiritus”のドイツ語訳である。

一方カントは「理想」を「理念に適合する個別者」、「無限のものの有限な形式」と規定している。この表現から察しられるように、「理想」は少しく矛盾したものである。完全な「理想」は存在できる訳がなく、せいぜい「象徴」としての存在がよい所、というべきだからである。そのような「理想」の例証として最も分かり易いのは、《直観的理念 ästhetische Idee》の形象、すなわち《天才 Genie》の所産の「芸術作品」だろう。

もっともカントの場合も、突き詰めれば「理想」は存在者の「原像 Urbild」としての神、この「最も完全なもの ens perfectissimum」である。この「神」は人間の脳中で捏造された幻ではなく、実践的な統制力を持っている。《超越論的理想》、人間の経験の完全性の手本である神は、もとより、現実の経験の対象ではありえない。だが「理想」は、世界に生じる一切の現象を、あたかも十全の法則性必然性に適って発現していると人間に信じさせる、そういう力を持った理性の表象である。神のこの法則性必然性を、人間は「世界の因果性」、「物自体の真相」と考える。蓋し、世界に必然的な絶対的統一を認めないことには、人間の経験は「完全」を目指すことができないし、目指すことに意味がなくなる。現象の彼方に《物自体》が要請される所以である。このようにカントにおいて、理念は観念的水準にあって、人間のあらゆる営為を統制する。そして理念はたまさか「理想」という具体的形態を取って、有限な人間に、無限を望まねばならぬ存在であることを自覚させるのである。『判断力批判』にしたがっていうと、「快・不快の感情」、美や崇高の経験を契機にして。

理念はヘーゲルにおいて実在的になる。いわば「ロゴスの受肉」、すなわち神が人間になる訳だが、これは一つの《神人同一説 Anthropo-morphismus》である。神人同一の哲学、それが素朴で非合理的なアニミズムの哲学でないなら、奇蹟の哲学である。もちろん、ヘーゲルの哲学がアニミズムのはずはない。しかし人間のために奇蹟を成就しうるものは神のみである。もとより人間ではない。ヘーゲルは「奇蹟を成就しうるもの」を「人間精神」に仮託している、とニーチェは看破した。だから彼は、「ヘーゲルは神を殺した」と哲学的に告発したのである。それはともかく、神が人間になり、人間が神になる思想、まさにキリスト教の「三位一体」の教義そのものであった。

カントと対照させながら、ヘーゲルを見る。

カントにおいて、人間と神との絶対的超絶性、被造物と創造主との懸隔を示すもの、それが自然の「合法則性 Gesetzmäßigkeit」で、被造物の人間はそれに従属せざるをえない。確かに自然の法則性を、人間は「悟性」によって十分に理解することはできる。しかし、悟性による理解が実在的に自然を凌駕した、ということには全然ならないのである。人間は神の規範性を《内なる道徳律》として意識に内在させるが、それは決して人間が神になることではない。神でない人間には、自然と道徳律、「合法則性」と「自由」の厳しい対立が厳として残る。その調停にカントは苦渋を強いられる。それも道理、対立こそ人間の存在論的な不可避性だったからである。

ヘーゲルにとって「精神」、究極的な自由の実現を標榜するこの「人間的なもの」は、「自然」の上に立つ。したがって、人間の本質を「精神的存在」と規定するヘーゲル哲学においては、デカルトの、そしてカントの「二元論Dualismus」と二元論ゆえのアポリアは解消されている。自然は精神に対立するものでも、精神にとっての解消されざる矛盾でもなく、端的に精神にアウフヘーベンされるべきもの、つまり自然は精神の位相、「ペルソナ」なのである。「自然」それ自体は未規定的な「精神」に他ならない。かくて、自然は精神によって媒介され、自然の諸法則として概念的に精神に総括されるべきもの、とされるのである。自然哲学は精神哲学に吸収され、精神の哲学の一相貌をなす。ヘーゲルの哲学は内在が超越に勝る哲学、観念が実在を支配する哲学である。観念の哲学は、観念が実在を凌駕していることを実証しなければ、哲学的には首尾一貫していない。神の《天地創造creatio ex nihilo》に明らかなように、観念の哲学はそもそも「神―学theo-logia」に等しいのである。

カントの《批判主義》は、観念と実在の「先議権Priorität」を弁証法的に、《仮象の論理学》として実証するよりなかった。しかしアリストテレス的に厳密にいうと、この論証は観念が実在を凌駕することの明証的な論証ではなく、蓋然的な証明に留まる。このように論証の当不当をあげつらうより、観念がそのまま実在になれば、問題は一気に片付くだろう。だからヘーゲルの哲学は「ロゴスの受肉」、理念の実在である「理想」をレアールな証拠とするのである。

ヘーゲルの「自然」は、本質において「精神的」なものが「自然」の段階に留まってそこに安住している。それでは、必ずしも本当の自分とはいえない。一度個別となった普遍、自然となった精神は本来の自分に戻らねばならない。「精神的なもの」は、精神に戻ることによって初めて真に自由であるし、自身にそのことが可能だからこそ「無制約者」なのである。精神が自ら出て自己へと帰還する道程——精神自身の諸現象 Erscheinungen des Geistes——は自己検証の過程であり、自己確認の道である。

カントとヘーゲルの相違は次の点で際立つ。カントの批判主義の下では、理想としての自由は永遠の課題であり目標であって、とことん彼岸的である。ヘーゲルにおいて、此岸的でなければならない。「批判主義の哲学」と「神学＝絶対者の観念論」との差が、ここに顕著に表れる。しかしヘーゲルの思想は人間を神にしなければならないのである。そうでないと、「精神的存在」であるかぎりの人間は不完全な存在に過ぎなくなってしまうだろう。ニーチェの告発、ヘーゲル哲学の犯した「神の弑殺《しいさつ》」は、ヘーゲルがたまたま神を「弑《しい》した」、つまり思索上の過失ではない。計画的に謀殺した、とする告発だったのである。ヘーゲルの「神人同一」の哲学は、それでもやはり「人間中心主義」の哲学、フマニスムスの哲学だった。だから「神の弑殺者」の咎めを受けるべきは独りヘーゲルだけではない。正確にいえば、フマニスムスの思想の傾向性が負うべきものだった。

ヘーゲル哲学では、観念が実在をアウフヘーベンする、精神が自然を克服していく過程が「弁証法」である。弁証法、否定の論理学。これは次のことに、すなわち精神が自己を実現する途上で、「途上的である」という自分を否定して究極的な自己実現へ至る、否定を媒介にして自己を肯定するというプロセスに、最も相応しい方法であった。否定がそのまま肯定である論理、それが詭弁でも見せ掛けの論証でもなく、これ以上ない「理性的な論証」になる。「仮象の論理学」ではなく「実在の論理学」としての「弁証法」…？　不思議なようだがヘーゲルの弁証法において唯一、それが現実となる。肯定の論理学になるのである。これは哲学的には破天荒のことであった。ヘーゲル哲学が《同一性の哲学 Identitätsphilosophie》、自己否定するものと自己肯定するものとが同じ、したがって否定と肯定とが同じ、という哲学だから、弁証法が肯定の論理学でありえたのである。存在のあらゆる様相において同一不変であるもの、神である。いみじくもガーダマーが指摘した通り、ヘーゲル哲学は《三位一体》の教義を人間精神の自己実現へと敷衍したのである。

精神は自己を否定しつつ、否定されるべき理由を自らの本質に照らして理解する。「自己知 Selbstwissen」である。精神が否定した自分の諸相、それが人間世界の様々な文化的営為であり、文化的成果をなしている。逆に見ると、人間の成就した様々の文化的業績は、均しく、精神の自己肯定と否定、つまり自己知の様相なのである。個々の様相はそれぞれに独自の法則性を持った領域をなし、固有の歴史を形成している。精神の肯定と否定の軌跡となって残っている。これらの領域は精神の絶対性、精神が「無制約者」であることを証言する精神自身の「過去」、自己のモニュメントなのである。

これらの領域が絶滅するとか、無価値になることはない。例えば「自然」は「精神」に媒介されて初めて、「精神」のペルソナであることが分かるのだが、そのことによって自然が自然でなくなる訳ではない、それどころか「自然」が「自然」になる、自然として規定されるのである。もっとも精神からすれば、「自然」は自分の過去に過ぎず、現在の自分ではない。ただ「自然」はそのことを知らないし、知る機会もない。精神によってその「過去性」をあばかれてなお、そのことを知らずに営々として努力を続ける精神の諸領域は、《理性のトリック List der Vernunft》――ヘーゲルの『歴史哲学』のキーワード――に嵌められ、たぶらかされているだけのことなのだろうか。必ずしも、否、決してそうではない。それらの領域はセピア色に変色した「思い出の写真」ではなく、精神の過去、精神の経歴を証言する「生き証人」である。もしかかる領域が現存しなければ、精神の過去そのものが消滅しかねないだろう。そのときには、精神の展開の必然性までが実在を欠いて仮象に転じてしまう。そしてヘーゲルの「弁証法」はソフィストのそれに逆戻りするだろう。

自らの真実に気付くことなく健気に努力を続ける精神の領域は、イノセントで貴い。これらの領域の営為は、いってみれば、「聖を行うこと sacrum facere」である。精神の過去は、精神が精神であるために、「犠牲 sacrificium」になった。だがもとより、この犠牲は「生贄 victima」ではない。その証拠に、それらの領域は絶滅することはないし、独自の領域的な発展を、当の精神が保証しているのである。人間的文化の諸領域は精神の誇らしい経歴、その意味で精神の「歴史 Geschichte」の様相であった。芸術も、そのような領域の一つだった。

さて、「弁証法」を手掛かりに、ヘーゲルに至る西欧思想の伝統を辿ってみた。ヘーゲルに至って、この伝統における何かが大きく変わったように思われる。それが何か。正確に掴むことができないけれども、哲学的思索の有り方が変わったようなのである。中世の神学からカントまで、学問の公用語のラテン語で叙述されてきた。ラテン語で思考されるべき哲学の内容を、ヘーゲルは自国語で論じることができたのである。

『純粋理性批判』のA版は一七八一年、B版は一七八七年に出版された。この著作は確かにドイツ語で書かれているけれども、内容的にはラテン語で書かれてもおかしくはなかった。B版から僅か二十年後、ヘーゲルの『精神現象学』が出版された。この書物はもうラテン語では叙述しきれないような内容を含んでいた。何故ならこの書物はかつての哲学書、キリスト教神学を範例にするような純粋に形相的な学というだけでなく、一種の歴史哲学であり世界観の哲学だったからである。歴史は人間のもので、神に歴史はない。だからそのかぎりで「人間の哲学」、フマニスムスの哲学であった。実際、『精神現象学』は「神学」のようであり、「哲学的な叙事詩」のようであり、精神自身の“Bildungsroman”のようでもある。叙事詩は民族に伝承される固有の神話である。それは自国語で語られねばならない。どれ程堅牢な論理に裏打ちされていようと、どれだけ哲学の歴史を尊重しようと、思想が叙事詩的な色合いを帯びてくると、もうその思想を学の公用語で叙述することは困難である。ヘーゲルにとって、『精神現象学』はドイツ語で語るに相応しかったのだろう。

『純粋理性批判』から『精神現象学』までの三十年足らず、哲学史的にはなかなか興味深い時期であった。デカルトからカントへ至る哲学の近代化、人間理性中心主義による神学の換骨奪胎、フマニスムスと合理主義の哲学がヘーゲルによって、再び神学のようになる。そしてその神学はもうラテン語では論じられないのである。ヘーゲルには、近代合理主義の思想傾向に疑義を呈さねばならぬ、という事情があったのだろう。この事情をどう理解すべきか。正直いって、分からない。ヘーゲルの事情はドイツという国の哲学に特有のことだったのかもしれない。確かに、ヘーゲルに代表されるような大掛かりな「観念論」の哲学は、当時、ドイツにしかなかったし、その後もないのである。

　とまれ、本章では次のことを確認したかった。カントの《批判 Kritizismus》は絶対にヘーゲルの《観念論 Idealismus》の先駆ではない。そのように見立てることもできない。というのも、カントの《理念》はもっぱら統制的で、決して構成的ではないからである。ヘーゲルの《理念》は実在的なので、統制的というよりむしろ構成的でなければならない。このように、相ともに「理念」を掲げながら、理念に明確な異同があること、その異同は両者の「弁証法」の違いに顕著であること、これは間違いない。しかし二つの理念を並べて、「統制的原理」は「構成的原理」の前段階である、と考える人は、もういないだろう。

　理念の異同は哲学的な問題意識そのものから出てきたのである。時代からして、いずれもフマニスムスの哲学であることに、変わりはない。だがガーダマーを捩《もじ》っていうなら、当時のフマニスムスの哲学は「人間としての人間の哲学」であるか、「神となるべき人間の哲学」であるか。哲学史的に顧みれば、このことが問題だったように思われる。カントの哲学に、「批判的観念論」といった訳の分からない呼称が献じられたりしたのも、そのせいだろう。

　しかし、むしろカントとヘーゲルの間に、アリストテレス主義とプラトン主義という二つの哲学史的伝統を見ることができないだろうか。

結び

芸術の定義、《理念の感性的顕現 sinnliches Scheinen der Idee》に明らかな通り、《芸術》は精神が「偶像Idol」となって《理想》を実現する段階である。精神の本質からして偶像は、せいぜい、精神の象徴的な表れがよい所である。偶像となった絶対者、これは矛盾であり滑稽以外のものではない。それは例えば、ヘーゲルが「オリエントの芸術」に見た段階である。精神の矛盾は、精神によって解消されねばならない。芸術における矛盾の解消、芸術にとっては自己犠牲である。必ず精神の展開の犠牲になること、それが芸術的精神の「存在理由」であり「宿命」であった。したがって《芸術終焉論》は、芸術的精神の宿命を、精神自身が明らかにしたものだったのである。とはいえもちろんのこと、「終焉論」は精神が芸術の歴史の上に記した墓碑銘の類ではない。今なお活き活きとした、晴れがましくも懐かしい自分の「思い出 Erinnerung」である。

芸術終焉論を芸術プロパーの問題と考えると、終焉論を機に芸術が伝統的哲学の桎梏を解かれ、「芸術」を「芸術」として、すなわち、一個の独立した人間的活動と理解し評価することが可能になったということもできる。ヘーゲル以降、美学、芸術哲学がその方向を進んでいるのはご存知の通りである。その方向を進む美学から、「芸術終焉論」には様々な哲学的批判や批正があったし、この先にも、ありうるだろう。しかしどのようなものであれ、芸術の終焉に関して「犠牲」と「生贄」とを混同しているものがあれば、その手のものだけは哲学的にも芸術的にも論外である。だが逆に、全く「犠牲」とは見なさない、これも芸術的にはともかく、哲学的には安易に肯《がえ》んじられることではないのだが。

第十章　カテゴリーとトテゴリー

はじめに

「トテゴリー tautégorie」、余り聞き慣れない言葉である。字義通りなら“ταὐτός ἀγορεύω”、「同じことを語る」、「自分で自分のことを語る」の謂いだろう。「トテゴリー」の語は、哲学用語の「カテゴリー Kategorie」、すなわち、「範疇」に準拠していると思っていた。哲学的な術語だ、と思い込んでいた。カテゴリーは「悟性」に関わること、そしてトテゴリーは「感覚」に関わることとして、ポストモダンの思想家リオタールが両者を対照させているのに出会ったとき、そう思っていたのである。

ちなみに「範疇」、この語も一般には馴染みのない哲学用語である。概ね「或る範囲」、「或る部門」、「某《なにがし》かの種類」といった意味で、同種同類のものを一括りにする思索的な枠組みのことである。古く中国に《洪範九疇》というい方があったそうである。「洪範」は書物の名前、そして「九疇」は太古より、国家を治める「九つの大法」として説かれてきたという。この語から、明治時代の先哲は「範疇」と造語し、これを「カテゴリー」の訳語に充当したと聞く。

カテゴリー、「……に関して述べる」、「……に対して申し立てる」の謂いである。ギリシャでは、咎人を告発するべく彼の罪状を「陳述すること κατά ἀγορεύω」を「カテーゴリアー κατηγορία」といった。公判の際に検事のする「冒頭陳述」という所か。告訴の形式である「カテゴリー」を、アリストテレスは哲学的意味へ転用した。「事物 πρᾶγμα」の存在の根本的な形式、あるいは、人間の「認識 ἐπιστήμη」を支える根本的な枠組み、もしくは「根本的な形式」の意味で用いた。不定の事物を理解可能な範囲へ持ってきて「概念にする」、これがカテゴリーの役割である。アリストテレスにおいて、まだ「存在のカテゴリー」と「認識のカテゴリー」は厳密に区別されておらず、その点をカントに批判されるのだが、それは本章の話題ではない。事物とカテゴリーを媒介するのが「感覚」である。ゆえに、古来、感覚とカテゴリーが人間の認識を支える二本柱、「認識能力」とされてきた。不定の感覚的質量をカテゴリーが規定し意味付ける、かくて認識が成立する、というのが認識論の構図である。

カテゴリーは常に「認識 Erkenntnis」、つまり「判断 Urteil」として言葉によって陳述すること、概念化の根底にある。平生、人間は、言葉の「使用」とカテゴリーによる「規定」とが表裏一体であることに気が付かない。或る花を「何々」と認識し、それを「この花はバラである」と陳述する。このとき、人間は、それと気付くことなくカテゴリーに則ってそうしている。正確にいうと、カテゴリーのお陰で、判断し陳述できるのである。人間には心的機能としてカテゴリーが具わっている。そのお陰で「判断」が成立し陳述することができる。具体的な経験を成立せしめる所以のことを、「ア・プリオリ a priori」という。カントは「カテゴリー」を、人間にア・プリオリに具わる思考や判断の形式だとして、「純粋悟性概念」と呼んだ。

トテゴリーはカテゴリーと対比的のはずである。カテゴリー、「悟性」と対比的なものは「感覚」である。だが「トテゴリー」、この語はリオタールの造語ではなく、彼がカントの『判断力批判』の《崇高の分析論》を講じたときに、イギリスの詩人コールリッジやドイツの哲学者シェリングの用語から借りてきたようなのである。
この言葉を作ったのは、コールリッジで、シェリングはその語を、自分の思索のために援用した。彼らの用語法では、「トテゴリー」は哲学的語彙ではない。文芸、とりわけ「神話」を論じるための言葉であった。つまりトテゴリーはカテゴリーとの対比として造語されたのではない。むしろ「アレゴリー」との対比で作られた言葉だったように思える。アレゴリーとトテゴリーの議論は本章のテーマではないので、これ以上言及することはしない――拙著『アートと美学』（萌書房、二〇〇八年）第四章を参照――。

　リオタールも、トテゴリーとアレゴリーに関しては何もいってはいない。「トテゴリー」の語を借用したことに関しても、特に断ってはいない。その理由をつまびらかにしないが、右のような理由で、哲学的には珍しい言葉だったのである。道理で、『哲学辞典』の類で見たことがなかったはずである。

　とまれ、カントの「崇高の分析論」を巡るリオタールの講義の要諦は、「崇高」という事態が認識や美の事態と違って、端的に「感情」に過ぎないという所にある。厳密に考えれば、崇高を「判断」の様相として把捉することはできない。このことを通じて、感覚のトテゴリーが際立つのである。判断ができない、認識が成立しない、それはカテゴリーが機能しないからである。カテゴリーが感覚的所与を規定できない、これは何とも困った事態である。しかし、この困った事態が、感覚のトテゴリーをクローズ・アップする。以下に「トテゴリー」を哲学用語と理解して、少し哲学史的な考察を試みる。それは哲学史上のカントの位置を再確認することでもある。

1

さて古来、「感覚 αἴσθησις」は「受動 πάθος」と理解されてきた。「感覚が機能している」とは、すなわち、感覚器官が外なる事物によって「働き掛けられている affectus」という意味である。「感覚」はパトスを蒙ることと一において、外界からの刺激に起因する「感情」なのである。見方を変えれば、この「働き掛け」を、人間は何らかの「感情」として実感している。「快い」、「そうでもない」、いやむしろ「不快」だ、という風に。感覚をそれ自体として見れば、感覚は常に或る「感情状態 Gefühlszustand」に他ならない。

「感覚 Empfindung」に較べて「感情 Gefühl」の方に心理的意味合いが強い、生理的意味合いが弱いと思われるとすれば、それは日本語の語感の問題だろう。感覚と感情、いずれも、ギリシャ語では「アイステーシス αἴσθησις」である。感覚があって「感情」があるのでも、その逆でもない。要するにアイステーシス、感覚、即感情、英語でいえば、"feeling"がある、ただ、それだけである。

カテゴリーが機能するときには、感覚的所与、つまり「材料 ὕλη」だけが問題である。感覚が快か不快かという「感じ」の実質は問題にならない。カテゴリーが十全に、あるいは全く機能できないとき、初めて感覚状態、外からの刺激が快か不快か、それが際立ってくる。認識の場合はさて措いて、美の場合に「感覚」は「快」、崇高の場合は「不快」の状態にあるという具合に。

感覚は常に感情状態である。と同時に、その状態にあることを自ら表明している、感覚すなわち感情なのだ、と。五感に跨がる感覚の全体は、外的刺激を受容するための単なる「装置 apparatus」の類に過ぎないのではない。経験論的ないい方だが、感覚しつつそのまま、人間の顔は綻んだり歪んだり、緩んだり強張ったりしている。意図的にではない。独りでに、そうなっているのである。だから感覚の状態は、そっくりそのまま、「身体的 physical」に、而《しこう》して外から見て取れるように表れているのである。作られた意識的な無表情をポーカーフェイスという。

感覚が「或る状態 état であること」、及びそれをそのままに「報告していること information」を、リオタールは「自分で自分を表明している」として、感覚に「トテゴリー tautégorie」の語を充てた。そして、トテゴリーを、もっぱら「感覚」に特殊的なことだと考えたのである。感覚は意図することも企むこともせず、ただ、それがそれであることにおいて、それがそれであることを表明しているという訳なのである。どんな場合でも、感覚は常に、いわば「全か無かの法則」にしたがっている。どんな場合でも、感覚の機能は全開であり、完全に充足している。感覚にとって、感覚していることがすべてで、部分的な感覚などというものはない。この充足が快か不快か、それは外的刺激の感覚器官への強度というか、度合の程の善し悪しで決まる。

感覚のトテゴリーは、生きているすべての人間的経験に通底している。それにも拘らず、リオタールによると、トテゴリーは「崇高」を契機にしてしか際立ってこなかった。何故か。感覚のトテゴリーは、カテゴリーとの関係でしか注目されないからである。

「認識」の場合、感覚はカテゴリーに材料を提供し、カテゴリーはそれを規定し意味付ける。それで終わりである。カテゴリーは十全に機能している。「美の判定」の場合も、感覚はカテゴリーに材料を提供する。カテゴリーはなかなかこの材料を規定できないが、ようやく、ただ一回かぎり有効な仕方で規定する。この場合も、カテゴリーは機能している。認識に較べて、カテゴリーは苦労を強いられる訳だが、苦労してまでも規定の努力を続けるのは、感覚にとって、外界からの刺激が快い、「快」と実感されているからである。「不快」であれば、それを避けようとするだろう。「避危求快」は、人間の「本能 Natur」といってよい。

ドイツ語の語感を活かして事態を捉えてみると——他の章でも、何度か述べたことだが——、認識において、カテゴリーの仕事振りは、「済ませました es tut」、美の判定において、「運が良かったのです es glückt」である。美の判定の場合には、認識と違って、カテゴリーは「規定する」といういつものルーチンを軽く熟《こな》した訳ではないから、却ってそこに、一回ごとの成功の喜びがある。この喜びを、カントはいささかオーヴァーに、「生きているという実感 Lebensgefühl」が促進される、と表現したものである。

認識や美の判定とは別に、人間的というより動物的というべきかもしれないが、感覚器官だけの快の経験がある。「快適 das Angenehme」と呼ばれる。感覚器官の快、そこにはカテゴリーは全く関与していないので、この場合にも、感覚のトテゴリーが際立つことはない。リオタールによれば、感覚のトテゴリーはカテゴリーとの関係で、しかもカテゴリーが機能不全に陥ったときに見えてくるのである。

ところで、カテゴリーが機能するとは、感覚的所与が「規定されうる」ということ。而して「判断」が成立する。美の判定の場合には「趣味判断 Geschmacksurteil」で、これは特殊的な単称判断である。反復性はないから、この判断は「規定的」ではなく、その都度「反省的」である他はない。認識、美、いずれの場合も、感覚のトテゴリーはカテゴリーの「規定」という働きの陰に隠れて、表に出ることはない。「快適」の場合には、カテゴリーは全然関与していないから、「判断」などありえない。「快い」、それだけで十分である。人間はこの快感を、言葉にならない叫びのようなもので表現する。誰しも経験する通り、冷たいビールの咽喉越し、温泉に浸かって手足を伸ばしたときの快感を、思わず言葉にならない音声で表す。この場合、音声は単なる叫びではなく感嘆の発露なので、これも一種の判断だろうといわれれば、まあ、それもそうかもしれないが。

「崇高」の場合も、もちろん、感覚はカテゴリーに材料を提供する。ところがカテゴリーには、この材料が難物で全く手に負えない。感覚そのものも、認識や美の場合のような状態にはない。端的に、「不快」なのである。人間の生理的なキャパシティーを遥かに凌駕する程の「量」や「力」の大きさや強さに直面して、人間は自らの能力の「無力さ Ohnmacht」を痛感させられる。量や力の量り知れなさを前に、人間は挫け、打ち拉《ひし》がれる。感覚がまともに材料を提供できない以上、カテゴリーは規定のしようがない。あるいは、感覚が何とか材料を提供できたとしても、材料の大きさや強さが、カテゴリーの枠組みを無力にしてしまう。要するに、カテゴリーは機能を発揮することができない。カテゴリーが機能できないとなると、普通の意味での人間的経験が成立しない。まさに異常事態というべく、人間は危機に瀕している。この窮状を打開してくれるものがないと、人間の存在そのものが破壊されかねない。

カントの考えにしたがうと、この無力感、挫折感を克服する所以のものが、人間精神の内側から誘起されてくるのである。それは当然で、外側から惹き起こされた窮状なので、外側に窮状を打開する要素を求めることはできない。人間の内なる「理性」が指揮権を発動するという形で、無力感、挫折感を取り払い、精神に安心をもたらす。カテゴリー、悟性の無力を、より高次の水準で理性が補うのである。かくて、カテゴリーの窮状を理性が救出する。自分の内的理性への、人間のこの信頼感と外的世界への優越感、これが「崇高」の感情である。

先にちょっと触れたように、カテゴリーが機能しないのだから、厳密には、崇高の「判断」、崇高の「陳述」というものはありえない。「崇高の判断」といういい方は、「認識判断」、「趣味判断」とのアレゴリーに過ぎないのである。もし「崇高の判断」といういい方が許されるとしたら、「理性」が例外的に悟性の代役を務めた、と見なすかぎりにおいてである。

崇高は、ただただ、精神の高ぶり、高揚感というに尽きる。そして崇高は、「感覚」がたとい「不快な状態」のときでも、単にカテゴリー従属しているだけではないこと、それ自体として機能していること、ゆえにカテゴリーと相俟って人間の経験を存立させていることを明らかにしてくれる。

カテゴリーは「他について述べる」、そしてそのことによって自分を、すなわち「カテゴリーの何たるか」を表明しているのに対し、感覚は「感覚すること」そのままで、自分は何かを表明している。このことを、カテゴリーと感覚に教えることができるのは、「理性」だけである。カテゴリーがカテゴリーとして、感覚が感覚として機能しているのは、根本において、理性が統べているからである。崇高は、人間の「理性」、「カテゴリー」、「感覚」の何たるかを知らしめる、格別の意味を持つ人間的経験といえよう。

カテゴリーの機能不全、文字通り容易ならざる事態である。カテゴリーは「言葉を使う動物」たる人間存在の根幹をなしているからである。カテゴリーの不全、それは人間が言葉を失うことを意味しかねない。言葉を失う、それでは人間は世界を把握できない、否、それどころか、そもそも、世界との繋がりを失うに等しい。というのも、カテゴリーはあらゆるもの、あらゆることを「他」として定立し、それについての陳述を司る形式だからである。カテゴリーのゆえに、言葉は「他について述べる」ことができるし、言葉が「他」のものの「代理物 Repräsentant」、「他」のものの「記号 signum」でありうる。人間が「崇高」の事態に遭遇しなければ、カテゴリーの機能や役割は余りにも自明のことで、気付かれることも、殊更に問題になることもない。

理由は以下の如くである。

ご存知の通り、ギリシャでは「言葉 λόγος」は神々からの「賜物」、キリスト教では、言葉は「神そのもの」であった。いずれの場合も、人間にとって、言葉は神から下賜された「記号」である。言葉の後ろには、神が坐《おわ》した。人間が言葉を使う、言葉で「他を述べること」には、神から権利保証が与えられていた。言葉の使用は神の代執行ともいうべく、人間は安んじて言葉を使ってきた。人間を「言葉を使う動物」と定義するなら、この定義は人間を「神の代執行者」といっているに等しい。人間は言葉を、他の動物に抜きんでる優越性の徴《しるし》、と見てきた。蓋し、人間は“animal rationale”、理性的動物であるし、「理性 ratio」の元は「言葉」、「ロゴス λόγος」である。だから、言葉を使うことに不備が生じる、カテゴリーが機能不全に陥ることなど、思いもよらぬことだった。そのとき人間が人間でなくなってしまうからである。

リオタールはトテゴリーを「感覚」に特殊的なことだとした。そうだとすれば、カテゴリーには関係ないことなのだから、「トテゴリー」と「言葉」は互い関係がないように見える。「感覚」は自分で自分を表明しているが、しかしそれが「言葉」によらない、そこが感覚のトテゴリーのミソらしい。リオタールはそこに注目したのだろう。

さて、トテゴリー、自己表明、一般的にいってそんな例があったかというと、もちろんのこと、あった。そのトテゴリーは、言葉によってなされてきた。神自らがする「啓示 revelation」が、分かり易い例だろう。

スピノザ風にいえば、神には、言葉による以外の自己表明の仕方がかぎりなくありうる。神は様々に奇蹟を行ってみせる。だが、奇蹟はときに人間を畏れさせる。だから、言葉による自己表明が一番よい。或る種の奇蹟のように、感覚を通じて肉体に訴えかける場合、その威力に押され怯えた人間は、それを神の自己表明とは気付かず、却って怯えてしまい、逃げてしまうかもしれない。いわゆる、「白魔術 white magic」が「黒魔術 black magic」と取り違えられる、そしてその逆も起こりうることだからである。そこで神は「音声」となって、信徒となりうるものだけに呼び掛け、一方的に自らを語り、自らを証《あかし》するのである。

神はまず「形態 Figur」ではなく「音声 Laut」となって、信徒となりうる者に一方的に呼び掛ける。ギリシャでは、神々は詩人を選んで呼び掛けた。キリスト教の神は「黙示 apocalypse」を通じて聖徒ヨハネに自分を証し、伝道者パウロには不意に呼び掛けて回心を促した。神の自己表明、トテゴリーを人間は神の「宣り」として謹聴した。「宣り」を承る、という経験は「帰依 obedience」の語に大切に保存されている。“obedience”の語には「聴くこと audio」が入っている。この語は“oboedientia”から生じる。そして“oboedientia”は“ob-oedio”、すなわち“ob-audio”なのである。呼び掛けたものの方に「耳を傾けて聴従する」、これが帰依の始まりである。人間のする言葉使用、カテゴリーが機能することの後ろに、神の「宣り」、神のトテゴリーがあった。いってみれば、カテゴリーは人間が言葉を使うことへの、神からの「処方箋 prescription」であった。

いうまでもなく人間にとって、言葉は記号だし重宝な道具の類でもある。しかしこの記号は、神からの賜物であるかぎりで、「他を表象する」記号、事物の「代理をする」記号である。そして、神の代執行のための道具だった。「表象」、これは分かり難い哲学用語である。もちろん、翻訳語である。ラテン語の“repraesentatio”、英語の

“representation”の訳語である。表象、日本語の字義通りなら、「象《かたち》で表す、象を表す」、事物の「似姿を作る imagination」といった程の意味になる。しかし「表象」という訳語が的確かどうか。原語のラテン語、“re-praesentatio”はキリスト教神学の意味を担っているからである。近代以降の人間の「主観的精神作用」の様相を指して「表象」と訳すことは頷けなくもないけれども、「表象」という訳語に神学的意味を窺うことは難しい。ちなみに、ギリシャには、キリスト教神学と同じ意味での「表象」に当たる言葉はなかった。スコラ哲学が、アリストテレスの“φαντασία”の語を解釈して、自分たちの思想に援用したのである。

それはともかくとして、神学的意味を確かめておく。神は「宇宙」、存在者全体を創造した。一個の存在者として、人間は宇宙に含まれている。創造された宇宙は、全体として、神の「前にある praesentia」。“praesentia”は“praesens”、したがってそれは“praeessentia”である。造物主たる神は被造物の全体、宇宙の外にいる。宇宙の内側にいるもの、被造物からすれば、神は自分たちの存在の水準を超えた「超越者 transcendens」、水準を「跨ぎ越す者」である。宇宙が神の前にあるのは、神が宇宙を自分の「前に持ってくる praesentatio」、自分の前に「作り置いた creo」からである。神の「天地創造 creatio」、それは宇宙を自分の「前に持ってくること」と同義である。

しかし人間の表象作用とは、被造物である人間が、被造物である宇宙を「自分の前に持ってくること」である。とはいえ、自分がそれに属している、その全体を実在的に自分の前に持ってくることなど、人間にできはしない。人間のする「表象」は、神の「創造」という「始原的 original」な「持ちきたらし」の「代わりの持ちきたらし」、「後からの持ちきたらし」、要するに神の“praesentatio”に比して、“repraesentatio”に過ぎない。「表象」という訳語には、“re-”という前綴り、この肝心なものが訳し出されてはいないのである。

神にあって、言葉と実在は「同一 idem」なので、言葉は記号ではない。実在そのものである。人間の場合、残念ながらそうはならない。言葉で実在を「表象する」、すなわち言葉に実在の「代わりをさせる represent」よりないから、あくまでも、言葉は実在の記号であるに留まる。人間は「記号」を使い、記号に代理させて、宇宙を自分の「前に持ってくる」のである。だから「表象作用」は一種の「想像作用 imaginatio」、言葉という記号によって実在の「似像 imago」を作ることなのである。換言すると、経験の「残像 afterimage」を喚起することである。その意味でずっと、“imagination”は「記憶 memoria」と関係させて考えられてきた。

「イマジネーション」の語が、昨今、使われている意味、例えば、「無から有を生む」が如きクリエーティヴな意味に拡大されたのは、せいぜい、十九世紀が始まる前後のことである。特にドイツでは、創造的な意味を強調するべく、イマジネーションの代わりに“Phantasie”の語が用いられたこともある。この語も、ギリシャ語の“φαντασία”へ遡れば、「似像を作る」という意味を持っていた。

とまれ、十九世紀になるまで、イマジネーションの作用は、神の創造の「真似をすること imitation」という以上のものではなかった。「イメージ」の語も、コピーや写しという意味でしかなかった。昨今、特に、美学者たちの学問的ストラテジーに負っているのかとも思うが、「イメージ」の語が、人間の精神的な能産性の類と絡めて使われている。文字通り、新しい用語法である。イメージが次々に新しいイメージを産出して、イメージ的にそれらを綜合し、そこからまた新しいイメージが生まれる。もとより感覚を場にしてのことだろうが。あたかも“synthesis speciosa”と“synthesis intellectualis”と同等に機能するが如くである。イメージの本来の所へ戻ってみると、新しい用語法は善意の誤解に基づく拡大解釈、といって宜しかろう。人間には「無から有を生む」ことなど、できはしないのである。大体、無からイメージするなどといえば、いささか形容矛盾の誹りを免れない。

よく分からないのだが、仄聞するに、近頃「表象文化論」なるものを提唱している人があるらしい。一体、何を論じたいというのだろうか。この言葉からではさっぱり分からない。この「表象」は訳語なのか、それとも新造語なのか。別の見方をすると、人間の文化、精神的耕作物で表象作用によらないものは何一つない。だから人間文化で、表象文化でないものはない。
「初めにイメージありき」と、いった考えもあるらしい。魅力的だし挑発的なフレーズであることは認めるが、そもそも、「初めにイメージがある」とは、どういう意味か。「初めに言葉ありき」と同じ水準の訳がない。美学の策略は、「芸術家」を神のように、すなわち「模倣者」ではなく、「創造者」、無から有を生み出すものに準え、仕立て上げようとさえした。芸術家は神の「代執行者」ではない。神の如き創造的人間の「代表者」に祭り上げられたのである。以て美学は、芸術家と職人を分けようとしたが、この策略には、土台、無理があった。芸術家も職人も、人間であることに変わりない。美学的ストラテジーの「勇み足」だろうか、「表象文化論」や「初めにイメージありき」など、哲学史の文脈に置いてみると、もう一つ訳の分らない言葉が罷り通っている。

余談は措いて、リオタールが「トテゴリー」の語で考量したのは、もっぱら「感覚」のことであるし、感覚が問題であるかぎり、感覚のトテゴリーは神には関係ない。神に「感覚」はないのだから、当然といえば当然だろう。しかし、トテゴリーは「感覚」だけの問題だろうか。神のトテゴリー、「宣《の》り」については一瞥した。そこで、トテゴリーを人間の問題と認めた上で、少し敷衍することはできないのだろうか。そのために、「崇高」の問題が示唆的なように思える。リオタールも、そこに注目していたのではないだろうか。

2

「崇高」の感情において、カテゴリーの限界を実感しつつも、人間はこの窮状を脱け出ている。実はそのとき、人間に脱け出すような力が備わっているかどうか、それが試されていたのである。人間は自分に問い、自分で試した。カテゴリー、「他を問い質すこと」を顰《ひそみ》にするなら、今、つまり「崇高」の事態にあって、人間に「自分自身を問い質すこと」が不可避的になっていたのである。この自己審問を「トテゴリー」といってもよいのではないか。

カテゴリーの機能不全と能力の限界、「認識能力」としての悟性と感覚だけでは立ち行かない事態に至って、理性は自ら指揮権を発動する。理性にしてみれば「乃公《だいこう》、出ずんば……」、いよいよ、出番である。理性は自らに理性の何たるかを質し、自らの権限を行使する。理性は、認識能力を超えてそれらを管理統合するものだからである、理性は認識能力の上に君臨する「原理の能力」である、このことを理性が自ら納得し得心する、「崇高」はそういう体験なのである。畢竟、崇高は理性の水準の問題で、感覚の水準のそれではない。

「崇高」の体験に即して感覚のトテゴリーが際立ってくるのに、感覚のトテゴリーは決して「崇高」に本質的な問題ではない。理性が指揮権を発動しないかぎり、パトスとしての感覚は単に不快感、抑圧感に過ぎない。感覚が感覚であることには、何の変わりもないのである。人間は、外からの威力には圧迫されたままで、内なる理性によってやっと解放される。外界の圧力を内側から撥ね返した、という人間理性の優越の実感、しかしこの「優越の感情」は近代人に特有のものだとされる。理性の自己審問、理性のトテゴリーが近代に特有のことだ、というように同じでもある。早くても《宗教改革》以降のことらしい。

人間精神の上に神が君臨し、神の摂理が世界を統べているとき、人間に崇高の感情を惹き起こすものなどありはしない。神より偉大なもの、神より気高いものなど、あるはずもないからである。「崇高」の語は“sublimis”、ドイツ語なら“Erhaben”、いずれにしても「高い」に由来する。崇高は自分よりも気高く偉大なものを「仰ぎ見る」ときの感情である。崇高の感情はまた、強力なものに心から「平伏する」ときの感情でもある。カテゴリーの限界を超える強力なもの、もしそういうものに出遭ったときには、人間はひたすら、神に祈ればよかった。祈り、帰依によって解放されるのなら、崇高の感情が兆す訳がない。

ちなみに、日本人はよく、「適わぬときの、神頼み」、という。これを上に述べてきたことと照合すると、そのとき、どうやらカテゴリーは機能不全に陥っているのである。そのとき、日本人は自らの内部に窮状の打開の方途を探ることをせず、外なる「神を頼む」。しかし、それを非理性的と考える必要はない。これはこれで、立派な対応の仕方だからである。日本人には西欧的な意味での「崇高」の感情はない、といわれれば、それはそうだと認めておけばそれでよい。もちろん、日本人も偉大なものに対する畏怖の念を知らない訳ではないのだから。

唐突のようだが、十九世紀、ドイツの詩人ヘルダーリンは「神々の逃走 Entflug des Göttlichen」を直感していた。但しヘルダーリンにとって、神々とは、ギリシャの神々であって、キリストの神ではなかったようである。その点は割り引いておくべきかもしれない。とまれ「神々の逃走」、それはいつのことだったのか。何分にも詩人の言葉は直感の発露である。逃走の時期までは分からない。ポストモダンの哲学者リオタールはきっと、その時期を「近代」と考えたことだろう。ヘルダーリンは「神々の逃走」を、人間にとってネガティブなことと考えていたようである。浪漫主義ならではの想い、往《い》にてもう今はない昔のギリシャへの熱情の表れである。しかし「崇高」の議論から分かるように、「神々の逃走」を一概にネガティヴなことだとはいえない。人間理性の自己覚醒の契機だとして、神々の逃走をむしろポジティヴに見ることもできるのである。それがフマニスムスの立場である。だがこの立場が人間にトテゴリーを促す。

一体、トテゴリー、一方的に「宣る」ことは神のものであった。だから自己審問、そういう種類のトテゴリーは神には無用だった。

しかし、今、人間には自己審問としてのトテゴリーが必要になる、そういう時代が来たのである。人間が神のトテゴリーにしたがいつつも、自分のことを質してみ、語ってみなければならなくなった。それは人間の近傍に神の姿が見えなくなったからである。質してくれる神はもういない。だから自分の内側に神を求めることになる。いなくなってしまった神の後ろを探さず、自分を神々の域にまで高めたい、と希いその努力を始めたのである。これは決して不遜なことではない。

この内的努力とヒューマニズムの高揚、それは紛れもなく近代のものだった。そう考えると、「崇高」の感情は、かかる人間的努力の確かな手応えだったともいえよう。近代、ヒューマニズムの時代、神の理性に代わる人間の、「理性中心主義 Rationalisierung」の時代である。だが理性中心主義が「人間中心的 humanzentrisch」になり、さらに進んで、人間が「自己中心的 egozentrisch」になるとき、世界は「隈なき世俗化」の時代、神の不在、それどころか神聖さの余光さえ消え去った時代になる。恐らく、ヘルダーリンはそう直感していたのだろう。

近代以降、人間の内的努力とヒューマニズムが上のように展開したのだから、「人間的なもの das Humanistische」は、人間に自らを「神」と僭称させる程の不遜や傲慢さを胚胎していたのではなかっただろうか。そうだとすると、「崇高」の充実感、高揚感の後ろで、神が人間の近傍から、そっと去っていくことに全く気付かなくて、それで当然だったのかもしれない。「宣《の》り」で以て人間に近付いた神は、声も掛けずに去ってしまった。神は人間を見捨てて去ったのか、全幅の信頼を置いて安心して去ったのか。多分、前者だと思われるが、まだ何ともいえない。結論を急ぐ必要はないだろう。高々、まだここ二、三世紀のことに過ぎないのだから。

神の逃走、しかし神は言葉も一緒に連れて行った訳ではなかった。言葉は人間の許《もと》に遺された。背後に神のいない言葉、神から存在保証、権利保証を貰えなくなった言葉が遺された。無機的な記号となって、言葉は遺ったのである。言葉は名実ともに、人間のものになった、それだけ便利なそして重宝な道具として、扱われかねなくなってしまったのである。人間のする言葉使用に、神の縛りがないし、神の睨みもないからである。だが便利な道具、それはこの上なく危険な道具という意味でもある。神が逃走した今、言葉に確かなことは、「何かを表象する記号だ」、ということだけである。

では言葉を使うこと、それを可能にするカテゴリーはどうなっているのか。カテゴリーに、もう神の後ろ楯はないのである。何ものかを表象しそれを「他として述べる」という言葉の権能に、もう外からの支えはない。それにも拘らずなお、言葉が「他を述べうる」としたら、その権限と意義を、言葉は自分自身に質し自分自身に根拠付けねばなるまい。従前通りに機能するために、言葉にもトテゴリーが必須になる。しかしもとより、言葉のトテゴリーは、神が人間のためにしてくれた「宣り」ではありえない。人間理性の場合と同様、言葉のトテゴリーは、人間の言葉の「自己告発」であり「自己審問」である。何故、自己告発というのか。「トテゴリー」の語が「カテゴリー」の語を顰《ひそみ》に造語されているかぎりで、そうならざるをえない。

言葉の自己告発と自己審問、何とも厄介なことになった。事態は甚だ深刻で、またいささか滑稽でもある。言葉のトテゴリー＝自己審問において、言葉である自分が自分に向かって、「言葉とは何か」を言葉で以て説明せよ、と迫っているからである。

言葉のトテゴリー、自己告発において係争中のことは、言葉の「アイデンティティ identity」なのである。言葉はずっと言葉だったし、そこに何の問題もなかった。言葉は言葉である、この「同語反復 tautology」の後ろに、神の「宣《の》り」への絶対的な帰依があった。言葉は言葉である、それは「言葉は神である」というに同義であった。言葉のアイデンティティとは、神との「同一性」、神とのアイデンティティに他ならなかった。ゆえに、「言葉とは何か」を問う必要はなかったし、むしろそんな問いは、神への「冒涜 blasphemia」の誇りを免れなかった。

そもそも、アイデンティティとは絶対的確実性、言葉ではどうしても「説明できない inexplicabilis」、いい換えると、「述語付け不能 impredicabilis」の自明性のことで、この確実性、自明性は実在的でさえあった。だから問われることもなかった。少なくとも、かつてそうであった。神の逃走によって、神と言葉とのアイデンティティが喪失した。アイデンティティ、この実在的ともいうべき「寄る辺」を失って、言葉は自らの寄る辺を、それも自分自身に求める他なくなったのである。言葉に実在性が不確実になって、否応なく、言葉のアイデンティティはもう実在的ではなく、観念的になる。自分で自分を探す、この文字通りの「自己同一性」の探求の結果を、言葉は言葉によって、「自分は言葉である」、と申し立てる訳である。

しかし、「それでは何もいってないに等しい」、「トトロジーに過ぎぬ」と反論されたら、それもその通りである。トテゴリーという審問の場で、言葉は原告と同時に被告、一人で検事と弁護人を務めている。一切が自問自答、まさしく同語反復に終始せざるをえない。言葉のトテゴリーにおいて、言葉は自作自演、自問自答という深刻で滑稽な「独り芝居」を演じるのである。余談だが、二十世紀初頭、言葉のかかる混迷に瀕して、ダダイズムの詩人たちは、言葉と理性を切り離し、言葉の「意味」と「無意味」の境界さえ取り払おうとした。もとより、哲学にできる道理のない狼藉であったが、詩人たちには、この狼藉が言葉への切実な思いの具現だったのである。

それはそれとして、神の不在の下でも、言葉は説明、釈明と称する強弁を揮うことはできる。言葉とは何か、と問われて、「言葉とはかくかくである」、「しかじかである」と次々に「いい換えるparaphrase」ことはできる。ただ、この「いい換え」によって、何一つ新しいこと、別のことが見えてくる訳ではない。一つの「いい換え」、一つの説明の「あとにmeta」次のそれが続き、さらにその後に次のそれが続く。こんな風に、説明と称するパラフレーズの連鎖は延々と続いて、これで以て最後とすべき「終着点finis」がない。終点、「果て」がない、英語でいえば"infinite"、つまりいい換えの連鎖は、無限に続いて閉じることがないのである。果てしない「いい換え」は、言葉による言葉自身の「メタ化」である。メタ化を通じて、言葉は「私は言葉である」というアイデンティティの周りをグルグル経巡《へめぐ》っている。しかし、アイデンティティというこの事態の内へ切り込むことはできない。あたかも観念の遊戯の如くに、堂々巡りを繰り返すばかりである。

「いい換え」をしてみても、言葉は「パラフレーズparaphrase」、「メタフレーズmetaphrase」の底なし沼に足を取られて、文字通り、「足掻いている」の図を呈するだけである。

寄り道を許して戴きたい。そうなることを覚知している《禅宗》は、最初から、言葉で物事を教示し伝授することを放棄しているのではないか。言葉が教示し伝授しうるものは、しょせん、言葉であって物事ではない、と考えている。「不立文字」をいい、「以心伝心」を説く道理であろう。もちろん、禅宗も「いう」し「説く」のだから、言葉を使っているし、言葉を関与させてもいる。だが「いう」ことも「説く」ことも、禅宗の場合、言葉の文に過ぎず、本質的なことではない。教示や伝授の真の内容は「アスケーシス ἄσκησις」、座禅という「苦行」によって「体得」すべき、とされているからである。禅宗の考え方は、西欧的な言語観との顕著な違いを際立たせていて、興味深い。いってしまえば、禅宗の考えでは「言葉」の内にも外にも、神も仏もいる訳ではない。体得というか、身体的な実践とともにあるだけ。言葉は詰まる所「方便」に過ぎないのである。

閑話休題、「メタフレーズ」というと、一般的には「翻訳」のことである。一つの言葉を別の言葉に「移し換えること」で、これも一つの「いい換え」である。「パラフレーズ」は、翻訳の中でも「直訳」でなく、「意訳」のことをいう。字義通りに「移し換える」のでなく、適宜の言葉で「いい換え」て、要点を掴む。メタフレーズ、パラフレーズ、「翻訳」という「いい換え」の場合、言葉は自分とは別の言葉になる、一つの国の言葉が、別の国の言葉になるのである。"apple"が「りんご」になる。

翻訳は、一つの言葉と別の言葉とが交通した所で終わる。翻訳、このメタ化には終点がある。翻訳は、言葉が「他を述べること」を当然とした上で、一つの言葉が述べる「他」を、別の言葉が述べる「他」に「いい換える」ことである。二つの言葉の交通で「遣り取り」されるのは、言葉そのものではなく、端的にいって「事物」である。言葉は事物と等価の代理物、必要十分な記号である。こう考える所が禅宗と異なる。翻訳はお互いの言葉遣いが「カテゴリー」に則っていること、したがって、それぞれの言葉の背後に神が坐すことを前提にして、初めて成立する。お互いの神に照らして、「翻訳」という「いい換え」は終わることができる。もっとも、お互いの神のゆえに、どうしても翻訳できない、「いい換え」ができないときもある。しかしその場合には、言葉のまま、音声のままに受け容れておけばそれでよい。これはまさに日本語の得意とする所で、例えばデザート、ナイフ、フォーク……等々、そのままで日本語にしてしまう。翻訳できるにせよできないにせよ、事態ははっきりしすっきりしている。この「いい換え」、翻訳という「メタ化」には、「果て」があるからである。

だがトテゴリー、このメタ化には「果て」がない。このメタ化の事態は、無限に先へと進むばかりで止まることができない。これを「無限進行 progressus ad infinitum」という。あるいは無限に内へと沈下して、しかも底へ達することができない。「無限遡及 regressus ad infinitum」である。いずれにせよ、「果てなし」。この窮迫から解放してくれる神がいない。蓋し、神こそ絶対に信ずべき極限、「果て」であった。

トテゴリー、この自己審問は、神という絶対的存在、人間に揺るぎない安心を約束してくれる究極的な存在が人間の傍から去って、不可避的になる。しかも、外から人間を包容してくれた神はどこかへ行ってしまった。外側に絶対的なものを求めることはできない。内側に求める他はない。自己探索、自己探求である。これは人間にとって、初めての経験になる。神から遺された唯一のもの、神の痕跡である「言葉」を縁とし、より所にして自己探求を始める。

自己探求は言葉の自己審問という形を取らざるをえない。言葉のトテゴリー、本当に奇妙な事態である。審問するべく告発する。そのためには、「カテゴリー」を使用しなければならない。カテゴリーの機能不全が露呈してきたのに、それでもなお、カテゴリーに頼る他はない。カテゴリーの使用、それは否応なく自分を「他に仕立てる」ことである。トテゴリーにおいて、言葉は「自」と「他」に割れてしまう。否、自分で自分を割らざるをえないのである。

「割る κρίνω」、而してそれは「危機 κρίσις」である。言葉のトテゴリー、これは言葉が自ら図って自らを危機に瀕さしめることである。言葉の危機、いうまでもなく、「言葉を使う動物 a language using animal」――一時期、文化人類学が人間に与えた定義――である人間の危機、そして言葉と理性は同一同根なのだから、「理性的動物 animal rationale」たる人間そのものの危機である。

3

近代、神が逃走して人間に自己探求が避けられなくなる。自分自身の存在理由を、もう神に確かめることができなくなったからである。しかし自己探求、自己審問は一つの"crisis"である。自分を危機に陥れる試みでもある。敢えて危機に身を投じた最初の人がデカルトである。もっとも、彼がそのことをどれ程意識し、痛切に感じていたか、よく分からない。とまれ哲学の「近代」はデカルトとともに始まった。

彼は、いわゆる「スケプシス scepsis」、「物事の見極め」を企てたのである。無前提的に信頼すべきもの、そういうものが有りうるのか、と自分の思索を通して問い詰める。そうせざるをえない。このことに鑑みて、デカルトは十分に近代の人間である。"scepsis"、見極めて得た「結論 conclusion」、すなわち"scepsis"を「閉じる conclure」所以のものが、例の「コギト・スム cogito...sum」である。とことん見極め、とことん考え抜く。自分の「思索 cogitatio」を思索しつつ問い詰めて確かめられたこと、それは「コギト cogito」、「私は考えている」という余りにも当たり前、疑問の余地もないことであった。コギト、思索することの確かさと一において、考えている自分の存在も確実で疑問の余地はない。デカルトは"cogito"と"sum"のアイデンティティを確信した。

存在の確かさ、それは確かに自分の思索がもたらしてくれた。しかし、そもそも思索できるのは、この存在が神によって作られて現に「ここにこのように」あればこそのことなのである。「私 ego」の存在の確かさ、私の思索の確かさ、それは神の絶対性によってもたらされる。神こそ唯一、「疑いを容れえないもの indubitabilis」である。神は“scepsis”、人間の思索や懐疑の彼岸に絶対的に存在する。思索、存在、神、これらの必然的な結び付きの根拠を確かめて、デカルトの“scepsis”は終わった。神が終わらせたのである。コギトは神による保証を得た。

デカルトには、トテゴリーの類が必要になっていることは分かっていた。彼の思索的関心は「思索そのもの」に、すなわち内側に向かいつつも、しかし最終的には外側へ向いた。絶対に確実なものを探求する自分の思索の妥当性を神、超越者、外なる絶対的存在者に質すことで、安心を得たのである。デカルトにとって、神は厳として君臨していた。決して逃走してはいない。その意味で、デカルトは中世の人でもあった。“scepsis”を終えたデカルトの重要な哲学的仕事、それは「神の存在証明」、カントからすれば、思索のなす能わざることを思索的に遂行することであった。デカルトは「トテゴリー」の入口まで行った。しかし、中へ入らなかった。見方を換えれば、入らずに済んだのである。トテゴリーの迷宮へ迷い込むな、と神が諭したのだと思われる。

デカルトの“scepsis”がトテゴリーへの入口まで至ったとすれば、カントの「批判 Kritik」、これはもう、明らかにトテゴリーである。もちろん、カントは神の存在証明で安心できる訳がない。では、カントにとって神は逃走してしまったのだろうか?

「批判 Kritik」、これは「クリシス crisis」なのだから、人間理性が敢えて自分を「危機に曝す」企てである。「批判」を通じて理性に明らかになったのは、「人間は人間である」、人間は神ではないし神になることはできないという、これまた当たり前のことであった。神を範に仰ぐことはよいけれども、神にはなれない。自と、人間のなしうること、なすべきことは定まっている。人間のなしうるべきことを質して確認する、以て己が分を超えないで済む、これが「批判」が明らかにしてくれたことである。神になれない自分を徹底的に見極めた所で、理性は「自己批判」というトテゴリーを終えた。

神と人間では存在の水準が違う。存在の水準が違う以上、神と人間の関係をこれ以上問い立てても、堂々巡りするだけのこと。神は信仰の対象であって、認識の対象ではない。神の存在証明はできない。つまり、神はカテゴリーを超えた存在だからである。もちろん、カントにとって神は存在する、絶対的究極的存在、証明不能——証明不要でもあるか——の存在、内在的な「理念」として。カントも、神の存在のゆえに「批判」を敢行することができたし、完遂することができた。カントにとって、神の諭しはこう、人間の経験は感覚しうるものだけに基づくのである、感覚できないこと、しえないものには、カテゴリーの力が及ばない。だからカテゴリーの及ばないことを問題にしてみても、人間にとってそれがどのような意味を持つのか、確かめることができない。何しろ、カテゴリーの関与しない経験は、実在的であっても、反復することがないのだから。神、この超感覚的存在の証明が人間に不可能な理由である。

こう考えると快適、美、崇高はそれぞれに、例外的ともいうべき人間的経験、その都度一回的で反復不可能な経験であることが分かる。これらの経験はむしろ、人間の上に降りかかってくる「幸運」というか、ギリシャ語でいう「テュケー τύχη」である。そのゆえに、これらの経験は人間に格別の意味を持っている。そういったことを確認し自覚することができる、それが「批判 Kritik」なのである。

デカルトに比して、確かにカントは「トテゴリー」の中へ入った。カントには、自分の敢行するトテゴリーの何たるかが分かっていた。理念としての神が、トテゴリーの迷宮の道案内をしてくれた。“crisis”へと導き、“Kritik”を通して、神はトテゴリーの深淵を覗かせてくれたのである。そこより向こうへ行ってはならぬ、そこからは人間の感覚の水準を超えた超越者の領域だ、と。

カントの《批判》、理性のトテゴリーは「宣り」ではない。自己吟味、自己検証の、いわば「報告 information」である。この報告は、理性が自分自身に宛てて提出するものである。したがって、自問自答であり一種の「独白」、モノローグといってもよいだろう。このモノローグは、理性が自らに向けてする「指呼点検」の類である。指呼点検、すなわち、理性は感覚を指して、「感覚は感覚であること」、悟性を指して「悟性は悟性であること」を確認し、理性は自分を指して「理性である」とは「何の謂いか」を確認する、以て人間存在を安全にする。

理性のする「指呼点検」の報告は「理性的存在」たるすべての人間の耳に届く。カントの《理性批判》は、一個人の私的な「呟き」ではない。二十世紀の哲学でなら注目されるような、いわゆる実存的告白とも違う。だから“ens rationale”、「言葉を使う動物」たる人間は、「批判」の報告、理性の「独白」、理性の自己批判の「言葉」を聴くことができるし、聴かねばならない。ドイツ人は「理性」を“Vernunft”、「聴くvernehmen」の意味で捉えているが、フランス人が「悟性」を“entendement”、「聴くentendre」の語で捉えているのと同じく、これは興味深いことである。カント程に峻別すれば別だが、概して、理性と悟性の厳密な区別は難しい。いずれも、人間の最高級の能力、人間を人間ならしめるもの、と考えられてきたことに変わりはない。

そしてラテン語では、理性の言葉が届かない状態を、“absurdus”という。だから“ad absurdum”といえば、大阪弁の「そんなアホな」という意味にでもなろうか。冗談はさて措いて、西欧では、言葉、理性、聴くこと、これらの間に本質的な関係がある、と考えられてきたようである。神は「言葉」となって呼び掛け、人間の耳は「理性」となってそれを「聴き取る」のである。

あらためて確認しておく。デカルトにおいて、神は観念を実在化する、そういう絶対的超越者として、人間的思索、“scepsis”の彼岸にあった。カントにおいて、神は人間理性に「批判」を促し、それを統制する絶対的極限として、人間的思索、“Kritik”の此岸、内側に入ったのである。神は超越神から内在神へ位相を変えたが、人間を統べ導くものであることに変わりはない。いずれにしても、人間が神に成り上がることはないし、神の振りをすることもない。神は、人間のそういう思い上がりを質し、戒める絶対者であった。ここでも、私たちは、ヘルダーリンの言葉を想起するのである。ヘルダーリンはいっていた、「危険があれば、救済するものもまた、育っている Wo aber Gefahr ist、wachäst das Rettende auch」と。

神々が逃走して不在である。人間は神なき時代を生きている。この時代、人間に、自己探求と自己確認が不可避的になる。人間は存在の「寄る辺」を自分自身に求める他はない。かかる危機なればこそ、理性は自分に、「自分の声を聴け」と促す。外から「汝、己を知れ」、と告げたデルフォイの「宣り」に代わって、今、理性は内から、「汝、己を聴け」と迫る。ヘルダーリンを顰《ひそみ》にすれば、理性自身が「救うもの das Rettende」であった。人間が、自分の声を「聴く耳」を持ってさえいれば。しかし、どうやら人間の耳が遠くなってしまったのか、理性の声が小さくなってしまったのか。理性の声が届かない。人間世界の全体が"absurdus"になる。そのことがあばき出されてきた時代、ポストモダンの時代である。

ポストモダンを代表する思想家リオタールが、トテゴリーに言及したことは、まさに時代の要請する所だったように思われる。デカルト、カントが理性のトテゴリーを企てたが、ヘーゲルが出て、再び絶対者の哲学、「宣り」の哲学を復活させ、その上、人間精神をこの絶対者に仮託、否、擬してしまったからである。カントが掛けた「批判」、トテゴリーのブレーキをヘーゲルは外してしまったのである。ヘーゲルの下で、トテゴリーは「宣り」としてのトテゴリーに戻り、このトテゴリーを後ろ楯に、彼は「人間中心主義」の「カテゴリーの哲学」を展開した。

このカテゴリーの哲学は、確かにかつての、神中心の「カテゴリーの哲学」ではない。けれども、人間を神に擬した「人間中心主義」、ニーチェをして「ヘーゲルは神を弑した」と評さしめた、このヘーゲルのフマニスムス、人間中心主義はポストモダンの思想家に批判されても仕方がないだろう。形を変えた神学と見なされうるからである。リオタールがカントの「崇高の分析論」を場にトテゴリーを話題にする裏に、ヘーゲル哲学への思いがあったとしても不思議ではないだろう。ポストモダンの思想にとって、ハイデッガーは端倪《たんげい》すべからざる思想家である。

その理由は、ハイデッガーを通して、ヘーゲルの姿がよく見えるからではないのか。

さて、哲学史を振り返ってみても、デカルトの“scepsis”、カントの“Kritik”が、「トテゴリー」と見なされたことはない。出自を「文芸論」に持つと思しいこの語を、リオタールは独特の使い方をしたのだから、当然の話だろう。リオタールにしてから、「トテゴリー」を「理性」にまで敷衍も拡張もしなかった。しかし既述の通り、トテゴリーは「崇高」という近代的な精神性に即して際立ってきた。ポストモダンの思想家リオタールは、「近代」に新しいスポットライトを当てるべく、あらためて「崇高」に注目し、感覚のトテゴリーの意味を喚起した。感覚のトテゴリーは、悟性のカテゴリーだけが人間の世界経験へのプライオリティーを持つのではないことを教え、感覚の認識的意味が蔑ろにされてきたことに、目を向けさせた。そして彼の企ては、そもそも西欧哲学が人間に与えてきた“animal rationale”という特権性、そして他の存在者に対する優越性への反省でもあった。

リオタールの「トテゴリー論」ともいうべき考え方は、カントの《批判哲学》への応援歌であり、そしてヘーゲルの「カテゴリーの哲学」への異議申し立てではなかったろうか。しかし、リオタール以後、トテゴリーの語を目にする機会も、耳にする機会もほとんどない。リオタールの思想の中でだけ意味を持つ言葉だったのだろうか。

結び

簡単に総括しておきたい。理性の有り様が変わる、上述のことからして、それは言葉が変わることと一つである。理性が変わる、言葉の背後に神がいなくなったからである。言葉の使用、すなわち、カテゴリーに事物への「命名」の権限を与え、かつそのことを保証してくれたものがいなくなって、言葉は単なる記号と化した。それもう、自分以外の「何もの」かの記号、“Zeichen von etwas”ではなく、「自分自身」の記号“Zeichen von sich selbst”

である。厄介な話である。この厄介なことの次第をきちんと整理整頓し、これを理性のなすべき責務として果したのが、カントの「理性批判」であった。理性がロゴスであり、ロゴスが言葉であったという出自と来歴に鑑みれば、理性批判は言葉批判でもある。カントの「理性批判」の中で、言葉そのものが正面切って論じられることはない。しかし、彼の「批判」は、言葉を使うもの、理性を揮うものの存在と権限とを、理性、すなわち言葉によって解析し吟味することであった。"Kritik"、言葉、理性を危機"crisis"へ導いて、それで以て人間の僭越と専横を戒め安全を約束したのである。

繰り返しになるが、言葉と神との繋がりが切れる、それは言葉の「世俗化」に他ならない。言葉、神からの格別の「賜物」が人間世界の紐帯《ちゅう》をなしてきたことを思うと、言葉のトテゴリーが不可避的になることは、人間世界の「隈なき世俗化」の表れということもできよう。カントの「批判」は、隈なき世俗化の始まる時代、フマニスムスの時代に、神なき言葉、神なき理性、文字通り「人間理性」の何たるかを質す、自己検証だった。しかし、「批判」は神学ではない。人間の学である。その意味でいうならば、「批判」は聖なる学問ではなく、世俗的な学問の嚆矢《こうし》でもあった。

「世俗的」といっても、全然悪い意味ではない。世俗的とは、人間世界の習い、人間世界にごく普通のこと、ギリシャ語でいえば「エートス」、そういうものに則って行動している人間の姿である。「批判」に先立って、カントが、「実践的見地を顧慮して」と断って、『人間学 *Anthropologie*』を著していたことは、大いに意味深いことだった。もっとも、哲学的人間学が学の世界の話題となるのは、カントから一世紀以上も後のことになる。カントは人間による人間のための学問の、十分な基礎付けをしてくれたのである。しかし今日、すべてが人間学になってしまったのだろう、「人間学」という言葉をとんと耳にしなくなった。

世界の世俗化の時代、それがどんな時代であるか、さらにまたどんな時代になっていくのか。シラーのペシミスティックな予感と見立てがそれを教えてくれる。人間は「野生人 Wilde」と「野蛮人＝異文化人 Barbar」だけになりつつあり、そしてなってしまう、とシラーは嘆息したものだった。シラーのことはともかく、ヘーゲルが絶対者の哲学、神の言葉が語る哲学を復興したのも、それはそれで大いに時宜に適っていた。神なき時代に、神の「宣り」がいかに重要か、聴く耳を持たない人間がはびこる一方のこの時代、ヘーゲルは、カントとは別の仕方で、理性の声を聴くように促したのである。しかし惜しむらくは、否、むしろ確信的にそうしたのだろうが、ヘーゲルの思想そのものが神の「宣り」、しかもキリスト教の神の「宣り」、としか聴けないものだった。ヘーゲルの哲学は「批判」ではなく、絶対者のする世界構成の哲学、世界構築の哲学、まさにヘーゲル自身がいみじくも『論理学』で明かしたように、「天地創造」以前の神のプランニングを開示せんとするものだったからである。

本章は、リオタールのいう「トテゴリー」の考え方を参考にして、カントの「崇高の分析論」を哲学史の文脈へ展開敷衍する試みであった。この試みの哲学史的な射程は思いの他、大きく広いものであった。なお本章は拙著『アートと美学』の第四章を、もっぱら哲学史的部分に限定して敷衍したものである。

あとがき

本書は、私の三冊目の単著である。萌書房にお願いして『アートと美学』を出してから一年、新しい書物を仕上げられたことが、自分を喜ばせる。この場で、まったくの私事を綴る不謹慎をお赦し戴きたい。

私は手術後三年半、ガンと「共生 Zusammenleben」している。目下、ガンが蔓延《はびこ》らないように「抗ガン治療」を続けている。どうしても種々の副作用を免れない。特に食欲不振や全身倦怠のときには、とても脳みそにまで血液が廻るとは思えず、緻密な思考を望むべくもない。そんな治療と折れ合いつつ、私の旧論文を取り出して、少しずつ見直しながら本書を編めたことが嬉しいのである。どうやら私のガン細胞は内気ものらしい。あちこちへ転移して勝手に支店を開くことをせず、大体同じところでじっと、しかしなかなかしつこく——さながらあのソクラテスのように——活動しているようなのである。治療に関しては、ドクターたちに頼りきり、すっかりお任せである。巷間出回っているガンに関する本の類にはまったく興味がないし、見たこともない。インターネットによる情報収集に至っては、その遣り方すら分からない。しょせん素人がそんな知識を得ても、ものの役には立つとは思われない。ドクターたちのお話を窺って自分の状態を知り、それに基づいて日々の過ごし方を決めている。

といえば殊勝なようだが、酒を飲み、甘いものを食べ……、そう、まるでガンと共生しているという自覚がない。これが有り体である。私の勝手振りに呆れて、ガン細胞が内気になってしまったのかもしれない。

今回も、京大病院のドクターに、衷心からお礼を申し上げたい。そして温かく優しく、しかも厳しい看護師さんたちにも。消化管外科の長山聡先生、森由希子先生の手厚いフォローに身を委ねて、私は本書を書き上げることができた。そして化学療法部の金井雅史先生の懇《ねんご》ろなケアに、お礼を申し上げる。先生の、文字通り見事な「配剤」があってこそ、本書を執筆する体力が維持できているのである。

ちょっと蛇足を加えさせていただく。私の論文の書き方に関して。それは大方の先賢諸兄と変わらないだろう。先ずテーマを選んで講義し、もしくは学会や研究会で口頭発表し、反応を踏まえて論文に書き改める。そして印刷物として発表するのである。発表された自分の原稿を読んで、早くもその不備が目に付く。慌ててその修復に頭を巡らせる、それが常の習いなのである。所収論文でただ一つ、この轍を踏まなかったのが、「シラー・美学の受難者」である。これは勤務校の「研究紀要」に、にわかに生じた空白を埋めるために、いきなり書いたものである。実際、一気に書き終えることができた。この論文だけは、美学の知見を頼りに、美学史の観点からシラーを論じたので、本書の全体のトーンとは、幾分か趣が違っているかもしれない。しかし私は、是非ともこの論文を『カントの函』に入れたかった。私がシラーのファンだからである。

それともう一つ、唐突な話を付け加えたい。くり返し読んでいたにも拘らず、最近まで、全く気付かないことがあった。「表象」という言葉に関して、である。鮎川哲也という、本格的な〈探偵小説〉の孤塁を守り続けた作家がいた。私は鮎川のファンである。この人は昭和三十年に講談社が公募した「書き下ろし」のコンテストで第一席に選ばれて（『黒いトランク』）、あらためて作家デヴューした。もっとも彼は入賞以前に、すでに幾つものなかなかの作品を発表していた。ともあれ、鮎川が件の入賞作品のエピローグに当たる箇所で、「表象」の語を使っていたのである。主人公の警部と部下の刑事――この作品以降、二人はすっかりお馴染のコンビになる――の本事件を巡る総括的な締め括りの後で、独身主義を貫く警部が、ヒロインに託《かこつ》けて、「女の一般表象」という。刑事も「女の一般表象？」とうけている。ここで「表象」の語は、女性一般の「イメージ」といった意味だろう。当時、「表象」の語はよく使われていたのだろうか。どうも哲学用語として使われたとは思われない。それにしても、鮎川が

「表象」のような難解で、ある意味で気障な言葉を使った意図は奈辺にあったのか。哲学的美学の徒である私には、何か引っ掛かるのである。

論文集に、私信や私情の類を入れることの是非に、無頓着な訳ではないが、シラーへの論考、鮎川への言及を、私が遥かなるシラー、そして本格派の作家に送るファンレターと思って読んで下されば嬉しい。シラーの美学的諸論稿が、カントへの思いの丈の吐露——彼程、カントに夢中になった思想家はいない——であったように、鮎川の堅牢緻密な作品群が、一貫して、探偵小説への彼の心からのオマージュであったように。

最後に、萌書房の白石氏にお礼申し上げる。私の、いささかマニアックな論稿を快く出版して下さる、氏の寛容に今回も甘えさせて貰った。そして前著と同様、多鹿宏毅君がパソコン指導をしてくれ、お陰で少し上手に操作できるようになった。彼の薫陶宜しきを得て、六十を越しても十分に手習いができることを知ることができた。この歳になって、歳相応の知の喜びを実感しているのである。

米澤 有恒

二〇〇九年七月、京都が最も暑くなる頃

■著者略歴
米澤 有恒（よねざわ ありつね）
1943年 京都府生まれ
1975年 京都大学大学院文学研究科博士課程（美学美術史学）修了
京都大学助手を経て
1984年 兵庫教育大学へ奉職
2005年 同退職

大学以来，ハイデッガーを中心に，一貫して西欧の哲学的美学を専攻。この立場から芸術とアートを論じている。この分野の著作としては『芸術を哲学する』（世界思想社），『美・芸術・真理』（共編著，昭和堂），『感性論』（共著，晃洋書房），『アートと美学』（萌書房）ほか多数。

カントの函

2009年9月30日 初版第1刷発行

著 者 米澤有恒
発行者 白石徳浩
発行所 有限会社 萌《きざす》 書 房
〒630-1242 奈良市大柳生町3619-1
TEL（0742）93-2234 / FAX 93-2235
［URL］http://www3.kcn.ne.jp/~kizasu-s
振替 00940-7-53629

印刷・製本 共同印刷工業・藤沢製本

ISBN978-4-86065-050-6

米澤有恒 著

アートと美学

A5判・並製・268ページ・定価：本体2200円＋税

■アートは芸術現象なのか，それとも経済現象なのか。そもそもやっているアーティスト本人でさえ，まさにラテン語の「イグノートゥム・ペル・イグノティウス」（説明すればするほど分からなくなる）の状態である。本書は，そんな疑問にスッキリとお答えする一冊です。

ISBN 978-4-86065-041-4 2008年9月刊

岩城見一 著

〈誤謬〉論――カント『純粋理性批判』への感性論的アプローチ――

A5判・並製・326ページ・定価：本体2800円＋税

■人はなぜ過つのか？　本書は，広義の〈美学〉，すなわちこの語の語源である〈感性の学〉の視点からの，カント『純粋理性批判』の徹底的かつ精緻な読み込みと解きほぐしにより，その本来の主題でありながらこれまで等閑に付されてきた〈誤謬推理〉の構造を炙り出した論争的書。

ISBN 978-4-86065-020-9 2006年4月刊

ルイ・アラゴン著／マルク・ダシー編／川上勉訳

ダダ追想

A5判・並製・286ページ・定価：本体2800円＋税

■ダダ，シュルレアリスムの中心人物の一人であるアラゴンが，ブルトンやアポリネールとの交流や，雑誌『リテラチュール』の発刊に纏わるエピソード，ジッドとの確執，そしてトリスタン・ツァラとの出会いと訣別，等々を書き綴った興味深い随想。初めて公開されたアラゴンの遺稿集。

ISBN 978-4-86065-042-1 2008年9月刊